经典传家

经典回到生活　阅读从心开始

经典传家

『经典传家』丛书遴选了清代《四库全书》的精华，而且每一种书在注释、译文、解读等方面做了大量的、扎实的工作。

——傅璇琮

国学就是中国人的学问。『经典传家』是一套非常适合大众阅读的国学经典丛书。国学的传承和发展迫切需要好的大众读本。

——毛佩琦

《四库全书》浩如烟海，真正的必读经典就这百余部。

——任德山

国学是相互通融的，切忌断章或是割裂。今人只有从《周易》等原始经典入手，才能真正找到进入国学的门径。

——刘君祖

经典传家系列丛书

图解鬼谷子

鬼谷子 著

崇贤书院 释译

黄山书社

《鬼谷子》阅读指南

释义全面弥合古今差异

题解、原文、注释、译文帮助读者解读经典，注音随文添加，便于顺畅阅读。

精审精校保证书稿质量

以最精致的品质呈现给读者最权威的《鬼谷子》读本。

题解

- 简述本篇主旨。
- 精炼原文的主要内容。
- 简述原文中的谋略思想。

版画插图

- 所选插图皆为古人原创，确保原汁原味。
- 选图方面，精益求精保证版画的清晰质感。
- 以图释文，务求一一对应，切合古文阐释意境。

选字注音

- 将生僻字选出单独标注拼音。
- 将古今读音相异的字单独标注拼音。
- 将重复出现的生字生词反复标注。

商君书

农战第三

农战第三

题解

农战，即农耕和作战。商鞅认为重视农战是治国、强国、富国的根本，即“国之所以兴者，农战也”、“国待农战而安，主待农战而尊”。如果民众重视农战，就要把农战作为获得奖赏的唯一途径。同时，要排出干扰民众积极从事农战的因素，即贬学抑商。商鞅的农战思想在短期内提高了秦国的实力，这是毋庸置疑的。

[原文]

凡人主之所以劝民者，官爵也。国之所以兴者，农战也。今民求官爵，皆不以农战，而以巧言虚道①，此谓劳民②。劳民者，其国必无力。无力者，其国必削。

善为国者，其教民也，皆作壹③而得官爵。是故不作壹，不官无爵。国去言则民朴，民朴则不淫。民见上利之从壹空出也④，则作壹。作壹，则民不偷营⑤。民不偷营，则多力。多力，则国强。今境内之民皆曰：“农战可避，而官爵可得也。”是故豪杰皆可变业，务学《诗》、《书》，随从外权，上可以求显，下可以求官爵；要(yāo)靡⑥事商贾(gǔ)，为技艺，皆

农耕

古代社会以农耕为本。大约西周、春秋时期以前，寓兵于农，即推行兵农合一。

〇九八

《鬼谷子》阅读指南

图文配合还原经典产生年代

精选二百余幅古版画，皆为古人绘制，并配有精致图说，力求生动形象地展示书中的谋略。

重现经典在国人中的权威

编者以弘扬中国传统经典之心，将此书献给所有爱读书却还未读过《鬼谷子》的读书人。

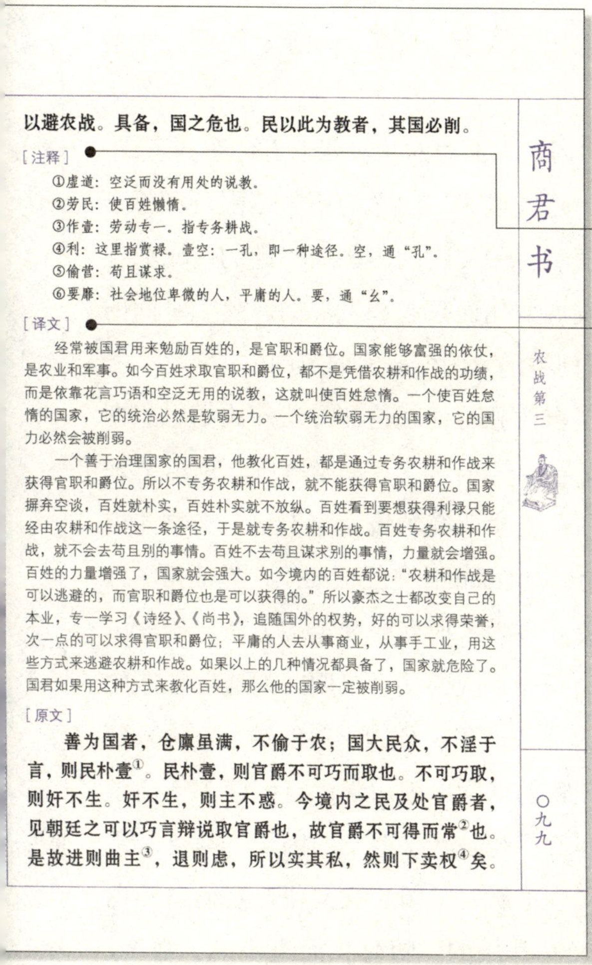
以避农战。具备，国之危也。民以此为教者，其国必削。

[注释]

①虚道：空泛而没有用处的说教。
②劳民：使百姓懒惰。
③作壹：劳动专一。指专务耕战。
④利：这里指赏禄。壹空：一孔，即一种途径。空，通“孔”。
⑤偷营：苟且谋求。
⑥要靡：社会地位卑微的人，平庸的人。要，通“幺”。

[译文]

经常被国君用来勉励百姓的，是官职和爵位。国家能够富强的依仗，是农业和军事。如今百姓求取官职和爵位，都不是凭借农耕和作战的功绩，而是依靠花言巧语和空泛无用的说教，这就叫使百姓怠惰。一个使百姓怠惰的国家，它的统治必然是软弱无力。一个统治软弱无力的国家，它的国力必然会被削弱。

一个善于治理国家的国君，他教化百姓，都是通过专务农耕和作战来获得官职和爵位。所以不专务农耕和作战，就不能获得官职和爵位。国家摒弃空谈，百姓就朴实，百姓朴实就不放纵。百姓看到要想获得利禄只能经由农耕和作战这一条途径，于是就专务农耕和作战。百姓专务农耕和作战，就不会去苟且别的事情。百姓不去苟且谋求别的事情，力量就会增强。百姓的力量增强了，国家就会强大。如今境内的百姓都说：“农耕和作战是可以逃避的，而官职和爵位也是可以获得的。”所以豪杰之士都改变自己的本业，专一学习《诗经》、《尚书》，追随国外的权势，好的可以求得荣誉，次一点的可以求得官职和爵位；平庸的人去从事商业，从事手工业，用这些方式来逃避农耕和作战。如果以上的几种情况都具备了，国家就危险了。国君如果用这种方式来教化百姓，那么他的国家一定被削弱。

[原文]

善为国者，仓廪虽满，不偷于农；国大民众，不淫于言，则民朴壹[①]。民朴壹，则官爵不可巧而取也。不可巧取，则奸不生。奸不生，则主不惑。今境内之民及处官爵者，见朝廷之可以巧言辩说取官爵也，故官爵不可得而常[②]也。是故进则曲主[③]，退则虑，所以实其私，然则下卖权[④]矣。

注释

- 权威、准确、客观，注重知识性和启发性。
- 扫除阅读障碍，丰富国学知识。

译文

- 以白话文翻译古代经典，忠于原文，通俗易懂。
- 帮助读者更准确地把握先贤的智慧。

总序

国学是什么？简单说，就是中国人之所以成为中国人的学问。因此，国学不仅包括数千年积累流传下来的经典，比如“四书五经”、《老子》《庄子》《孙子》《史记》《汉书》、唐诗、宋词，也包含研究中国人思维方式、生活方式、行为方式乃至娱乐方式的各种学问。广言之，国学研究的对象不仅包括文献，也包括实物；不仅包括物质文化遗产，也包括非物质文化遗产，如我国各民族的建筑、服饰、饮食、音乐、绘画、医药、戏曲等等。

国学是不断丰富、不断发展的学问。上面说的从“四书五经”到唐诗、宋词就是一个不断丰富发展的过程。近代以来，国学的研究范围还在不断地扩大，比如敦煌学、甲骨学，是随着有关文物的出土而兴起的；比如红学，是随着文学理论和学术风气的发展变化而兴起和发展的。随着时间的推移和学术的进步，必将有更多的学问被纳入国学研究的范围。

数千年来，中国人做学问形成了自己独特的理论和方法，比如思想理论、史学理论、文学理论，以及训诂学、考据学、音韵学等等。但这些理论和方法并不是一成不变的。比如，在史学研究领域，由于地下文物的出土，王国维等人提出了以地下文物与传世文献相补充互证的“二重证据法”。近代以来，西风劲吹。国人主动借鉴西方学术研究的理论和方法，研究中国学问。王国维借鉴尼采的哲学理论研究中国的文学戏剧，胡适以杜威的实验主义研究中国的“国故”。国学从来没有拒绝外国学问的融合，佛教传入中国后，经过改造，形成了中国独特的佛学、因明学；自明朝末年西学传入中国后，中国的天文学、数学等就已经融入了西学的因素。马克思主义传入中国后，不少人用马克思主义理论研究中国历史文化，它们自然也成为了国学的一部分。因此，国学又是开放的、随时代而进步的。那么，当今我们研究、振兴国学，不允许也不应该倒退，不允许也不应该僵化。

然而，国学又是与西学明显区分的。国学是西学的对应物，是与西学完全不同的学术体系。在近代，西学挟坚船利炮强势进入中国之后，中国人还视自我，对于中国固有之学问的称呼出现了中学、国故学、国粹、国学这样的名称。面对“帝国主义”的强大，中国人自愧不如，一方面拼命地学习、引进西学，另一方面拼命地贬低、抛弃国学。虽然也有一些人，如张之洞为保护中华文化之根本，提出“中学为体，西学为用”，如胡适，提出“整理国故”，以“再造文明”“建立民族自信心”，但其声音终被时代所淹没。国学一再被严重曲解和轻视，造成了中国历史文化的大断裂。也许，这一历史过程是必然的。但回顾过去，中国在走向独立富强的过程中，国学所付出的代价实在太大、太惨重了。

新中国成立后，饱受屈辱的中国人从此站立了起来，民族自信心大大加强，但没有能够及时认识到国学在新时代的重要性，甚至仅存的一点点国学遗产也进一步成为被抛弃的对象。改革开放三十年之后，走向富强的国人终于幡然醒悟，保护和振兴国学逐渐成为全民的共识。一个强大的自立于世界民族之林的国家，必然要有与之相匹配的伟大的民族文化。中国人，从领导者、学术界到普通百姓，都在重新发现国学的现代价值。同时，在走向全球化的进程中，东西方各国也把目光投向了中国。中国学问，中国的一切都在被重新评价。中国不仅为了自身的建设和发展需要从传统文化中汲取智慧，而且也面临着以优秀的中华文化向全人类贡献智慧的责任和挑战。

那么，这套经典传家丛书的编纂就是可喜的，编纂者的初衷和努力就是可敬的。希望这套丛书能发挥点滴作用，如同涓涓细水与千百万有志者的努力一道汇成大潮，去迎接中华民族的伟大复兴！

是为序。

二〇一五年五月

前言

春秋战国，各诸侯国竞相逐利，战火连年。门人食客，百家学说，争奇斗艳。其中，纵横家一派，以善于策辩著称。他们为达到自己诸侯国的政治目的，不停游说于各诸侯国间。后人视其为中国最早的政治外交家。

纵横家的鼻祖便是本书作者鬼谷子，相传其姓王名诩，大约生活在公元前400年至公元前270年，长于纵横术、精通兵法、武术、奇门八卦，著有《鬼谷子》一书传世。相传因其隐居于鬼谷，故号鬼谷先生，后世尊称其为鬼谷子。张仪与苏秦就是鬼谷子的学生，据《史记》记载，苏秦"习之于鬼谷先生"，张仪"始尝与苏秦俱事鬼谷先生"。

《鬼谷子》一书最早见于《隋书·经籍志》，为皇甫谧所注，此后，《旧唐书·经籍志》《新唐书·艺文志》《宋史·艺文录》《通志·艺文略》《通考·经籍志》中均有著录。其版本有正统道藏本、子汇本、十二子本、百家全书本、四库全书本、四部丛刊本、丛书集成本等。家藏四库丛书《鬼谷子》以四库丛刊本《鬼谷子》为底本，并参校他本。

《鬼谷子》中，《捭阖》《反应》《内揵》《抵巇》《飞箝》《忤合》《揣》篇、《摩》篇、《权》篇、《谋》篇、《决》篇、《符言》共十二篇，分别以阴阳捭阖为基础，详细阐述各种谋略权术的使用方法。其后《转丸》《胠乱》两篇今已亡佚。最后《本经阴符七术》《持枢》《中经》三篇，则着重说明通过自身的修炼，养精蓄锐，以精神影响外在，为游说打下基础。

《鬼谷子》全书侧重于阐述战国时期纵横家一派所崇尚的权谋策略与言谈辩论技巧。这一思想与后世流传的仁义道德相悖，评价褒贬不一。汉代扬雄评论苏秦、张仪学习鬼谷子纵横之术时则说"诈人也，圣人恶诸"。文论家刘勰却在《文心雕龙·论说》中写道："暨战国争雄，辩士云涌，纵横参谋，长短角势。《转丸》骋其巧辞，《飞钳》伏其精术。一人之辩，重于九鼎之宝，三寸之舌，强于百万雄师。六印磊落以佩，五都隐赈而封。”虽然对纵横之学的偏见和歧视一直存在，但我们不能因为某种事物能用于坏的方面就否定其自身价值。“智用于众人之所不能知，而能用于众人之所不能。”潜谋于无形，常胜于不争不费，此为《鬼谷子》之精髓所在。外交战术、生意谈判、竞争策略、人际交往、即便是日常生活中的言谈技巧，也需要更好的方式方法，《鬼谷子》在这些方面一定会给予我们更多饱含高超智慧的借鉴之处。

为了丰富本书的内容，本书还收录了《商君书》与《尉缭子》。《商君书》又称《商子》，是战国时期法家代表人物商鞅及其后学的著作汇编，也是法家学派的代表作之一。《商君书》现存 24 篇，亡佚 2 篇，书中主要阐述商鞅的政治思想及军事思想，涉及变法、农业、生产、作战、训练、律法等诸多方面。

《尉缭子》作者相传为梁惠王时的隐士，一说为秦始皇时的大梁人尉缭，一般署名为尉缭子。《尉缭子》现存 24 篇，前 12 篇主要论述战争与政治，后 12 篇主要论述军令与军制。《尉缭子》是“兵形势家”唯一现存著作，在很大程度上反映了法家思想对战国兵书的渗透和影响。

《鬼谷子》《商君书》《尉缭子》均为先秦著作，其在语言表述上，与现代人有着很大的不同，为了帮助读者理解这些著作，我们在每篇开头设置了“题解”这一栏目，让读者在阅读原文前就能理解本篇主要讲述的内容和作者的意图。

随着语言的变化，古籍中会出现一些生僻字，成为读者阅读古籍的障碍。我们将原文中的生僻字、多音字、古今异音字的读音一一随文标注，并反复注音，加深读者印象。为了帮助读者更加准确地理解原文，我们还对书中生僻字词及不常见典故进行详细注释，并对原文进行精准的翻译，读者可依照注释和译文与原文对照进行阅读，加深对古籍的理解。

为帮助读者理解书中内容，我们还精选了两百余幅精美的古代版画，辅助并提升文章阅读质量。所选版画、插图多为名家手笔，并配以与原文相对应的文字说明，加强读者对古籍的理解，拉近读者与原文的距离。

研读兵法可以令人洞悉形势，细品智谋可以教人深谋远虑，练就“三寸不烂之舌”更是外交必备之素质。我们由衷地希望这部《鬼谷子》可以给予您更多深刻体悟，助您以更智慧的方式解决问题，这也是我们编辑《鬼谷子》一书的价值所在。

崇賢書院

目录

鬼谷子

附录一：商君书

附录二：尉缭子

鬼谷子

捭阖第一

题解

捭，本意是拨动，引申为开启；阖，本意为门扇，引申为关闭。所以，捭阖在这里指纵横策士在游说过程中纵横驰骋。大开大合，是鬼谷学说中一种基本的方法。本篇内容由两部分组成，前半部分阐明捭阖的原理，后半部分阐明如何在游说过程中运用捭阖之术。

［原文］

粤若稽古①，圣人之在天地间也，为众生②之先。观阴阳之开阖（hé）③以名命物，知存亡之门户④，筹策⑤万类之终始，达人心之理，见变化之朕⑥焉，而守司⑦其门户。故圣人之在天下也，自古及今，其道一也。

变化无穷，各有所归。或阴或阳，或柔或刚，或开或闭，或弛或张。是故圣人一守司其门户，审察其所先后，度（duó）权量能，校⑧其伎巧⑨短长。

［注释］

①粤若稽古：顺着考察古代的道理。粤若，发语词，无实义。稽，考察。

②众生：自然中的一切生命。

③开阖：开合。这里指阴阳互动而创造万物。

④门户：枢纽，关键。

⑤筹策：竹码子，古时计算用具。这里引申为谋划。

⑥朕：行迹，征兆。

⑦守司：掌握。

⑧校：比较。

⑨伎巧：技术，技艺。

［译文］

考察古代的道理，圣人是天地间一切生命的先导。圣人能够通过观察阴阳变化来判断万物，并给万物命名，知道万物存亡的关键，谋划万物从始至终的全部过程，深入到人的内心，看见内心变化的行迹，从而掌握生死存亡的关键。所以圣人在天地之间，从古至今，他的道是恒一不变的。

虽然事物的变化是没有穷尽的，但是都以趋存避亡作为各自的归宿。有的表现为阴，有的表现为阳；有的表现为柔，有的表现为刚；有的表现为开，有的表现为闭；有的表现为弛，有的表现为张。所以，圣人掌握了阴阳两种枢纽，就能审察万物的先后，度量权衡它们的才能，比较它们技艺的优劣。

太极八卦图

太极两仪四象八卦理论是我国道教文化的重要组成部分，它表现了古人对自然规律的理解，其中的阴阳理论，是一种朴素的矛盾对立统一的哲学思想。

[原文]

夫贤不肖、智愚、勇怯有差[1]，乃可捭(bǎi)，乃可阖(hé)；乃可进，乃可退；乃可贱，乃可贵，无为[2]以牧[3]之。审定[4]有无与其实虚，随其嗜欲以见其志意。微[5]排[6]其所言而捭反之，以求其实，贵得其指[7]；阖而捭之，以求其利。

或开而示之，或阖而闭之。开而示之者，同其情也；阖而闭之者，异其诚也。可与不可，审明其计谋，以原[8]其同异。离合有守，先从其志。即欲捭之贵周，即欲阖之贵密。周密之贵微，而与道相追。

[注释]

①有差：各有不同，有等级。差，等级。

②无为：道家的哲学观念，即顺应自然。

③牧：驾驭。

④审定：仔细考究而断定。

⑤微：暗中。

⑥排：排查。

⑦指：通“旨”，真实意图。

⑧原：考察，探究。

[译文]

人的禀性是有差异的，有贤良的，有不肖的；有聪明的，有愚蠢的；有勇敢的，有胆怯的，根据禀性的不同采取不同的策略，可以开放，可以封闭；可以进，可以退；可以贬低，可以敬重，顺应他们各自的特点来驾驭他们。如果想考察断定对方的有无和虚实，要顺着对方的喜好和欲望来推测其真实意图。暗中排查对方的言辞，然后依据已知情况反问过去，从而得知真实的情况，了解对方的旨意；让对方先封闭后开放，从而从中得利。

或公开真实情况显示给对方，或不公开真实情况封闭起来。公开显示给对方看，是因为自己的真实情况或目的与对方相同；不公开并封闭起来，是因为自己的真实情况或目的与对方完全不同。公开还是不公开，要考察明白对方的谋划，用来探究自己与对方是相同的还是不同的。是离还是合必须等待时机，先顺着对方的意愿。如果采取开放的方式，一定要做到周详；如果采取封闭的形式，就要做到慎密。要做到周密，就在于精微地合乎自然规律。

[原文]

捭(bǎi)之者，料①其情也；阖(hé)之者，结其诚也②。皆见其权衡③轻重，乃为之度数④。圣人因而为之虑。其不中权衡度数，圣人因而自为之虑。

故捭者，或捭而出之，或捭而内(nà)⑤之；阖者，或阖而取之，或阖而去之。捭阖者，天地之道。捭阖者，以变动阴阳，四时开闭，以化万物。纵横反⑥出，反覆反忤，必由此矣。

[注释]

①料：忖度，估量。这里指了解。

②结：系，固结。诚：实。

③权衡：称量物体轻重的器具。权，秤锤。衡，秤杆。

④度数：秤杆上的刻度。

⑤内：同“纳”，接纳。

⑥反：同“返”，返回。

[译文]

用捭使对方开放，是为了了解他的虚实；用阖使对方封闭，是为了实情固结下来。对方真实情况的轻重缓急都已经了解了，然后根据这些做出谋划。圣人会因此而用心思虑。如果权衡失误，谋略失策，圣人就会替自己思虑和谋划。

所以用捭，或许能使对方开放而显露出真实情况，或许能使对方开放而使自己的意见被采纳；用阖，或许能使自己有所获取，或许能使自己顺利地离开。捭阖，就是天地间的道。捭阖，能够使阴阳发生变动，阴阳变动从而产生四季，四季更替化育万物。纵与横、返与出，翻与覆、反与背，都是由捭阖产生的。

[原文]

捭阖(bǎi hé)者，道之大化，说①之变也。必豫②审其变化，吉凶大命③系焉。口者，心之门户也；心者，神之主④也。志意、喜欲、思虑、智谋，皆由门户出入。故关⑤之以捭阖，制之以出入。

捭之者，开也，言也，阳也；阖之者，闭也，默也，阴也。阴阳其和，终始其义。故言长生、安乐、富贵、尊荣、显名、爱好、财利、得意、喜欲，为“阳”，曰“始”。故言死亡、忧患、贫贱、苦辱、弃损、亡利、失意、有害、刑戮、诛罚，为“阴”，曰“终”。诸言法阳之类者，皆曰“始”，言善以始其事；诸言法阴之类者，皆曰“终”，言恶以终其谋。

[注释]

①说：这里指游说。

②豫：事先有所准备。

③大命：生命。

④主：这里指主宰的意思。

⑤关：门闩。这里指控制。

鬼谷子

鬼谷子，姓王名诩，春秋时纵横家、军事理论家。他的这部《鬼谷子》是社会政治斗争谋略权术的宝典，其中关于政治权谋、军事理论等的内容，是我国后世很多权术、兵法的理论源泉。

[译文]

捭阖，是大道变化的重要表现形式，是游说时应变的关键。游说前一定要对所有可能的变化进行事先审察，吉凶和生死存亡全在于捭阖。口是心意的门户；心是精神的主宰。心中所产生的志意、喜欲、思虑、智谋，都经由口说出来。所以用捭阖来控制讲话，控制语言的出入。

捭，就是开，就是开口说话，就是阳；阖，就是闭，就是沉默不言，就是阴。阴与阳互相调和，从开始到结束，都要符合捭阖的义理。所以说，把与长生、安乐、富贵、尊荣、显名、爱好、财利、得意、喜欲相关的，都视为“阳”，称为“始”。所以说，把与死亡、忧患、贫贱、苦辱、弃损、亡利、失意、有害、刑戮、诛罚相关的，都视为“阴”，称为“终”。那些在游说时采用“阳”这一类来立说的，都可以称为“始”，从事情的好的一面进行游说对方开始行动；那些在游说时采用“阴”这一类来立说的，都可以称为“终”，从事情的坏的一面进行游说对方终止谋划。

[原文]

捭阖（bǎi hé）之道，以阴阳试之。故与阳[1]言者，依崇高；与阴[2]言者，依卑小。以下求[3]小，以高求大。由此言之，无所不出，无所不入，无所不可。可以说人[4]，可以说家[5]，可以说国[6]，可以说天下[7]。为小无内，为大无外[8]。益损、去就、倍反[9]，皆以阴阳御其事。

阳动而行，阴止而藏，阳动而出，阴隐而入。阳还终阴，阴极反阳。以阳动者，德相生也；以阴静者，形相成也。以阳求阴，苞[10]以德也；以阴结阳，施以力也。阴阳相

求，由捭阖（bǎi hé）也。此天地阴阳之道，而说人之法也。为万事之先，是谓圆方之门户。

［注释］

①阳：这里指具有积极的人生态度，品行高尚、积极进取、做事果断的人。

②阴：这里指具有消极的人生态度，品行低贱、消极畏惧、优柔寡断的人。

③求：顺应，适应。

④人：这里指普通人。

⑤家：这里指有封地的大夫。

⑥国：这里指诸侯国的国君。

⑦天下：这里指周朝天下的共主，即周天子。

⑧为小无内，为大无外：做小事不能仅从内部着眼，做大事不能光看外部。强调用辩证的观点看待事情。

⑨倍：通“背”，背弃。反：同“返”，返回。

⑩苞：通“包”，包容。

［译文］

捭阖之道，就是从阴阳两方面来试探。所以游说品行高尚的人，就要说崇敬高尚的事情；游说品行低贱的人，就要说卑劣下贱的事情。用低下去顺应志向渺小的人，用高大去顺应志向高远的人。像这样去游说，没什么不能出去，没什么不能进来，没什么是办不成的。用捭阖之术，可以游说普通人，可以游说大夫，可以游说诸侯国的国君，可以游说周天子。做小事不能仅从内部着眼，做大事不能光看外部。损害和补益、离去和接近、背叛和归附，都能用阴阳开合之道来驾驭。

阳就是运动前进，阴就是停止潜藏，阳因运动而显出在外，阴因潜藏而隐匿在内。阳返还停止于阴，阴走到极点还回为阳。阳动，道德就随之生成；阴静，形体就随之形成。从阳的方面追求阴，要以道德包容对方；从阴的方面缔结阳，要用外力来约束。阴阳之间互相依赖，这是由捭阖之道决定的。这是天地间的阴阳之道，是游说他人的法则。捭阖是做任何事情的先导，所以称为天地的门户。

反应第二

题解

反，同“返”，所谓反应，即反复之回应。反复的目的是为了弄清真相，做到知己知彼。本篇论述了反应术的原理和方法。反应术的原理是：任何事物都有“阴阳”，都有反复，所以要探知对方的实情，制定相应的策略，从正反两个方面反复论证，多次验证，才能取得成功。反应术的主要方法有钓语、象比之辞、反听和见微知类等。

［原文］

古之大化①者，乃与无形②俱生。反以观往，覆以验来；反以知古，覆以知今；反以知彼，覆以知己。动静虚实之理，不合于今，反古而求之。事有反而得覆③者，圣人之意也，不可不察。

人言者，动也；己默者，静也。因④其言，听其辞。言有不合者，反而求之，其应必出。言有象⑤，事有比⑥，其有象比，以观其次。象者象其事，比者比其辞也。以无形求有声。其钓语⑦合事，得人实也。其犹张罝(jū)网⑧而取兽也，多张其会而司(sì)之⑨。道合其事，彼自出之，此钓人之网也，常持其网驱之。

［注释］

①大化：化育万物。

②无形：道。

③反而得覆：运用“反”的方法都能得到“覆”。这里是说反与覆是阴阳的表现，阴阳之间互相转化，所以反必得覆。

④因：依靠，根据。

⑤言有象：有两种解释，一是就对方而言，指言语一旦说出，信息就显露在外。二是就己方而言，在游说时为了让对方更容易接受自己的主张，可以先设计形象，以通俗易懂的方式表达出来。象，形象。

⑥事有比：打比方。此外还可解释为类比。

⑦钓语：像钓鱼投饵一样，在发言时用作引诱的话。

⑧罝网：亦作“罝罔”，渔猎之网。罝，捕捉兔子的网；也泛指捕鸟兽的网。

⑨会：这里指野兽经常出没的地方。司：通“伺”，侦察。

垂钓

钓者，金勺，意为以饵诱惑并网罗对方，钓鱼用鱼饵，而钓人，则要静观其好，然后再以语言诱导。语言“投其所好”这就是鬼谷子所说的“钓人之道”。

[译文]

古代化育万物的圣人，是与道共同存在的。反过来可以看见过往，覆过去可以察验未来；反过来可以看到古代，覆过去可以了解当今；运用反可以洞察对方，运用覆可以了解自己。行动与停止、虚假与真实的道理，如果都不符合今天的情况，就返回到古代寻求答案。任何事情都可以通过运用反而得到覆，这是圣人教导我们的，不可以不详加考察。

别人说话，是动；自己沉默，是静。根据对方的言谈，听出对方言辞中的真实想法。对方言辞中的真实想法不是自己想要得到的，就运用反的方法来寻求，对方的回应一定能令自己满意。言谈中有象，事物中有比，通过象和比的方法，来探查言辞中隐藏的真实想法。象就是用形象化的手法来描述事物，比就是用同类的言辞来做类比。采用无形的象和比从而得到对方有声的响应。如果引诱的话符合对方所想，对方回应的一定是实际情况。这就像张着兽网捕猎野兽一样，只要在野兽经常出没的地方多布置一些兽网，在那里侦察等候，就一定能捕捉到野兽。采用的方法只要符合事理，对方自然会暴露实情，这就是钓人的网，要经常拿着钓人的网驱使对方。

[原文]

其不言无比，乃为之变。以象动之，以报①其心，见其情，随而牧之。己反往，彼覆来，言有象比，因而定基②。重之袭③之，反之覆之，万事不失其辞。圣人所诱愚智④，事

皆不疑。故善反听者，乃变鬼神以得其情。其变当也，而牧之审也⑤。牧之不审，得情不明；得情不明，定基不审。

变象比，必有反辞⑥，以还听之。欲闻其声反⑦默，欲张反敛，欲高反下，欲取反与。欲开情者，象而比之⑧，以牧其辞。同声相呼，实理同归。

［注释］

①报：这里指暗合，回应。

②定基：确定根本。

③袭：因袭，沿袭。

④愚智：愚昧的人和智慧的人。这里指所有的人。

⑤牧：考察。审：详尽。

⑥反辞：反应之辞。

⑦反：反而。

⑧象而比之：在言辞中描绘同类事物的形象，或列举同类事例作对比。

［译文］

如果对方沉默不言或言辞中没有可用来推理、类比的信息，那就要改变谈论的方式。用象的方法使对方动，迎合对方的心理，从而观察到对方的实情，然后驾驭对方。自己和对方像这样反往、回复几个回合之后，通过揣摩言辞中的象和比，根据这一点来确定根本策略。像这样一再因袭，反反复复，任何事情都可以从言辞之中获知。这是圣人用来诱导所有人的方法，都没有差错。所以善于反听的人，获得实情就像鬼神一样变幻莫测。己方的言辞应变得当，就能详尽地考察对方。考察对方不详尽，获得的实情就不明确；获得的实情不明确，确定的根本策略就不详尽。

不断地改变象和比，对方一定有反应的言辞，己方从而能够返回来听。想要听到对方的声音，己方反而先要沉默；想要对方张开，己方反而要先收敛；想要对方升高，己方反而要下降；想要对方取得，己方反而要先给予。想要使对方开放而暴露出实情，通过采用象和比互相配合的方法，来驾驭对方的言辞。声音相同就会互相呼应，实际情况和道理一致就会走到一起。

［原文］

或因此，或因彼，或以事上，或以牧下。此听真伪，

知同异，得其情诈①也。动作言默②，与此出入，喜怒由此以见其式③。皆以先定④为之法则。以反求覆，观其所托⑤。故用此者，己欲平静以听其辞，察其事，论万物，别雄雌⑥。虽非其事，见微知类⑦。若探人而居其内，量其能射其意，符⑧应不失，如螣(téng)蛇⑨之所指，若羿之引矢⑩。

[注释]

①情诈：实情与伪诈。

②言默：内在的情绪。

③式：法式。这里指规律。

④先定：预先做好准备。

⑤托：这里指对方言辞背后的实情。

⑥雄雌：这里指好坏。

⑦见微知类：根据事物的轻微征兆认识同类事物的类别、实质和发展趋势。

⑧符：古代朝廷用来传达命令、调动军队的凭证。质地有竹木或金玉，上面写有文字，一分为二，分别由朝廷和出征的将领持有。这里指像符节那样应验。

⑨螣蛇：传说中的一种能飞的蛇。

⑩羿：后羿，神话中的射箭英雄。矢：箭。

[译文]

反听之法，或者用在此处，或者用在彼处，或者用来侍奉上司，或者用来驾驭下属。这种方法能够听到真伪，了解同异，能够看出对方的真情与伪诈。对方外在的行为动作或内在的喜怒，都与反听之法合拍，都可以根据反听之法来掌握规律。所有这些都要以己方事先做好准备为法则。通过反来寻求对方的回复，探察对方言辞背后的实情。所以用这种方法，己方要平心静气用以听取对方的言辞，察明事理，议论万物，分别好坏。尽管不是这事，也可以根据事物的轻微征兆认识同类事物的类别、实质和发展趋势。就像钻到人的内心探测人，了解对方的能力，捕捉对方的意图，像验合符契一样可靠，像螣蛇所指福祸不差，像后羿射箭百发百中。

[原文]

故知之始己，自知而后知人也。其相知也，若比目之

鱼[1]；其见(xiàn)[2]形也，若光之与影。其察言也不失，若磁石之取针，如舌之取燔(fán)骨[3]。其与人也微，其见情也疾。如阴与阳，如圆与方。未见形，圆以道(dǎo)[4]之；既见形，方[5]以事之。进退左右，以是司之。己不先定，牧人不正。事用不巧，是谓忘情失道。己审先定以牧人，策而无形容[6]，莫见其门，是谓天神。

[注释]

①比目之鱼：旧说此鱼只有一只眼睛，必须两鱼协同并游。

②见：通“现”，显现。

③燔骨：炙肉中的骨头。燔，泛指烤肉。

④道：通“导”，引导。

⑤方：按规矩办事。

⑥形容：形体和容貌。

[译文]

所以要想掌握情况，要先从自己开始，只有自己先了解了，然后才能了解他人。了解自己与了解他人，就像比目鱼一样，是两两并列而行的；对方一显现出实情，就像光一样，而自己就像影子一样。自己了解了之后观察对方的言辞，能从中获取想要知道的东西，就像磁石取针，舌头从炙肉中剔出骨头一样轻而易举。与人相处时，自己给予对方的少，而从对方那里获得实情却很快。就可以像阴阳无处不在地去运用它，而它又像画圆画方需要使用规和矩一样遵循一定的规则。没有见到对方的实情，则说一些迎合对方的话，引导他说出实情；如果得到对方的实情，就按照已经设计好的规则去行事。是进是退都根据这一点来定夺。自己事先没有做好准备，就不能驾驭对方。做事没有技巧，那就是忘记了获取实情的规律。自己事先做好准备，再以此来驾驭对方，策略要不露痕迹，让对方找不到其门道所在，这才可以称为天神。

内揵第三

题解

内，内心、内情；揵，通“楗”，本义为门闩。内揵，字面上的意思是从内心深处锁住，这里指要从内心与君主沟通关系，与之结交，以达到情投意合、揵开任意的目的。本篇的内容主要由内揵的方法和原则两部分组成。内揵的方法是“或结以道德，或结以党友，或结以财货，或结以采色”，即根据国君的喜好来窥探其内心世界。内揵的原则有三点：力求自保原则，内心相合原则，等待时机原则。

[原文]

君臣上下之事，有远而亲，近而疏①，就之不用，去之反求②。日进前而不御③，遥闻声而相思。事皆有内揵(jiàn)，素结本始④。或结以道德，或结以党友，或结以财货，或结以采色⑤。用⑥其意，欲入则入，欲出则出；欲亲则亲，欲疏则疏；欲就则就，欲去则去；欲求则求，欲思则思。若蚨(fú)母⑦之从子也，出无间，入无朕⑧，独往独来，莫之能止。

[注释]

①远而亲，近而疏：看似疏远，其实极亲密；看似亲密，其实极疏远。这是对君臣关系的辩证论述。志同道合则亲，反之则疏。

②就之不用，去之反求：在身边不任用，离去以后反而受聘。用，任用。求，征召。

③御：驾驭马车。这里引申为“使用”。

④素结本始：把平常与本源相联结。这里指君臣之间要想从内心上相缔结，必须从根本的事情做起。

商山四皓

商山四皓是汉初时隐居在商山的四位长者，即东园公唐秉、甪里先生周术、绮里季吴实和夏黄公崔广。他们都有贤名，在高祖时被太子刘盈请出商山，后人常以他们作为因贤良而被君王重用的代表。

⑤采色：绚丽的颜色。这里指满足耳目喜好的女色、音乐、歌舞等娱乐形式。

⑥用：这里指因顺，顺从。

⑦蚨母：一种昆虫，又名青蚨，形似蝉，比蝉稍大。取蚨子，蚨母不管远近都会飞来相救。

⑧朕：缝隙。

［译文］

君臣上下之间的事有很多种情况，有的人与君主看似疏远却受君主亲近，有的人与君主看似亲近却受君主疏远，有的人在君主的身边却得不到任用，有的人离去以后反而受聘。有的人每天在君主跟前却得不到重用，有的人身处遥远的地方，只听到名声，却被君主日日诏求。这都是由于双方内心相知程度的不同而导致的，君臣之间要想从内心上相知，必须从平时的结交做起。有的以道德结交，有的以朋党结交，有的以财货结交，有的声色娱乐结交。顺着君主的意图，想进来就进来，想出去就出去；想亲近就亲近，想疏远就疏远；想靠近就靠近，想离开就离开；想求被诏求就被诏求，想被思念就被思念。就像蚨母跟从蚨子一样，出来不留痕迹，进去时不留行踪，独自离开，独自回来，谁也没法阻止。

［原文］

内者，进说辞也[1]；揵（jiàn）者，揵所谋也[2]。欲说者，务隐度（duó）[3]；计事者，务循顺[4]。阴虑可否，明言得失，以御[5]其志。方来应时[6]，以合其谋。详思来揵，往应时当也。

夫内有不合者，不可施行也。乃揣切时宜，从便所为[7]，以求其变。以变求内者，若管[8]取揵。言往者，先顺辞也；说来者，以变言也。善变者，审知地势，乃通于天，以化四时；使鬼神，合于阴阳，而牧人民。见其谋事，知其志意。事有不合者，有所未知也。合而不结者，阳亲而阴疏。事有不合者，圣人不为谋也。

［注释］

①内者，进说辞也：以言辞结交君主谓“内”。

②揵者，揵所谋也：以计谋开打通阻塞来结交君主谓“揵”。揵所谋，

用计谋打通阻塞。

③隐度：暗中揣测。度，审度。

④循顺：沿着，遵循。

⑤御：进献。此处为迎合的意思。

⑥方来应时：进献计谋要契合时机。方，计谋。应时，符合时宜。

⑦从便所为：从有利于实施的便利出发。

⑧管：钥匙。

[译文]

所谓“内”，就是向君主进献言辞；所谓“揵”，就是向君主出谋划策，用计谋来打通阻塞。想要游说君主，一定要暗中揣度君主的意图；想要向君主进献计谋，一定要顺着君主的意愿。暗中考虑是否可行之后，再对君主公开地说出所行之事的得失，用来迎合君主的意志。进献计谋要契合时机，以吻合君主的谋虑。先详细地思考计谋，再回应君主，则没有不恰当的。

如果言辞或计谋与君主不相吻合，则不能施行。于是需要揣摩时机是否适宜，从有利于实施的便利出发，用以改变策略。用变通的方式以言辞或计谋结交君主，就像用钥匙开锁一样能够达到目的。说到已经发生的事情，先说顺从君主意图的言辞；说到还没有发生的事情，要说有变通余地的言辞。想做到善于应变，一定要审慎地知悉全国的地理形势，精通天文以感知四时的变化；这样就能做到驱使鬼神，与阴阳之理相吻合，从而驾驭民众。见到君主处理事情的计谋和措施，就能知道他志向和意图。所行之事有时与君主的意图不相吻合，一定是还有没有了解的地方。如果对君主的意图不够了解，即使主动迎合他，也不能从内心上得到他的信任，结果只能是表面亲近而暗中疏远。那些与君主意图不相吻合的事情，圣人是不会谋划的。

[原文]

故远而亲者，有阴德[1]也；近而疏者，志不合也。就而不用者，策不得也；去而反求者，事中来[2]也。日进前而不御者，施不合也；遥闻声而相思者，合于谋以待决事[3]也。故曰：不见其类而为之者见逆[4]，不得其情而说之者见非[5]。得其情，乃制其术[6]。此用可出可入，可揵（jiàn）可开。故圣人立事[7]，以此先知而揵万物[8]。

[注释]

①阴德：这里指暗中吻合君主的意图。阴，暗中。德，通“得”。

②事中来：预测的事情在未来应验了。

③决事：筹谋、决断大事，指参与决断国家大事。

④见逆：与愿望相背反。这里指被排斥。

⑤见非：遭到非议。这里指被否定。

⑥术：技能、手段、方法等。

⑦立事：建立事业。

⑧揵万物：控制万事万物。

[译文]

所以那些与君主关系疏远却能得到君主亲近的人，是因为他们能与君主心意暗合；那些与君主关系亲近反而被君主疏远的人，是因为他们与君主不能在志向上契合。主动靠近反而得不到任用的，是因为他的预测和计谋不符合君主的意图；离开了反而被君主征召回来的，是因为他预测的事情在未来应验了。每天在君主跟前却得不到任用的，是因为他的措施与君主的意图不相吻合；在遥远的地方只凭借名声就能令君主日夜征召的，是因为他的计谋与君主相合，君主等待他来谋断大事。所以说：如果没有看到双方的共同之处就仓促地定下计谋，一定被排斥；没有获得实际情况就仓促游说，一定被否定。得知了实际情况，才能制定出方法和策略。采用这个方法，一定可以自由出入，可以轻易地打开、关闭君主的心门。所以圣人建立事业，就是在预先知悉实际客观情况的基础上，从而驾驭万物。

[原文]

由夫道德、仁义、礼乐、忠信、计谋，先取《诗》《书》①，混说②损益，议论去就③。欲合者用内④，欲去者用外⑤，外内者必明道数⑥。揣策来事，见疑决之。策无失计⑦，立功建德。

治名入产业⑧，曰揵[jiàn]而内合。上暗不治，下乱不寤[wù]⑨，揵而反之。内自得而外不留，说而飞⑩之。若命自来，己迎而御之。若欲去之，因危与之。环转因化，莫知所为，退

为大仪[11]。

［注释］

①取《诗》《书》：引用《诗经》和《尚书》中的话来验证自己的学说。《诗》指《诗经》，先秦时称为“诗”或“诗三百”，西汉时被尊为经，称《诗经》。《书》指《尚书》，先秦时称为“书”，西汉时被尊为经，又称《书经》。

②混说：这里指引用的《诗经》《尚书》中的词句并掺杂进自己的言辞。

③议论去就：这里指议论局势，决定是留下来辅佐君主还是离开君主。

④内：这里指“入结于君”，即在内心上与君主缔结，获得君主的信任。

⑤外：这里指“不合于君”，即不去顺应君主的意图，使言辞或计谋与君主的意图不相吻合。

教子读书

《诗》《书》《礼》《易》《春秋》是我国古人必读的五经，古人十分注重，在孩子很小的时候就要他们读这五本经书。

⑥外内：不苟合不取宠。道数：规律。

⑦失计：失算，谋划错误。

⑧治名：辨析名分，指确定君臣的职责。产业：私人财产，如田地、房屋、作坊等。

⑨寤：醒悟。

⑩飞：这里指假装表扬。

⑪大仪：大法，基本法则。

［译文］

在游说时，要从道德、仁义、礼乐、忠信、计谋等方面来进言，先以《诗经》《尚书》中的言辞为基础，再掺杂自己的言辞，然后进行增减，来议论时局，决定是留下来辅佐君主，还是离开君主。如果决定留下来辅佐君主，就采用“内”的方法；如果打算离开君主，就采用“外”的方法，无论是使用“外”的方法，还是使用“内”的方法，都必须符合与君主相处的规律。揣测、预计未来的事情，发现疑难之处，然后再解决它。这样做才不会令计谋出现失误，从而建功立德。

既能帮助君主处理好君臣之间的职责，又能帮助君主治理好百姓，让他们拥有固定的财产，这就是从内部与君主结交。君主昏昧，国家就得不到治理，臣民作乱，君主却没有觉察到，则应该返回，不再替君主谋划。对那些内心自以为是不能接受别人意见的君主，就假装去称赞他，以获取他的欢心。如果君主下令征召，就接受并顺从。如果想离开君主，就说自己继续留在君主身边会给他带来危害。或去或留，就像圆环一样因情况的不同而转换，让自己的所为不为他人所知，这是全身而退的法则。

抵巇第四

题解

抵，抵塞；巇，缝隙。抵巇，在这里指弥补不足、堵塞漏洞。本篇认为事物的运动总是有离有合，总有缝隙可寻，抵巇之术就是一种弥补缝隙或从缝隙入手进行破坏活动的处世之术。本篇的主要内容包括抵巇之术的原理和方法。小的缝隙比较容易修补，即“巇始有朕，可抵而塞，可抵而却，可抵而息，可抵而匿，可抵而得”，所以抵巇之术的原理就是在缝隙尚小的时候及时加以弥补。至于抵巇之术的方法，主要有两种，即“世可以治则抵而塞之”和“不可治则抵而得之”。

[原文]

物有自然，事有合离[1]。有近而不可见，有远而可知。近而不可见者，不察其辞也；远而可知者，反[2]往以验来也。巇(xī)者，罅(xià)[3]也。罅者，峒也；峒者，成大隙也。巇始有朕(zhèn)[4]，可抵[5]而塞，可抵而却，可抵而息，可抵而匿，可抵而得。此谓抵巇之理也。

事之危[6]也，圣人知之，独保其身。因化说事[7]，通达计谋，以识细微，经起秋毫之末[8]，挥之于太山[9]之本。其施外，兆萌[10]芽蘖(niè)[11]之谋，皆由抵巇(xī)。抵巇之隙，为道术用。

[注释]

①物有自然，事有合离：人事和离就像万物一样是自然而生的，而不是人力所为。自然，非人所为的，天然的。合离，聚合与分离。

②反：同“返”。

③罅：裂缝，间隙。

④朕：缝隙。

⑤抵：挡，这里指弥补。

⑥事之危：事物有危险征兆的时候。危，危险的征兆。

⑦因化说事：顺应客观情况的变化来分析事物。

⑧秋毫之末：鸟兽秋天所生的细毛，形容细微的事物。

⑨太山：泰山。太，通“泰”。

⑩兆萌：征兆的萌芽，即微小的征兆。

⑪芽蘖：小芽。这里比喻小计谋、小对策。

［译文］

人和事物的相合或背离，就像万物一样，是自然而生的，而不是人力所为的。有发生在身边的事情却认识不了的，有远在天边的事情却十分清楚的。发生在身边却看不到的原因，是因为没有考察对方的言辞；远在天边却十分清楚的原因，是因为能够返回到过去并以此来检验未来。所谓“巇”，就是小的裂缝。小的裂缝会发展成为中等裂缝；中等的裂缝会发展成为大的裂缝。小的裂缝开始从内部显示征兆的时候，可以采用“抵”的方式来堵塞，可以采用“抵”的方式来使之消除，可以采用“抵”的方式来使它止息，可以采用“抵”的方式来使它藏匿起来，可以采用“抵”的方式来取代它。这就是“抵巇”的道理。

事情显示出危险征兆的时候，圣人能够觉察出来，并能独自进行自保。顺应客观情况的变化来分析事物，使计划和谋略能够通达，用来辨识细微的事物。从细微的事物开始，发展成为强大的根基，足以撼动泰山。如果要向外施行策略，必须在事物处于征兆萌芽的时候，及时发现细小的裂缝，采用计谋和对策来堵塞它。用抵巇的方法来弥补裂缝，就是圣人处理事情的根本方法。

帝尧

帝尧，姓伊祁，号放勋。因封于唐，故称“唐尧”，是我国上古时期的五帝之一，他任用贤臣，勤于政务，是我国历史上著名的贤君。

［原文］

天下纷错[①]，士无明主，公侯无道德，则小人谗贼[②]，贤人不用。圣人窜匿[③]，则贪利诈伪者作。君臣相惑，土崩瓦解而相伐射[④]。父子离散，乖乱反目。是谓萌芽巇（xī）罅（xià）。圣人见萌芽巇罅，则抵之以法。世可以治则抵而塞之，不可治则抵而得之。或抵如此，或抵如彼。或抵反之，或抵覆之。

五帝[5]之政，抵而塞之。三王[6]之事，抵而得之。诸侯相抵，不可胜数。当此之时[7]，能抵为右[8]。

［注释］

①纷错：混乱、骚乱。

②谗贼：诽谤中伤，残害良善。

③窜匿：逃离隐匿。

④相伐射：互相残杀攻伐。

⑤五帝：上古传说中的五位帝王，说法不一。通常认为是：黄帝、颛顼、帝喾、唐尧、虞舜。

⑥三王：夏禹王、商汤王、周文王。

⑦当此之时：当时的时代。这里指春秋战国之时。

⑧右：上。

［译文］

天下动乱不止，朝廷没有贤明的君主，公侯道德沦丧，小人中伤贤臣，残害良善，贤臣得不到任用。圣人逃离隐匿，贪婪奸诈之徒兴起作乱。君臣互相猜疑，国家面临土崩瓦解的形势，各种势力互相残杀攻伐。普通百姓也是父子离散，彼此反目成仇。这些都叫社会有裂缝的状态。当圣人看到这种有裂缝的状态，就用抵巇的方法来处理。世道如果可以得到治理，就运用抵巇的方法来进行堵塞、弥补；世道如果不能得到治理，就运用抵巇的方法来取代它。或者采用这样的抵巇之法，或者采用那样的抵巇之法。或者通过抵巇之法使其恢复原状，或者通过抵巇之法将其取代。五帝时期政治清明，只能采用弥补裂缝的抵巇之法。三王时期的政治混乱，只能采用取而代之的抵巇之法。诸侯之间都利用各自的裂缝或抵而塞，或抵而得，不可胜数。在当今的时代，善于运用抵巇之法处理国家之间的关系才是上策。

［原文］

自天地之合离、终始，必有巇(xī)隙，不可不察也。察之以捭阖(bǎi hé)，能用此道[1]，圣人也。圣人者，天地之使也[2]。世无可抵，则深隐而待时；时有可抵，则为之谋。此道可以上合[3]，可以检下[4]。能因能循，为天地守神[5]。

[注释]

①此道：这里指抵巇之道。

②圣人者，天地之使也：因为圣人能审察自然之道，洞察社会人事，所以被称为天地之使。天地之使，天地的代行者。

③上合：这里指向上迎合而弥补裂缝。

④检下：向下约束并取代。检，约束。

⑤为天地守神：掌握天地间事物变化的规律。神，事理玄妙。

[译文]

天地之间有离与合，有开始与终结，就一定会产生裂缝，不可以不加以考察。能用捭阖之术进行考察，在此基础上运用抵巇之术进行处理的，就是圣人。圣人是天地的代行者。世道不需要“抵”的时候，就深深地隐居起来；世道需要“抵”的时候，就为之出谋划策。利用这个方法，向上可以迎合君主，抵而塞之；向下可以约束民众，抵而得之。因循自然规律，就能掌握天地间一切变化的规律。

飞箝第五

题解

飞，飞扬、褒奖；箝，挟住、挟持。飞箝，在这里是指假装赞扬对方，获得对方的好感，待其露情竭志时，钳制对方的制人之术。简而言之，飞箝之术就是利用对方的心理弱点控制对方。本篇主要讲述了飞箝之术的目的、方法和对象等。为什么要使用飞箝之术呢？是为了“知有无之数，决安危之计，定亲疏之事”。飞箝之术的方法主要有四种：根据情况先不停地赞扬对方，为彻底诋毁对方做准备；使用对方喜欢的东西来引诱刺激以达到目的；根据实际情况说飞箝之语；根据对方的漏洞，结合抵巇之术来实施。在具体实施飞箝之术的时候，要针对不同的对象，采取不同的方法。主要针对两种对象，即“用之于天下”和“用之于人”。

［原文］

凡度(duó)权量能，所以征远来近①。立势而制事，必先察同异，别是非之语，见内外之辞，知有无之数，决安危之计，定亲疏之事。然后乃权量②之，其有隐括③，乃可征，乃可求，乃可用。

引钩箝(qián)之辞④，飞而箝之⑤。钩箝之语，其说辞也，乍⑥同乍异。其不可善者⑦，或先征之而后重累⑧，或先重以累而后毁⑨之。或以重累为毁，或以毁为重累。其用或称财货、琦玮⑩、珠玉、璧帛、采色以事之，或量能立势以钩之，或伺候⑪见峒而箝之，其事用抵巇(xī)。

［注释］

①征远来近：征召远近贤人。征，征召。远，远方，这里指远方有才能之人。

②权量：权与量。测定物体大小、轻重的器具。这里引申为权衡。

③隐括：用以矫正邪曲的工具，引申为矫正，修正。

④钩箝之辞：指引诱对方说出实情从而加以钳制的言辞。钩，诱致。箝，钳制。

⑤飞而箝之：假装称赞对方，获得对方的好感，使对方吐露实情，进而钳制他。

⑥乍：忽然。

⑦不可善者：这里指难以用飞箝之语相诱的人。

⑧重累：反复叠加。这里指反复试探。

⑨毁：诋毁。

⑩琦玮：美玉。

⑪伺候：等待时机。

[译文]

大凡揣度权略衡量才能，就是为了吸引远方的人才和招徕近处的人才。建立规章制度从而管理有关事务，必须能察明对方和自己的异与同，能分辨言语中的是与非，能发现对方言辞表面和背后的含义，能得知对方和自己已经拥有和还没有拥有的，这样才能决断涉及安危的大计，确定什么事情应该亲近、什么事情应该疏远。然后权衡这些关系，进行矫正，可以征召，可以求取，使之为我所用。

诸葛亮智说周瑜

诸葛亮说服东吴时，向周瑜分析了天下大局，摆出东吴与刘备联合的好处，相传他更是以曹操《铜雀台赋》中的“揽二乔于东南兮”句说服了犹豫的周瑜，可见言论时知己知彼的重要。

采用能引诱对方说出实情的言辞，假装称赞对方，获得对方的好感，使对方吐露实情，进而钳制他。作为说辞的钩箝之语，可以忽然表示赞同，忽然又表示否定。对那些难以用飞箝之语相诱的人，可以先将其召来，然后对他们进行反复试探，或者先反复试探再加以诋毁，或者用诋毁的方法反复试探，或者用反复试探来不断诋毁。在迎合时，要选用对方喜欢的东西，例如财货、美玉、珍珠、玉璧、丝帛、声色娱乐等；或者通过衡量才能创造态势来钳制他；或者通过寻找漏洞，等候时机来钳制他，在这种情况下，就要结合抵巇之法来使用了。

[原文]

将欲用之于天下，必度(duó)权量能，见天时之盛衰，制①地形之广狭，岨(zǔ)崄(xiǎn)之难易②，人民③货财之多少，诸侯之交孰亲孰疏、孰爱孰憎，心意之虑怀。审其意，知其所好恶，乃就说其所重，以飞箝(qián)之辞，钩其所好，以箝求之。

用之于人，则量智能④、权材力⑤、料气势⑥，为之枢机⑦。以迎之随之，以箝(qián)和之，以意宜之，此飞箝之缀⑧也。用之于人，则空往而实来，缀而不失，以究其辞。可箝而从(zòng)⑨，可箝而横；可引而东，可引而西；可引而南，可引而北；可引而反⑩，可引而覆⑪。虽覆能复，不失其度。

[注释]

①制：裁断。这里指判断。

②岨：同“阻”，险要。崄：同“险”，高险。

③人民：人口。

④智能：智慧，才能。

⑤材力：才能，能力。

⑥气势：气概，声势。

⑦枢机：枢与机。比喻事物的关键部分。枢，门上的转轴。机，弩机，安装在弩弓上控制发箭的装置。

⑧缀：连结，缀合。这里指飞箝之术的连带作用。

⑨从：通“纵”。

⑩反：同“返”。

⑪覆：同“复”。

[译文]

想要将飞箝之术运用于天下，必须审时度势，能够看到一个国家的天时是兴盛还是衰败，准确判断该国的地理形势、疆域的大小，知道地势险要是否易于攻战或据守，知道该国人口和物资财货有多少，知道该国与各诸侯国之间的关系是亲近还是疏远，哪个国家是国君亲近的、哪个国家是国君憎恨的，以及国君心中在意的是什么。仔细观察国君的意图，了解他的喜好和憎恶，这样才能说中他心中所重视的问题，应用飞箝之辞，引诱出他的喜好，进而钳制住他而达成自己所求。

想将飞箝之术运用于人，则必须考量对方的智慧、衡量对方的才能、估量对方的气势，把这些情况作为与之相处的关键。先迎合他、顺从他，然后钳制住他，使他与自己相合，这些根据对方的意图来达到自己的目的的方法，就是飞箝之术的连带作用。将飞箝之术运用于人，就是用好听的空话，套出对方的实情，使对方紧密地与自己结交而不至于失去控制，从而探求其言辞的实情。运用这个方法，就能钳制住他，或者指使他向纵的方向，或者指使他向横的方向；可以引导他，或者使他向东，或者使他向西；或者使他向南，或者使他向北；或者使他返回，或者使他复去。即使能够反反复复，也不可以失掉节度。

忤合第六

题解

忤，抵触、背逆；合，符合，不违背。忤合，在这里是指以忤求合，先忤后合。忤合之术旨在说明策士与君主的遇合问题。本篇的主要内容包括忤合之术的原理、方法和对象。因为任何事物都存在“趋合”与“背反”的客观规律，“凡趋合倍反，计有适合。化转环属，各有形势。反覆相求，因事为制”，所以能运用忤合之术来立身御世。忤合之术的方法主要是不两忠。因为“趋合”与“背反”不能同时进行，所以“计谋不两忠”。运用忤合之术，选择与其合之的对象，标准是选择“成于事而合于计谋”的君主。反之，则要选择不能“成于事而合于计谋”的君主。

[原文]

凡趋合倍反①，计有适合。化转环属②，各有形势。反覆相求，因事为制。是以圣人居天地之间，立身、御世、施教、扬声、明名也，必因事物之会③，观天时④之宜，因知所多所少，以此先知之，与之转化。

世无常贵，事无常师。圣人无常与，无不与；无所听，无不听。成于事而合于计谋，与之为主⑤。合于彼而离于此，计谋不两忠，必有反忤⑥。反于此，忤于彼；忤于此，反于彼。其术也。

[注释]

①趋合：趋向融合统一。倍反：向背逆相反的方向发展。倍，通“背”。

②化转：变化转换。环属：连属，接连。

③会：时机，关键。

④天时：自然运行的时序。这里指社会发展规律及其现状。

⑤主：君主。

⑥反忤：违背抵牾，互相矛盾。

[译文]

凡事或许趋向融合统一，或许向背逆的方向发展，无论是哪种发展趋势，都会有与之相适应的计策。这两种趋势互相转换，互相连接，有着各自的态势和情况。因此要反复相求，根据情况的变化及时应对。所以圣人在天地之间，立足安身，处理世事，施行教化，弘扬名声，一定是因袭事物发展的关键，观察社会发展的现状与趋势，据此知道自己应该多做还是少做，根据忤合原理事先了解事情的发展趋势，然后根据情况的转变而改变策略。

世上没有永远高贵的人，事情没有不变的模式。圣人做事情并不是恒久不变地赞同，也不是恒久不变地不赞同；并不是恒久不变地听从，也不是恒久不变地不听从。将事情做成功并且所出的计谋符合实际情况，就选他作为自己的君主。计谋符合这一方就一定背离那一方，因此计谋不能同时符合相反的双方，一定会有相符合、相背离的情况出现。与这一方相符合，就一定与那一方相背离；与这一方相背离，就一定与那一方相符合。这就是忤合之术。

［原文］

用之于天下，必量天下而与之；用之于国，必量国而与之；用之于家，必量家而与之；用之于身，必量身材能气势而与之[1]。大小进退，其用一也。必先谋虑计定，而后行之以飞箝之术。

古之善背向者，乃协[2]四海，包诸侯，忤合之地而化转之，然后求合。故伊尹[3]五就汤[4]，五就桀[5]，而不能有所明，然后合于汤；吕尚[6]三就文王[7]，三入殷，而不能有所明，然后合于文王。此知天命之箝[8]，故归之不疑也。

良禽择木

“良禽择木而栖”是我国古代有才之士常会说的一句话，毕竟千里马如果遇不到伯乐，就会老死田亩之间，有才之人若遇不到计谋相和的明主，就难以发挥出才能，“良禽择木”就是《忤合》中所说的“成于事而合于计谋，与之为主”。

［注释］

①材能：才智和能力。气：气质，品行。势：权势，地位。

②协：掌控。

③伊尹：姓伊，一说名挚，尹为官名，商初大臣，辅弼商汤消灭夏桀。

④汤：商朝的开国之君，又称天乙、成汤，重用伊尹消灭夏桀，开创商王朝，推行善政。

⑤桀：夏朝最后一位君主，是暴君的典型，被商汤所灭。

⑥吕尚：周初人，姜姓，吕氏，名尚，号太公望，民间称姜太公、姜子牙。辅佐周文王、周武王，对周朝建国贡献极大，是齐国的始封主。

⑦文王：姬姓，名昌，商纣时为西伯侯，建国于岐山之下，积善行仁，政化大行，为武王灭商奠定了基业。曾被商纣王囚于羑里，后得释归。

⑧天命之箝：天命所定。箝，夹住，制约。

［译文］

把忤合之术运用于治理天下，必须衡量天下的实情，并根据实情来施行；把忤合之术运用于治理国家，必须衡量国家的实情，并根据实情来施行；把忤合之术运用于治理卿大夫之家，必须衡量其家族的实际情况，并根据实情来施行；把忤合之术运用于处理人际关系，必须衡量对方的才能、气质品行、权势地位，并根据实情来结交。无论对象是大还是小，无论策略是进还是退，运用的原则都是一致的。必须先制定周密的计谋，然后施行飞箝之术来实现计谋。

古代那些擅长运用忤合之术的人，能够掌控天子和诸侯，促成“忤”与“合”互相转化的趋势，然后达到“合”于圣贤君主的目的。所以，伊尹五次投奔商汤，然后又五次离开商汤投奔夏桀，却不明白应该投奔谁，最后还是投奔了商汤；吕尚三次投奔文王，又三次离开文王投奔商纣王，也不明白应该投奔谁，最后还是投奔了文王。经历了这些之后他们才明白天命之所定，所以就毫不迟疑地归附了。

［原文］

非至圣达奥①，不能御世；非劳心苦思②，不能原事③；不悉心见情，不能成名④；材质不惠⑤，不能用兵；忠实无真，不能知人。故忤合之道，己必自度材能知睿，量长短远近孰不如。乃可以进，乃可以退，乃可以纵，乃可以横。

［注释］

①至圣：道德智能最高的人。达奥：通达高深的道理。

②劳心苦思：费尽心机，苦思焦虑。

③原事：推究事物的原理。原，推究，研究。

④名：事物的名称。这里指命名。

⑤惠：通“慧”，智慧，聪明。

［译文］

不是道德智能最高且能够通达深奥的道理的人，不能治理天下；不费尽心机地苦思焦虑，不能推究事物的原理；不精心地去发现事物的本质，不能功成名就；才能达不到睿智，不能带兵打仗；忠于实际却不真诚，不能了解他人。所以运用忤合之道，首先必须对自己的才能和智慧进行估量，然后比较自己与对方的长处与短处、优势与劣势，确定对方不如自己的地方。做到了这些，才能够随心所欲，可以前进，可以后退，可以合纵，可以连横。

揣篇第七

题解

揣，揣度。这里是指揣度情理，是纵横家核心思想之一。纵横家游说国君献出计谋，必须对这个国家的实情与君主内心的真实想法有全面而准确的认识和了解。本篇把对国家客观实情的了解称为“量权”,把对君主的主观想法的了解称为“揣情”,重点论述了量权和揣情的方法。量权所需要了解的情况包括：各诸侯国的经济实力、军事实力；各诸侯国所参加的同盟，以及在同盟中的地位，各诸侯国之间的亲疏和利害关系等。揣情术的方法主要包括“以其见者而知其隐者”“守司”关键、掌“几之势”三个方面。

［原文］

古之善用天下者，必量天下之权而揣①诸侯之情。量权不审②，不知强弱轻重之称；揣情不审，不知隐匿变化之动静。何谓量权，曰：度（duó）③于大小，谋于众寡④，称货财有无之数，料人民⑤多少，饶乏有余不足几何；辨地形之险易，孰利孰害；谋虑孰长孰短；揆（kuí）⑥君臣之亲疏，孰贤孰不肖；与（yù）宾客之知（zhì）慧⑦，孰少孰多；观天时之祸福，孰吉孰凶；诸侯之交，孰用孰不用；百姓之心，孰安孰危，孰好孰憎。反侧孰辩⑧，能知此者，是谓量权。

［注释］

①揣：揣测，量度。这里指对人内心世界的探测。

②量权：衡量，比较。这里指对天下局势和各诸侯国的综合实力进行审察和比较。审：这里指熟知。

③度：这里指计算。

④谋：考虑。众寡：这里指谋士的多少。

⑤人民：人口。

⑥揆：度，揣测。

⑦与：通“预”，预料，预测。知，同“智”，智慧。

⑧反侧：翻来覆去。这里指从正面和侧面等多个方面来对待。孰：同“熟”，熟练。辩：通“辨”，辨别，辨明。

[译文]

古代善于把游说之术运用于天下的人，一定先估量天下形势的变化，揣测各诸侯国国君内心的真实想法。不对天下局势和各诸侯国的综合实力进行审察和比较，就不知道各诸侯国的强弱与轻重；对诸侯国国君内心的真实想法揣测不准，就不知道他们内心所隐藏的对形势变化的反应。什么是量权，有人说：就是计算一个国家疆域大小，考虑一个国家谋士的多少，估量一个国家资源和财货的数量，估量一个国家人口的多少，知晓哪些物资是丰富的、哪些物资是匮乏的；分辨哪里的地形是险要的、哪里的地形是平坦的，哪里的地形是有利的、哪里的地形是有害的；了解哪些谋士善于谋划长远、哪些谋士善于谋划眼前；揣测君臣之间的亲疏关系，知道哪些大臣是贤臣、哪些大臣是奸臣；预料对方宾客的才能和智慧，与己方相比是少还是多；观测自然时序的变化，预测何时降下祸福以及行事的吉凶；观察各诸侯国之间的交往，知道与哪些国家交往是有用的、与哪些国家交往是无用的；观察百姓的心意的变化，知道这种民心向往或背弃是安全的还是危险的，知道百姓喜好什么、憎恶什么。能反复从正面和侧面等多个方面来进行辨别，并能知道如何应对，就是所谓的量权。

主明臣直

唐太宗有一次退朝后很生气地对皇后长孙氏说：“我要杀了魏徵，他总是让我在朝堂上难堪。”皇后换上朝服对太宗说道：“我听说主明臣直，魏徵如此刚直，一定是因为陛下您贤明，臣妾祝贺您了。”太宗听后不再生气。这就是靠“揣情”理解对方想法，进而说服对方的例子。

[原文]

揣情[1]者，必以其甚喜之时，往而极[2]其欲也，其有欲也，不能隐其情；必以其甚惧之时，往而极其恶[3]也，其有恶也，不能隐其情。情欲

必出其变。感动④而不知其变者，乃且错⑤其人，勿与语而更问其所亲，知其所安。夫情变于内者，形见(xiàn)⑥于外。故常必以其见者而知其隐者，此所以谓测深揣情。

[注释]

①揣情：探测对方心中隐藏的实情。

②极：尽。

③恶：讨厌、畏惧的事情。

④感动：这里指触动对方的情感。

⑤错：通“措”，安置。

⑥见：同“现”，显露。

[译文]

想要探测对方内心的真实情况，一定要在对方十分高兴的时候去迎合他，并竭尽满足他的欲望，如果他是有欲望的，那么他内心的真情是隐藏不住的；一定要在对方十分畏惧的时候，想尽办法用他恐惧的事情诱发他的恐惧，如果他有恐惧的事情，那么他内心的真情是隐藏不住的。人的情欲一定会在极端变化之时显露出来。触动了对方的情感却不知道他的内心已经发生了变化，就暂且把他放置在一旁，不要与他说话，转而去与他亲近的人谈论，借以得知他把心思放在哪里。人的内心情感有了改变，一定会在外表上有所显现。所以经常可以通过外在的表现发现内心所隐藏的实情，这就是所说的测深揣情。

[原文]

故计国事者，则当审量权；说人主，则当审揣情。谋虑情欲必出于此。乃可贵，乃可贱；乃可重，乃可轻；乃可利，乃可害；乃可成，乃可败。其数①一也。故虽有先王之道②、圣智之谋，非揣情，隐匿无可索③之。此谋之大本也，而说之法也。

常有事于人④，人莫能先，先事而生，此最难为。故曰：揣情最难守司⑤，言必时有谋虑。故观蜎(juān)飞蠕动⑥，无不有利害，可以生事。美生事⑦者，几⑧之势也。此揣情饰言成

文章⑨，而后论之也。

[注释]

①数：道理。

②先王之道：古代先贤圣王的经验。

③索：搜寻，寻求。

④有事于人：这里指对他人施行“揣情”和“量权”之术。

⑤守司：监守。这里指掌控。

⑥蛸飞蠕动：小虫子飞动或爬动。蛸，蚊子的幼虫。

⑦美生事：大的事端生出来。美，大。

⑧几：几微，事物细微的征兆。

⑨文章：说辞，文辞。

[译文]

所以谋划国家大事，就应当审慎地“量权”；游说国君，就应当审慎地“揣情”。一切谋略和出于对情欲的考虑都应该以此为出发点。做到了这一点，就能够随心所欲，可以使自己获得富贵，可以使别人变得低贱；可以使自己受到重视，可以使别人被轻视；可以使自己获得利益，可以使别人受到损害；可以使自己获得成功，可以使别人最终失败。它的道理是一致的。所以即使有先贤圣王留下来的经验与圣人智者的谋略，如果不“揣情”，那么就无法搜寻到隐藏的东西。所以“量权”和“揣情”是谋略的根本，是游说的法则。

对他人施行“揣情”和“量权”之术，没有人能够与之争先，揣术是在办事之前就已经设计好了的，这一点很难做到。所以说揣情很难掌控，游说时一定要有深谋远虑。所以要观察小虫子飞动，因为其中无不隐含着利害关系，可以生出种种事端。但凡有大的事端生出，往往都有细微的征兆显现出来。这就要求在揣情时修饰言辞，然后再进行论述。

摩篇第八

题解

摩，切磋。这里指通过刺激、试探，以求引起对方反应，从而了解内情。本篇主要论述了摩的原则、方法和技巧等。摩的原则是“隐貌逃情”，即得情之后应隐蔽退出，以免暴露。摩的方法主要有“有以平，有以正，有以喜，有以怒，有以名，有以行，有以廉，有以信，有以利，有以卑”等，具体实施时应视情况而定。摩的技巧主要有两点：一是“以其所欲而探之”；二是以类相摩，即先了解对方的性格，然后进行归类，针对不同类别分别施行摩术。

［原文］

摩者，揣之术也。内符①者，揣之主②也。用之有道，其道必隐。微③摩之，以其所欲，测而探之，内符必应。其所应也，必有为④之。故微而去之，是谓塞窌（jiào）⑤、匿端⑥、隐貌⑦、逃情⑧，而人不知，故能成其事而无患。摩之在此，符应在彼，从而用之，事无不可。

［注释］

①内符：情欲活动在内，符验表现在外，即内心情感的外在表现。

②主：主旨，目的。

③微：暗中，暗暗地。

④有为：有所为。这里指根据外部表情变化来测知内心变化。

⑤塞窌：堵塞漏洞。窌，地窖，这里引申为漏洞。

⑥匿端：隐匿事物的迹象。匿，隐藏。端，端绪、前兆。

⑦隐貌：隐蔽外在表现。

⑧逃情：这里指隐藏内心的真情。

［译文］

所谓摩，是揣术的一种。人们内心的真实想法一定会与外在的表现相符验，这是揣的主要目的。运用摩，有一定规律，关键是要做到隐蔽。暗中运用摩，利用对方想要得到的东西进行预测与探索，其内心的真实想法一定会有所符验。一旦有了反应，并显露在外，就能够据此测知其内心的

范蠡扁舟归五湖

范蠡是春秋末年越王勾践的谋士，他辅佐勾践灭吴后，就辞官归隐，因为他发现勾践是一个不能共富贵的人，深知他会“鸟尽弓藏，兔死狗烹”，后来勾践果然将战时的谋士全部除去，而范蠡却因为揣摩圣意，保住了自身性命。

实情。达到目的后再暗中离开，这就叫堵塞漏洞，隐藏端倪，隐藏自己外在的表现，隐藏自己内心的真情，让别人不知道自己的所作所为，所以能把事情办成功并且不留下后患。在此时对对方施行摩术，在彼时观察对方的反应，并据此采取行动，那么没有什么事情是不能办成的。

[原文]

古之善摩者，如操钩而临深渊，饵而投之，必得鱼焉。故曰主事①日成而人不知，主兵②日胜而人不畏也。圣人谋之于阴，故曰神③；成之于阳，故曰明。所谓主事日成者，积德④也，而民安之不知其所以利；积善⑤也，民道(dǎo)⑥之不知其所以然，而天下比之神明⑦也。主兵日胜者，常战于不争不费，而民不知所以服，不知所以畏，而天下比之神明。

[注释]

①主事：掌管国家大事。

②主兵：指挥军队。

③神：这里指事理神奇、神妙。

④积德：积累德行，这里指对民众享受到的好处一个接一个。

⑤积善：积累善事，这里指教育、引导民众。

⑥道：同“导”，引导。

⑦神明：像神一样无所不知。

[译文]

古代善于运用摩术的人，就如同拿着钓鱼竿在深渊旁钓鱼一样，洒下了鱼饵，就一定能钓到鱼。所以说，这种人主管国家大事，每天能成功地处理好事情而别人却无法感受到；这种人指挥军队，每天都能打胜仗而士兵因此信任统帅而不畏惧敌人。圣人暗中谋划，所以称为神妙；在明处取得成功，所以称为圣明。所谓主管国家大事每天都取得成功，是因为他在积累德行，让百姓每天都享受到的好处一个接着一个，却不知道这些利益是谁带来的；他在不断地对百姓进行教育引导，百姓被引导了却不知道是怎么一回事，这样一来，天下的百姓就把他比作“神明”。指挥军队每天都能打胜仗，是因为他不经常采用攻杀的手段进行战斗，没有耗费人力和物力就结束了战争，而百姓却不知道他是如何令敌人顺服的，也不知道他是如何令敌人畏惧的，这样一来，天下的百姓就把他比作“神明”。

［原文］

其摩者，有以平，有以正，有以喜，有以怒，有以名，有以行，有以廉，有以信，有以利，有以卑。平者，静也；正者，宜①也；喜者，悦也；怒者，动也；名者，发也②；行者，成也③；廉者，洁也；信者，期④也；利者，求也；卑者，谄（tāo）⑤也。故圣人所以独用⑥者，众人皆有之，然无成功者，其用之非也。

［注释］

①宜：适宜。

②名者，发也：这里指散播对方的名声。

③行者，成也：这里指使对方的行动能够成功。

④期：期待。

⑤谄：通“韬”，隐藏，隐瞒。

⑥独用：单独使用。这里指圣人使用的手段。

［译文］

摩的方法有很多种：有的用和平交流的方法，有的用正义责难的方法，有的用娱乐讨好的方法，有的用愤怒激励的方法，有的用名望诱惑的方法，有的用行为逼迫的方法，有的用廉洁感化的方法，有的用信誉说服的方法，有的用利益诱惑的方法，有的用谦卑隐藏的方法。采用和平的方法，是使对方平心静气；采用正义的方法，是使对方觉得适宜；采用讨好的方法，

是使对方感到愉悦；采用怒激的方法，是使对方受到激励；采用名望诱惑的方法，是使对方觉得这样做能使名声得到传播；采用行为逼迫的方法，是使对方觉得这样做能够取得成功；采用廉洁感化的方法，是使对方觉得这样做是廉洁自律；采用信誉说服的方法，是使对方觉得这样做令人期待；采用利益诱惑的方法，是使对方觉得这样做能够得到自己所求的东西；采用用谦卑隐藏的方法，是使对方隐匿起来，韬光养晦以求自保。所以圣人所使用的这些方法，普通人也可以使用，但是没有人能取得成功，是因为在使用时没有依照正确的规律。

[原文]

故谋莫难于周密，说莫难于悉听，事莫难于必成。此三者，唯圣人然后能任之。故谋必欲周密，必择其所与通者说也，故曰或结而无隙①也。夫事成必合于数，故曰道数与时相偶者也②。

说者听必合于情，故曰情合者听。故物归类③，抱薪趋火，燥者先燃；平地注水，湿者先濡(rú)④。此物类相应⑤，于势譬犹是也。此言内符之应外摩也如是。故曰摩之以其类焉，有不相应者，乃摩之以其欲，焉有不听者？故曰独行之道⑥。夫几⑦者不晚，成而不拘(gōu)⑧，久而化成。

[注释]

①无隙：紧密无间。

②道数与时相偶：规律、方法与时机三者结合。道，规律。数，方法、技巧。偶，合。

③物归类：事物各有自己类别归属。

④濡：湿。

⑤物类相应：自然界中物以类聚，相同的事物有相应的反映。

⑥独行之道：指圣人使用的方法。

⑦几；细微的征兆。

⑧拘：通“钩”，钩取，探取。

[译文]

所以计谋最难的是做到周详隐秘，游说最难的是做到令对方完全听从，

办事情最难的是一定把事情做成功。这三者，只有圣人才能做到。所以制定计谋一定要做到周详隐秘，游说时一定要选择与自己心意相通的人进行游说，所以说这就像给绳子打结一样紧密而没有间隙。将事情做成功一定要与所要求的方法相符合，所以说规律、方法与时机三者要互相结合。

要想在游说时所说的话能够被对方听从，就一定要合于对方内心的实情，因此与实情相切合的才会被采纳。所以事物各有自己的类别归属，抱着柴火走向火堆，干燥的先燃烧；向平坦的地面注水，湿润的先濡湿。这就是物类相应的道理，在情势上必然产生相应的趋向也是同样如此。这里说的“内符”回应“外摩”也是这个道理。所以说根据事物的不同特性来实施摩术，如果没有感应，就根据被游说者的喜好进行引诱，这样一来，对方哪有不听从的？所以说这只是圣人使用的方法。能够发现事物的细微征兆而采取行动，就不会贻误时机，事情做成功了而不居功自傲，久而久之就能获得最后的成功。

权篇第九

题解

权，秤锤。陶弘景题注：“权者，反复进却以居当也。”也就是在游说时反复修饰言辞以达到游说的目的。本篇论述的内容十分广泛，不仅论述修饰言辞的重要性，还分析了言辞的特征，最后论述了言辞的使用方法。游说的目的是为了说服对方，而对方能被说服一定是因为能有所获益，所以要达到目的，一定要善于“饰言”。既然要做到善于“饰言”，就应该对言辞的特征有所了解。本篇讨论了十种言辞的特征与目的，并将这些言辞根据使用方法分为两类。一类是特别需要使用的，即佞言、谀言、平言、戚言、静言；另一类是特别需要禁忌的，即病言、恐言、忧言、怒言、喜言。

［原文］

说者，说之也；说之者，资①之也。饰言②者，假③之也，假之者，益损也；应对④者，利⑤辞也，利辞者，轻⑥论也；成义⑦者，明之也，明之者，符验也。言或反覆，欲相却也。难言者，却论也，却论⑧者，钓几也。

佞言者，谄而干忠⑨；谀言者，博而干智；平言者，决而干勇；戚言者，权而干信；静⑩言者，反而干胜。先意承欲⑪者，谄也；繁称文辞⑫者，博也；纵舍不疑⑬者，决也；策选进谋⑭者，权也；先分不足以窒非者，反也。

［注释］

①资：帮助。

②饰言：修饰言辞。

③假：借助。

④应对：对答。

⑤利：这里是机巧事物意思。

⑥轻：这里是快速、浮泛的意思。

⑦成义：这里指申说义理的言辞。

⑧却论：不接受对方的言论。

⑨谄：阿谀奉承。干忠：博取忠诚的名声。

⑩静：同“靖”，图谋，谋划。

⑪先意承欲：先预测对方的欲望，然后顺着对方的欲望进行游说。

⑫繁称文辞：旁征博引地游说。

⑬纵舍不疑：抛开疑虑，放开地游说。

⑭策选进谋：进献计谋时注意选择策略去游说。

秤

权，秤锤；权衡，即为称量，度量的意思。在这里，权的意思就是在游说他人时，要反复权衡措辞，通过“饰言”来打动对方。

[译文]

所谓游说，就是对人进行劝说；要想说服对方，必须对他有所帮助。修饰言辞，是因为要借助言辞，要借助言辞，就要对言辞进行增减修饰；回答对方的问题，要使用机巧的言辞，所谓机巧的言辞，就要使言辞浮泛；所谓申说义理的言辞，就是使对方明白某个道理，要使对方明白某个道理，就必须举事例加以验证。言谈时双方或许会意见不合，这就需要反复辩证，意欲使对方打消顾虑。双方互相诘难，是因为不接受对方的言论，不接受对方的言论，是为了勾出对方隐秘的实情。

所谓佞言，是为了博取忠诚的美名所说的讨好对方的言辞；所谓谀言，是为了博取睿智的美名而广泛引用华丽的语言进行奉承的言辞；所谓平言，是为了博取勇敢的美名决绝地说出直截了当的言辞；所谓戚言，是为了赢得对方的信任权且说出的悲伤的言辞；所谓静言，是为了取得辩驳的胜利反而责备对方不足的充满谋略的言辞。先预测对方的欲望，然后顺着对方的欲望进行游说，就是谄；旁征博引地游说，就是博；抛开疑虑，直截了当地游说，就是决；进献计谋时注意选择策略进行游说，就是权；自己的理由不充分反过来攻击对方的过错，就是反。

[原文]

故口者，机关①也，所以关闭情意也；耳目者，心之佐助也，所以窥觇(jiàn)②奸邪。故曰参③调而应，利道而动。故繁言而不乱，翱翔而不迷，变易而不危④者，睹要得理。故无

目者不可示以五色[5]，无耳者不可告以五音[6]。故不可以往者，无所开之也，不可以来者，无所受之也。物有不通者，圣人故不事也。古人有言曰："口可以食，不可以言。"言者，有讳忌也。"众口铄金[7]"，言有曲故也。

［注释］

①机关：控制整个机械的关键部分，引申为枢要、关键。

②觇：窥视。

③参：同"三"，这里指口、耳、目。

④危：这里是欺骗的意思。

⑤五色：青、黄、赤、白、黑。这里泛指各种颜色。

⑥五音：宫、商、角、徵、羽。这里泛指各种声音。

⑦众口铄金：众口一词可以混淆是非。形容舆论力量大，连金属都能熔化。

［译文］

所以说，口就是机关，是用来控制实情和意图的；耳和目，是心的辅佐，是用来窥视奸佞和邪诈的。所以说耳、目、心三者互相协调配合，选择有利的途径然后展开行动。因此能够做到言辞繁多却不杂乱，自由飞翔却不迷失方向，变化多端却不被欺骗，这是因为看准了要点，懂得了原理。所以，对于没有视力的人，不能向他显示各种颜色；对于没有听力的人，不能向他发出各种声音。如果不能前往游说，就不能打开对方的心扉获得实情，如果不能让他人前来游说，就不会获知对方的想法。事物之间不能互通，所以圣人不会采取行动。古人有句话说："口可以用来吃饭，却不能随便说话。"因为说话要有所顾忌。所谓"众口铄金"，就是因为说话扭曲事实的缘故。

［原文］

人之情，出言则欲听，举事则欲成。是故智者不用其所短，而用愚人之所长，不用其所拙，而用愚人之所工[1]，故不困也。言其有利者，从其所长也；言其有害者，避其所短也。故介虫[2]之捍也，必以坚厚[3]；螫（shì）虫[4]之动也，必以毒螫[5]。故禽兽知用其长，而谈者亦知其用而用也。

故曰辞言有五：曰病、曰恐、曰忧、曰怒、曰喜。病

者，感衰气而不神也；恐者，肠绝而无主也；忧者，闭塞而不泄也；怒者，妄动而不治也；喜者，宣[6]散而无要也。此五者，精[7]则用之，利则行之。

［注释］

①工：善于，长于。

②介虫：有甲壳的虫类。

③坚厚：这里指坚硬厚实的甲壳。

④螫虫：尾部有毒针可以刺人的虫。

⑤毒螫：毒虫等刺人或动物。

⑥宣：疏导。

⑦精：这里指精气，精神。

［译文］

说出来的话总希望别人听从，想要做的事总希望办成，这是人之常情。所以聪明的人避免使用自己的短处，而是利用愚笨之人的长处，避免使用自己笨拙的方面，而是利用愚笨之人擅长的方面，就不会陷入困顿的境地。说它是有利的，就从它的长处来进行游说；说它是有害的，游说时就要从它的短处说起。所以甲虫在捍卫自己的时候，一定使用坚固厚实的甲壳；螫虫在进攻的时候，一定用它的毒针刺。连禽兽都知道要使用它们的长处，那么游说的人也知道要使用他们应该使用的方法。

所以说游说的人应该懂得这五种言辞：病态之言、恐惧之言、忧郁之言、愤怒之言、喜悦之言。病态之言，会让人感到气馁而没有神采；恐惧之言，会让人畏惧而不能自主；忧郁之言，会让人郁结而不愿意畅言；愤怒之言，会让人妄动而导致混乱；喜悦之言，会让人宣泄散乱而不得要领。这五种言辞只有在人精气通畅的时候才能使用，只有对人有利才能实行。

［原文］

故与智者言依于博，与博者言依于辨，与辨者言依于要，与贵者言依于势，与富者言依于高，与贫者言依于利，与贱者言依于谦，与勇者言依于敢，与愚者言依于锐[1]。此其术也，而人常反[2]之。

是故与智者言，将以此明之；与不智者言，将以此教

之，而甚难为也。故言多类，事多变。故终日言，不失其类而事不乱。终日不变而不失其主，故智贵不妄。听贵聪，智贵明，辞贵奇。

[注释]

①锐：这里指细微之处。

②反：违反。

[译文]

所以，与智者说话要依仗渊博的知识，与知识渊博的人说话要依仗对事理的辨析，与善于辨析的人说话要依仗事理的要领，与地位尊贵的人说话要依仗权势，与富有的人说话要依仗尊敬的态度，与贫穷的人说话要依仗利益，与低贱的人说话要依仗谦卑的态度，与勇敢的人说话要依仗言语的果断，与愚笨的人说话要依仗事物的细微之处。这就是游说的原则，但是普通人经常违反这些规则。

因此，与智者说话使用这些规则，他很容易明白；与愚笨的人说话使用这些规则，是在教导他们，却很难教导成功。言辞有很多种类，事情千变万化。如果正确选择言辞的种类进行游说，即使整天说话，也不会发生混乱。虽然整天谈论的内容不变，也不会迷失主旨，所以智慧贵在不妄动。听言贵在听得清楚明白，智慧贵在明辨事理，言辞贵在出其不意。

谋篇第十

题解

谋，计谋。这里主要指谋划说服人的策略。本篇与《权篇》是姊妹篇。《权篇》论述游说，而游说的目的是为了进献计谋。游说是形势，献谋是内容，所以人们往往以“权谋”并称。本篇的内容涉及计谋的准备、献计的对象、献计的方法和原则等。献计之前要对献计对象的综合实情有全面的了解，在此基础上设计上策、中策和下策，然后根据需要确定献哪一种计谋。本文将献计的对象分为仁人、勇士、智者、愚者、不肖者、贪者等，根据对象的特点设计计谋。关于献计的方法，本文提出“谋因”的总方法。至于献计的原则，就是“阴”，即注意隐匿。

[原文]

凡谋有道①，必得其所因，以求其情。审得其情，乃立三仪②。三仪者：曰上，曰中，曰下，参(cān)③以立焉，以生奇。奇不知其所雍④，始于古之所从。故郑人之取玉也，载司南⑤之车，为其不惑也。夫度材量能揣(duó)情者，亦事之司南也。

伪献地张仪欺楚

战国时期，齐楚订立同盟，秦王欲伐齐，派遣张仪前往楚国说服楚王解除盟约，张仪以珍宝、土地为条件劝说楚王投靠秦国，楚王贪婪，背弃盟约，秦国败齐之后，张仪自废前言，不肯以土地谢楚。楚王因贪婪被欺。

[注释]

①道：规律。

②三仪：原指天、地、人，这里指上智、中才、下愚。

③参：检验，比照。

④雍：通“壅”，壅塞。

⑤司南：古代用来辨别方向的一种仪器，是现在所用指南针的雏形。将天然磁铁矿石制成杓形，放在光滑

的圆盘上，盘上刻着方位，利用磁铁指南的特点辨别方向。也用于比喻行事的准则、指导。

[译文]

筹划计谋都要遵循一定的规律，一定要追寻其中的因果关系，从而得知实情。弄清楚了实际情况之后，就制定出三种计策。这三种计策是：上策、中策、下策，将这三种计策加以参验、比照，确立所需要的，奇妙的计策就这样产生了。奇妙的计策常常无往不胜，由从古至今的实践中而来。所以，郑国人上山采玉的时候，一定驾驶司南之车，是为了不迷失方向。衡量才能、估计能力、探测实情，也是做事情的准则和指导。

[原文]

故同情而相亲者，其俱成者也；同欲而相疏者，其偏害①者也。同恶而相亲者，其俱害者也；同恶而相疏者，偏害者也。故相益②则亲，相损③则疏。其数④行也，此所以察异同之分也。故墙坏于其隙，木毁于其节，斯盖其分也。故变生事，事生谋，谋生计，计生议⑤，议生说，说生进，进生退，退生制。因以制于事，故百事一道而百度一数也。

[注释]

①偏害：其中一方受害。

②相益：互相有利。

③相损：互相损害。

④数：术，计谋。

⑤议：言论。

[译文]

双方有相同的欲望或目的并互相亲近，则双方都能取得成功；双方有相同的欲望或目的而互相疏远，则其中一方会受到损害。双方有相同的憎恶或仇恨并互相亲近，则对双方都有损害；双方有相同的憎恶或仇恨并互相疏远，则对其中一方有损害。所以双方互相有利就能互相亲近，双方互相损害就互相疏远。这就是为什么在实施一个计谋之前，必须察明双方相同或是不同的地方。所以土墙从有裂缝的地方崩坏，树木在其枝节之处折断，这是因为裂缝和枝节就是它们的分界之处。所以说变化产生新的事物，新事物产生后需要谋略，谋略产生计谋，计谋产生言论，言论产生游说，游说使事情向进步的方向发展，事情进步了就需要考虑退出的策略，有了退出的策略则针对新事物的整个方案就制订好了。依此制订方案，所以各种事情都适合一个规律，各种制度都适合一个法则。

［原文］

夫仁人轻货①，不可诱以利，可使出费②；勇士轻难(nàn)③，不可惧以患，可使据危④；智者达于数⑤，明于理，不可欺以不诚，可示以道理，可使立功，是三才⑥也。故愚者易蔽也，不肖者易惧也，贪者易诱也，是因事而裁之⑦。故为强者，积于弱也；为直者，积于曲也；有余者，积于不足也。此其道术行也。

［注释］

①轻货：轻视财货。

②费：费用，钱财。

③轻难：轻视灾难。

④据危：据守危险的地方。

⑤数：这里指道理。

⑥三才：这里指仁人、勇士、智者三种人才。

⑦因事而裁之：根据具体情况的变化作出判断和裁夺。

［译文］

仁人轻视财货，不可以用利益来诱惑他，可以使他献出财物；勇士轻视灾难，不可以用祸患使他恐惧，可以使他据守危险的地方；智者通达道理，明白事理，不可以用欺诈的方法蒙骗他，可以跟他讲道理，使他建立功业，这样做，这三种人才就会各得其用。所以愚笨的人容易受到蒙蔽，不肖的人容易感到畏惧，贪婪的人容易被诱惑，这是根据具体情况的不同作出的判断和裁夺。所以，强大是从弱小一步一步积累起来的；平直是慢慢削去弯曲积累起来的；有余是从不足一点一点积累起来的。懂得这些，道术就能得以实行。

［原文］

故外亲而内疏者，说内；内亲而外疏者，说外。故因其疑以变之[1]，因其见以然之，因其说以要[2]之，因其势以成之，因其恶以权之，因其患以斥之。摩而恐之，高而动之，微而正之[3]，符而应之[4]，拥[5]而塞之，乱而惑之，是谓计谋。

［注释］

①因其疑以变之：根据对方的疑问来改变自己游说的内容。

②要：这里指应和。

③微而正之：在衰败之后进行纠正。微，衰败。正，纠正。

④符而应之：先设计一个祥瑞的征兆，然后用应验来引诱。

⑤拥：通“壅”，阻塞。

［译文］

所以，对于外表亲热而内心疏远的人，要从内心着手进行游说；对于内心亲热而外表疏远的人，要从外表着手进行游说。所以要根据对方的疑问所在来改变自己游说的内容，要根据对方的表现来判断自己游说的方法是否正确，要根据对方的言辞来应和他的观点，要根据对方形势的变化适时成全他，要根据对方厌恶的东西来替他谋划，要根据对方可能造成的祸患来设法防范。揣摩之后加以威胁，抬高之后加以策动，衰落之后加以纠正，设计好符验之后加以引诱，拥堵之后加以阻塞，搅乱之后加以迷惑，这些都叫计谋。

［原文］

计谋之用，公不如私，私不如结[1]，结而无隙者也。正不如奇，奇流而不止者也。故说人主者，必与之言奇；说人臣者，必与之言私。其身内其言外者疏，其身外其言深者危。无以人之所不欲而强之于人，无以人之所不知而教之于人。人之有好也，学而顺之；人之有恶也，避而讳[2]之。故阴道而阳取之也。

[注释]

①结：打结。这里用丝织物打结比喻关系结实而不透露。

②讳：避忌。

[译文]

在施行计谋时，公开地运用不如在暗地里运用，暗地里谋划又不如缔结同心在一起商议，因为缔结同心能使彼此之间毫无间隙。遵守常道不如出其不意，奇计的使用就像流水一样，不能阻止。所以，在游说国君时，一定要对他说奇计；在游说大臣时，一定要对他说他的私人利益。是内部人却说外人的利害一定会被疏远，是外人却深知内部人的利害一定面临险境。不要把对方不想要的东西强加给他，不要把对方不想知道的东西强行教导给他。对方有喜好的东西，要学着顺从他的喜好；对方有厌恶的东西，要尽力避免并有所顾忌。所以做任何事情都是在暗地里做却在明处获得回报。

郭嘉

郭嘉是三国时曹操身边的谋士，善出奇谋，多次为曹操的大战出谋划策，深得曹操重用，曹操称他“平定天下，谋功为高”。

[原文]

故去之者纵之，纵之者乘之。貌者，不美又不恶[1]，故至情托焉。可知者，可用也；不可知者，谋者所不用也。故曰事贵制人，而不贵见制于人。制人者，握权[2]也；见制于人者，制命[3]也。故圣人之道阴，愚人之道阳。智者事易，而不智者事难。以此观之，亡不可以为存，而危不可以为安，然而无为而贵智矣。

[注释]

①美：赞美。恶：憎恶。

②握权：掌握了主动权。

③制命：被别人控制了命运。

［译文］

所以如果要除去对方，就放纵他，放纵他到一定程度后乘机一举除掉他。在外貌上，既不喜形于色也不怒目相待的人，是感情深沉的人，值得托以实情。能够彻底了解的人，可以重用；不能彻底了解的人，施行计谋时不能任用。所以说做任何事情贵在制约他人，而不是被他人制约。制约他人的人，是掌握了主动权的人；被他人制约的人，其命运就掌控在他人手里了。因此，圣人做事的规律在于“阴”，愚人做事的规律在于“阳”。聪明的人做事比较容易，而愚笨的人做事比较困难。从这里可以看出，消失了的东西不可以再次存在，而已经存在的危险不能转危为安，但是在做任何事情时能够顺其自然并且重视智慧都是十分必要的。

［原文］

智用于众人之所不能知，而能用于众人之所不能见。既用见可否，择事而为之，所以自为也。见不可，择事而为之，所以为人也。故先王之道阴。言有之①曰：“天地之化，在高与深，圣人之制道，在隐与匿。”非独忠信仁义也，中正②而已矣。道理达于此之义，则可与语。由能得此，则可与谷③远近之诱。

［注释］

①言有之：古语有这种说法。

②中正：不偏不倚。

③谷：俞樾《诸子平议·补录》认为当作“觳”，意为“穀”，使近处的人喜悦，使远方的人归附，让天下归服。

［译文］

智慧是用在众人不能察觉的地方，才能也是用在众人看不到的地方。运用智慧，要看是否可行；如果可行，选择事情去做，这是为了实现自己的目的。若发现是不可行的，也要选择一些事情去做，这是为了他人。所以先王的处世法则讲究“阴”。古语说：“天地的造化在于高与深，圣人治世的法则在于隐与匿。”不仅仅讲究忠、信、仁、义，只是要做到不偏不倚罢了。如果能彻底认清这些道理的真义，则可以与其交谈。能够懂得这些道理，就可以使近处的人喜悦，使远方的人归附，让天下顺服。

决篇第十一

题解

决，决断。这里指决情定疑，果断决策。本篇主要论述了如何进行决断，包括决断的起因、目的、原则和方法等方面。所谓“决物，必托于疑者”，所以有疑难是决策的起因，通过决策使自己获得利益是决策的目的。如果决断不能起到趋利避害的效果，那么决断就是失败的。因此趋利避害是一切决断的总原则。至于决断的方法，文中介绍了五种方法：阳德、阴贼、信诚、蔽匿、平素。

［原文］

凡决物①，必托于疑者，善其用福，恶其有患。善至于诱也，终无惑偏。有利焉，去其利则不受也，奇之所托。若有利于善者，隐托于恶，则不受矣，致疏远。故其有使失利者，有使离②害者，此事之失。

［注释］

①决物：决断事情。

②离：通“罹”，遭受。

［译文］

凡是决断事情，一定存在犹豫不决，善于决断就会得到福报，厌恶决断就会招来祸患。善于决断，一定要先诱得实情，这样最终才会没有疑惑和偏颇。决断要能带来利益，如果没有了利益，人们就不会接受，这就必须寄托于决断的出人意料。如果决断对一方有利，而对另一方隐藏着不利，那么这个决断就不会被接受，并导致关系疏远。如果决断招来失利，或者遭受损害，这就是决断中的失误。

［原文］

圣人所以能成其事者，有五：有以阳德之者，有以阴贼之①者，有以信诚之者，有以蔽匿之者，有以平素之②者。阳励③于一言，阴励于二言，平素、枢机以用。四者④，微

而施之。于是度（duó）之往事，验之来事，参[5]之平素，可则决之。王公大人之事也，危[6]而美名者，可则决之；不用费力而易成者，可则决之；用力犯勤苦，然不得已而为之者，可则决之；去患[7]者，可则决之；从福[8]者，可则决之。

故夫决情定疑，万事之基。以正乱治[9]，决成败，难为者。故先王乃用蓍（shī）龟[10]者，以自决也。

[注释]

①以阴贼之：暗中设计伤害对方。贼，害，伤害。

②以平素之：按照平常的方式来对待对方。平素，平时。

③励：勉励，这里是追求的意思。

④四者：指一言、二言、平素、枢机。

⑤参：核对，比照。

⑥危：崇高。

⑦去患：除去祸患。

⑧从福：招来福佑。

⑨正乱治：纠正乱世达到治理的目的。

⑩蓍龟：古人以蓍草与龟甲占卜凶吉。蓍，一种多年生草本植物。龟，龟甲。

[译文]

圣人之所以能完成大业的方法有五种：有公开地施加恩德来感化的，有暗中设计伤害对方的，有用诚信对待对方换取信赖的，有蒙蔽隐瞒对方的，有用平常的方式来对待对方的。使用“阳”一类的方法追求的是守常如一，使用“阴”一类的方法追求的是掌握事物互相对立的两面，这两种方法都要注意在平时使用以及在关键时刻的使用。一言、二言、平素、枢机，这四种方法都要在不知不觉中使用。做到了这些之后，再比照过去的事情，验证未来的事情，比

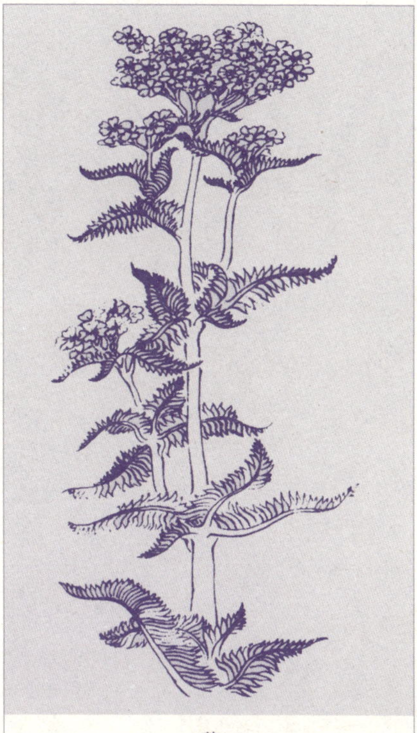

蓍

蓍草，一种可以用来占卜的植物。古人笃信神明，常用龟甲、蓍草等进行占卜，并以占卜结果作为判断事情的依据。

照平常的事情，就可以进行决断了。王公大人的事情，既崇高又能获得美好的名声，可以替他决断；不用花费大力气就很容易办成的事情，可以替他决断；做起来很费力、需要付出劳苦艰辛却不得不做的事情，可以替他决断；能够除去祸患的事情，可以替他决断；能够招来福佑的事情，可以替他决断。

所以善于根据实情进行决断解除疑惑，是做好一切事情的关键。决断关系到纠正国家的治乱，决定成功或失败，是很难做的事情。所以先王用蓍草与龟甲占卜来帮助自己做决断。

符言第十二

题解

符，符契、符节。这里指内符，即国君的外在表情或表现与其内心的真实想法相吻合。言，指格言。符言，就是一种格言，主要是让国君避免被人窥探出内心的真实想法。所以国君应该执守于内心。本篇主要论述的是国君应该如何执守内心。文中从九个方面对君主提出要求，分别是：主位、主明、主德、主赏、主问、主因、主周、主恭、主名。这九个方面的权术由一个主导思想贯穿，即君主如何制约臣子，突出了以君主为核心的思想。

[原文]

安徐①正静，其被②节无不肉。善与③而不静，虚心平意以待倾损④。右主位⑤。

目贵明，耳贵聪，心贵智。以天下之目视者，则无不见；以天下之耳听者，则无不闻；以天下之心思虑者，则无不知。辐辏(fú còu)⑥并进，则明不可塞。右主明。

德之术⑦曰：勿坚而拒之。许之则防守，拒之则闭塞。高山仰之可极⑧，深渊度(duó)之可测。神明之位，德术正静，其莫之极。右主德。

[注释]

①徐：平静。

②被：施及，加在……之上。

③与：给予。

④倾损：不公平与伤害。

⑤右主位：上面所讲的主要是针对在位者应该注意的事项。右，上。

⑥辐辏：形容人或物聚集如同车辐集中于车毂一样。辐，连结车辋和车毂的直条。辏，车轮的辐聚集到中心。

⑦德之术：推崇德的方法。

⑧极：至，到达。

[译文]

在位者必须做到安详、从容、正派、沉静，合乎宽容的节度而很好地享受生活。在位者更多地给予而与世无争，虚怀若谷、心态平和地面对不公平与伤害。以上是针对在位者应该注意的事项。

眼睛贵在明亮，耳朵贵在灵敏，心灵贵在聪慧。如果用天下人的眼睛来看，则没有什么是看不到的；如果用天下人的耳朵来听，则没有什么是听不到的；如果用天下人的智慧来思考，则没有什么是不知道的。如果天下的人如同车辐集中于车毂一样齐心协力，则在位者就能明察一切，不可阻挡。以上是针对明察应该注意的事项。

推行德行的方法是：不要拒绝愿意归附的人。如果能使人归附，就使自己多了一层保护；如果拒绝别人归附，就使自己受到阻塞。让人仰望的高山是可以攀到山顶的，即使再深的深渊也是可以测量出深度的。德行的地位如同神明，推行德行的方法要求平正与沉静，没有什么能与这一点相提并论。以上是针对推行德行应该注意的事项。

谏鼓谤木

帝尧曾在自己的宫室之外设谏鼓、谤木，令天下人都能直接与其沟通，下言上达，方能真正了解天下的情况，以此来制定的政策才最大程度地有利于国家。兼听天下，是为君之道的重要内容。

[原文]

用赏贵信，用刑贵正。赏赐贵信，必验[1]耳目之所闻见，其所不闻见者，莫不暗化[2]矣。诚畅[3]于天下神明，而况奸者干君[4]。右主赏。

一曰天之，二曰地之，三曰人之。四方上下，左右前后，荧惑[5]之处安在。右主问。

心为九窍[6]之治，君为五官[7]之长。为善者，君与之赏；为非者，君与之罚。君因其所以求，因与之，则不劳。圣人用之，故能赏之。因之循理，固能久长。右主因。

[注释]

①验：对照证据，以便明了真相。

②暗化：暗自转化，这里指潜移默化。

③诚畅：诚信畅行。

④干君：冒犯君主。

⑤荧惑：古指火星。因隐现不定，令人迷惑，故名。这里指迷惑。

⑥九窍：人体的九个小穴，即口、两耳、两眼，两鼻孔、尿道、肛门。

⑦五官：殷周时分掌政事的五个高级官职，即司徒、司马、司空、司士、司寇。这里泛指百官。

[译文]

运用奖赏贵在守信，运用刑罚贵在公正。奖赏贵在守信，必须经过耳闻目见加以验证，那些没有经过耳闻目见加以验证的事情，没有不潜移默化的。诚信畅行于天下，使君主达到神明的境地，那么以奸邪手段冒犯君主求得奖赏的事情是不可能发生的。以上是针对奖赏应该注意的事项。

君主应该善于问询天时、地利、人和。天地上下，东南西北四方，左右前后，这些地方都问询遍了，就没有被人迷惑的地方。以上是针对问询应该注意的事项。

心是九窍的主管者，君主是百官的主管者。官员中做了好事的，君主应该给予他奖赏；做了坏事的，君主应该给予他惩罚。君主顺应官员们各自的欲望而给予相应的赏罚，就不会辛劳。圣人据此使用赏罚，所以能使赏罚各得其所。君主如果能因循这个道理来治理国家，国家就能得到长久的治理。以上是针对因循而行应该注意的事项。

[原文]

人主不可不周①，人主不周，则群臣生乱。家②于其无常也，内外不通，安知所开。开闭不善，不见原③也。右主周。

一曰长目④，二曰飞耳⑤，三曰树明⑥。明知千里之外，隐微之中，是谓洞天下奸，莫不暗变更。右主恭⑦。

循名而为，实安而完⑧。名实相生，反相为情⑨。故曰：名当则生于实，实生于理，理生于名实之德，德生于和，和生于当。右主名。

［注释］

①周：周全、细密。

②家：这里是居于、处于的意思。

③原：本原。

④长目：能看到很远的东西，犹如千里眼。

⑤飞耳：能听到很远的声音，犹如顺风耳。

⑥树明：明察一切事物的能力。

⑦恭：肃敬。

⑧实安而完：根据实情定名。

⑨反相为情：名为实的本性，实为名的本性，两者互为对方的本性。情，此处指事物的本性。

［译文］

君主考虑事情不可不周全、细密，君主不周全、细密，就会因顾及不到百官而滋生祸乱。百官处于混乱无常的状态中，就会使内外信息不通畅，君主因此不知道问题出在了哪里。如果君主不善于找出问题并加以解决，就不能发现问题的本原。以上主要说明周全、细密的重要性。

一要使眼睛能够看得远，二要使耳朵听得远，三要培养能够明察一切事物的能力。明确地了解千里之外的情况，了解隐蔽微小的事情，这样才能称为洞察天下，奸邪之徒没有不改正的。以上主要是说君主在表情上要做到恭。

循名而求实，根据实情定名，使名实相符合。名与实互相依存，互为对方的本性。所以说：命名恰当是因为名符合实情，事物的实情由事物的义理决定，而义理生于名与实的相得，名与实的相得生于名与实互相符合，名与实互相符合，那么命名就恰当。以上主要是说名与实互相符合的重要性。

转丸第十三

此篇已佚。

胠乱第十四

此篇已佚。

本经阴符七术

题解

本，本源、根本。这里指人的内心。以内在精神的修炼来支配外在的肢体行为，就是阴符。本篇论述策士应该如何修炼内在的神气、意志、智识，以调动、运用自身的力量去解决外部问题，主要有七种方法：盛神、养志、实意、分威、散势、转圆、损兑。具体而言，盛神法五龙，养志法灵龟，实意法螣蛇，分威法伏熊，散势法鸷鸟，转圆法猛兽，损兑法灵蓍。

[原文]

盛神法五龙[①]。盛神中有五气[②]，神为之长（zhǎng）[③]，心为之舍，德为之大，养神之所归诸道。道者，天地之始，一其纪[④]也，物之所造，天之所生，包宏无形，化气，先天地而成，莫见其形，莫知其名，谓之神灵。故道者，神明之源，一其化端[⑤]。是以德养五气，心能得一[⑥]，乃有其术。术者，心气之道[⑦]所由舍者，神乃为之使。九窍十二舍[⑧]者，气之门户，心之总摄[⑨]也。生受于天，谓之真人[⑩]。真人者与天为一。

龙

龙，是一种神兽，青龙与白虎、朱雀、玄武称“四灵”。龙是精力旺盛、变化莫测的象征，龙腾云端的形象几乎成为中华民族的标志。

[注释]

①盛神：使精神旺盛。神，指人的意识和精神。法：效法。五龙：五行之龙，这里是将五行金、木、水、火、土的神气比喻为龙。

②五气：指心、肝、脾、肺、肾等

五脏之气，表现为神、魂、魄、精、志。

③长：主宰。

④一其纪：一是一切的开始。纪，基础。

⑤化端：变化的开始。

⑥得一：得到一切，合于大道。

⑦道：通“导”，引导。

⑧十二舍：人体中气的十二处止息之所，即心、肝、脾、肺、肾、胃、膀胱、大肠、小肠、胆、膻中、三焦。此外，根据陶弘景注：“十二者，谓目见色，耳闻声，鼻受香，口知味，身觉触，意思事，根境互相停舍，故曰十二舍也。”认为十二舍为：目、耳、鼻、舌、身、意、色、声、香、味、触、事。

⑨总摄：总领。

⑩真人：道家称存养本性得道的人。

[译文]

要使人的精神旺盛，就要应该养五气。旺盛的精神中有五气，神是主宰，心是住所，德能使神壮大，养神的方法都归于道。道，是天地的开始，一是一切的开始，万物都是道创造的，天地是道创生的，道包容宏大，道无影无形，道化气，在天地之先生成，既不能看见它的形状，也不能得知它的名字，将它称为“神灵”。所以说，道是神明的本原，一是它变化的开端。所以，用德来养五气，心能得到一切，合于大道，才能找到方法。这个方法，就是把心之气从其止息的地方引导出来，神也受心气的支配。所谓九窍与十二舍，就是气出入的门户，是心的总领。生而由上天传授，称作真人。真人与天地万物是合而为一的。

[原文]

内修炼而知之，谓之圣人，圣人者，以类知之[1]。故人与一生，出于物化[2]。知类在窍[3]，有所疑惑，通于心术，心无其术，必有不通。其通也，五气得养，务在舍神[4]，此谓之化。化有五气者：志也、思也、神也、德也，神其一长也。静和者养气，气得其和，四者不衰，四边威势，无不为存而舍之[5]，是谓神化。归于身，谓之真人。真人者，同天而合道，执一[6]而养产万类，怀天心，施德养，无为以

包志虑思意，而行威势者也。士者通达之，神盛乃能养志。

[注释]

①以类知之：根据同类事物的品性来推理认识万事万物。战国时期通常根据这一方法来认识事物。

②物化：化于物，随着外物的不同而发生变化。

③知类在窍：人根据九窍来认识同类与自然。窍，九窍。

④舍神：使神停止、住下。

⑤舍之：住在这里。

⑥执一：执道，坚守无为。

[译文]

通过内心的修炼明白这些道数的人，就称作圣人。圣人根据同类事物的品性来推理认识万事万物。所以人虽然出生时的本性是一样的，但是却随着外物的不同而发生变化。人通过九窍来认识同类与自然，如果有疑惑，就要通过心来思维，如果心不能思维，一定是因为心与九窍之间的气不通。如果心与九窍之间的气相通，五气就能够得到涵养，这时要努力使神归宿于心，这就是所谓的化。五气变化就能产生志、思、神、德这四种不同的效果，而神是其中的主宰。宁静平和才能养气，五气融和，则志、思、神、德旺盛，志、思、神、德旺盛导致威势散发，这样就能无所不为，而将此威势归宿于内心，这就是所谓的神化。归宿于肉体，称为真人。真人与天地同在而合于大道，坚守无为，生产并养育万物，怀抱上天的心意，施行道德滋养五气，用无为的思想包容志向、思虑，从而使威势发挥。士要理解精通这一点，精神旺盛才能养志。

[原文]

养志法灵龟①。养志者，心气之思不达也②。有所欲，志存而思③之。志者，欲之使也。欲多则心散，心散则志衰，志衰则思不达也。故心气一，则欲不徨④；欲不徨，则志意不衰；志意不衰，则思理达矣。理达则和通，和通则乱气不烦于胸中。故内以养志，外以知人。养志则心通矣，知人则职分明矣。

[注释]

①灵龟：古人认为龟有灵性，所以称为灵龟。

②思：思绪，思路。不达：不畅。

③思：思慕，念想。

④徨：彷徨，徘徊不定。

[译文]

修养心志的办法是效法灵龟。养志，是因为心气所产生的思绪不畅通。如果一个人有欲望，就会在心中想着去满足欲望。志受到欲望的驱使。欲望多，心气就不能集中；心气不能集中，志就衰减；志衰减，思绪就不畅通。所以心气专一，欲望就不会扰乱心神；欲望不会扰乱心神，志和意就不会衰减；志和意不会衰减，思想脉络就会畅通。思想脉络畅通，就能心气和顺，心气和顺就不会感到心中烦乱。所以对内养志，就可以通过外在表现了解他人。养志能够达到心气通畅，了解他人就能够做到知人善任。

[原文]

将欲用之于人，必先知其养气志，知人气盛衰，而养其志气，察其所安，以知其所能。志不养，则心气不固[1]；心气不固，则思虑不达；思虑不达，则志意不实；志意不实，则应对不猛[2]；应对不猛，则志失而心气虚；志失而心气虚，则丧其神矣。神丧则仿佛，仿佛[3]则参(sān)会[4]不一。养志之始，务在安已。已安则志意实坚，志意实坚则威势不分，神明常固守，乃能分之。

[注释]

①固：安定。

②应对：对事情做出反应并给出对策。猛：急骤。这里指反应迅速灵敏。

③仿佛：心思彷徨，精神恍惚。

④参会：志、心、神三者交会。参，通“叁”，指志、心、神。

[译文]

如果想将养志之法运用在考察人才，必须首先要知道对方养气和养志的功夫，因为只有了解了一个人的五气和心志的盛衰，才能替对方培养气和志，观察他的心志所在，用来了解他的才能。一个人的心志得不到修养，则心气就不安定；心气不安定，则思虑就不通畅；思虑不通畅，则志和意就不充实；志和意不充实，就不能迅速灵敏地对事情做出反应并给出对策；不能迅速灵敏地对事情做出反应并给出对策，就会使得意志丧失进而心气空虚；意志丧失进而心气空虚，就会导致神的丧失。神一旦丧失就会使人精神恍惚，精神恍惚就会导致志、心、神三者不能交会融合。养志的开始，务必使自己安定下来。自己安定了，志和意才能充实坚定；志和意充实坚定了，威势才会凝聚不散，精神才能固守，才能使对手的威势分散。

［原文］

实意①法螣（téng）蛇。实意者，气之虑也。心欲安静，虑欲深远。心安静则神策②生，虑深远则计谋成。神策生则志不可乱，计谋成则功不可间。意虑定则心遂安，心遂安则所行不错，神自得矣，得则凝③。识气寄④，奸邪而倚之，诈谋而惑之，言无由心矣。故信心术，守真一⑤而不化，待人意虑之交会，听之候之也。

［注释］

①实意：要求心气开始思虑。这里的“意”与“志”相对，是志所表现出来的意图。

②神策：神奇的策略。

③凝：这里指精力集中。

④识气寄：这里指心里有惦记的东西。寄，依附。

⑤真一：真气。

螣蛇

螣蛇，即为会飞的蛇，是奇门中八神之一。这里借可以翱翔天宇的螣蛇，来讲只有心性充实安定，思维才会活跃充沛，就不会让奸邪之人有机可乘。

［译文］

要使心气开始思虑并得到提升要效法螣蛇。实意，就是充实、提高思维能力。心在思虑的时候应该保持安详宁静，思虑才能深远。心安静，神奇的策略就生成了；思虑深远，计谋就成熟了。神奇的策略生成了，志就不会紊乱；计谋成熟了，功业就不可抹杀。意志和思虑安定，心就安定了；心安定了，行动就不会出现差错，精神就会饱满；精神饱满，精力就会集中。心里有惦记的东西，奸邪就有了依托的地方，就可能受到诈谋的迷惑，说话就言不由衷了。所以要坚信净心的方法，守住真气而始终不变，等待人们意志和思虑的交汇，听候、观察事物的变化。

［原文］

计谋者，存亡之枢机。虑不会[1]，则听不审矣，候之不得。计谋失矣，则意无所信，虚而无实。故计谋之虑，务在实意，实意必从心术[2]始。无为而求安静五脏[3]，和通六腑[4]，精神魂魄固守不动，乃能内视[5]、反听[6]、定志。虑之太虚[7]，待神往来。以观天地开辟，知万物所造化，见阴阳之终始，原人事之政理[8]，不出户而知天下，不窥牖而见天道，不见而命，不行而至，是谓道知，以通神明，应于无方，而神宿矣。

［注释］

①虑不会：这里指“虑”与“意”不交会。

②心术：这里指静心之术。

③五脏：指心、肝、肺、脾、肾。

④和通：和气通畅。六腑：指胆、胃、膀胱、小肠、大肠、三焦。

⑤内视：不用眼睛去看，而是用心去看。

⑥反听：不用耳朵去听，而是用心去听。

⑦太虚：这里指思绪到达毫无杂念的空明境界。

⑧人事之政理：指国家大事中如何管理百姓的道理。

［译文］

计谋，是生死存亡的关键。思虑与意志不交会，听取言论时则不审慎，就不能期望在听取言论的时候得到信息。计谋一旦失败，意就会无所确信，虚就不充实。所以思虑计谋时一定要做到实意，要做到实意就必须从静心之术开始。做到无为并要求安静五脏，使六腑和气通畅，精神魂魄固守纯真，不为外界所动，才能做到用心去看，用心去听，使心志安定。思绪到达毫无杂念的空明境界，等待神明的到来。在这样的状态下来观察天地开辟，了解万物产生和变化的规律，得知阴阳变化的初始和终结，推究国家大事中如何管理百姓的道理，不出门户就能知道天下的形势，不开窗就能了悟天道，不等事情发生就能先发出命令，不等采取行动事情就已经办成了；这就是所谓的道知，即能与神明相通，从而无所不能，神也因此在心中长宿。

［原文］

分威法伏熊①。分威者，神之覆②也。故静固志意，神归其舍，则威覆盛矣。威覆盛，则内实坚；内实坚，则莫当；莫当③，则能以分人之威，而动其势，如其天。以实取虚，以有取无，若以镒(yì)称铢④。故动者必随，唱⑤者必和；挠其一指，观其余次⑥；动变见(xiàn)⑦形，无能间⑧者。审于唱和，以间见间，动变明而威可分。将欲动变，必先养志伏意以视间。知其固实者，自养也；让己者，养人也。故神存兵亡，乃为之形势。

［注释］

①分威：散发威势。伏熊：熊想要进行偷袭，首先要把身体伏在地上，然后才采取行动，所以有“伏熊”的说法。

②覆：这里是“伏”的意思。

③当：阻挡。

④以镒称铢：用镒同铢相比，表示力量处于绝对优势。镒、铢，均为古代重量单位，一镒相当于二十四两，二十四铢为一两。

⑤唱：同“倡”，倡导。

⑥挠其一指，观其余次：只碰触了对方一个指头，就能看到其他手指的变化。比喻只触动了对方的局部，就能从对方的反应中知晓对方的全部情况。

⑦见：同“现”，显现。

⑧间：间隙。这里指没有机会逃掉。

［译文］

想散发威势要效法伏熊。所谓散发威势，就要先积蓄威势，让精神伏于其中。所以平心静气地使志和意安定，使精神归于心舍，那么威势就会因隐伏而更加强盛。威势因隐伏而更加强盛，那么内心就更加充实、坚定；

内心更加充实、坚定，那么就没有什么人或东西能够阻挡；没有什么人或东西能够阻挡，这样就能分散他人的威势，从而使对方的势力动摇，如同天神一样。用充实来攻取空虚，用有攻取无，就像用镒去称铢一样容易。所以一旦有行动，就会有人跟随，只要有倡导，就有人应和；只触动了对方的局部，就能从对方的反应中知晓对方的全部情况；对方的行动和应变全部显现出来，没有一个能逃脱掉。通晓倡导和应和的道理，用寻找间隙的方法发现对方的缺陷，当对方的举动和应变明晰之后，就可以发散威势了。在采取行动和应变之前，一定要先涵养志气，隐伏意图，等待时机。懂得使自己意志坚定而充实的人，就是懂得自我养气的人；懂得把自己所拥有的给予别人的人，就是能替他人养气的人。所以只要精神存在，就能化解武力斗争，这就是所要实现的形势。

［原文］

散势法鸷(zhì)鸟①。散势者，神之使也。用之，必循间而动。威肃②内盛，推间③而行之，则势散。夫散势者，心虚志溢。意衰威失，精神不专，其言外而多变④。故观其志意为度数，乃以揣说图事，尽圆方⑤，齐短长⑥。无间则不散势，散势者，待间而动，动而势分矣。故善思间者，必内精五气，外视虚实，动而不失分散之实。动则随其志意，知其计谋。势者，利害之决，权变之威；势败者，不以神肃察也。

［注释］

①散势：分散对方的威势。鸷鸟：凶猛的鸟。

②肃：内敛。这里指积聚。

③推间：寻找间隙或机会。推，推算，排查。

④言外：这里指言辞将真实情况泄露在外。多变：这里指因掩饰内心的慌张而闪烁其词。

⑤尽圆方：尽情使用或圆或方的游说方法。圆，说一些迎合对方的话。方，按规矩行事。

⑥齐短长：灵活运用各种计谋。短长，纵横策略。

［译文］

分散对方的威势要效法鸷鸟。分散对方的散势，受到精神的支配。使用这种方法，一定要因循对方的缺点和漏洞展开行动。威势在内蓄积已经很旺盛了，寻找对方的间隙并展开行动，那么，对方的威势势必散开。对方的威势一旦散开，就会内心空虚，志气外溢。志气外溢导致意念衰减，丧失威势，精神也因此涣散，他的言辞就会将内心的真实情况泄露在外，因而以闪烁的言辞上加以掩饰。所以观察对方，以得到对方真实的意和志为标准，得知了真实的意和志就可以进行揣摩、游说以图谋事情，尽情使用或圆或方的游说方法，灵活运用各种计谋。对方如果没有漏洞可供利用，就不要散发威势；想要散发威势，一定要等待对方露出破绽才能展开行动；一旦展开行动，对方的威势必定分散。所以，善于思考、寻找对方的破绽的人，他的内心一定积聚了五气，对外探查对方的虚实，一旦行动就不会失去散发威势的效果。他的行动能紧随对方的志和意，了解对方的计谋。势，是处理利害关系的关键，是灵活运用权术的威慑力量；如果势被分散了，是精神没有集中考察的结果。

鸷鸟不群

鸷鸟，是一种猛禽。此处以出击迅速凶猛的鸷鸟来解说要内心充实旺盛，考虑周详，出击时应迅猛果断，作为游说之士，只有内心充实坚定，言词坚定准确，才能说服对方。

[原文]

转圆[1]法猛兽。转圆者，无穷之计。无穷者，必有圣人之心，以原不测之智而通心术[2]。而神道[3]混沌为一，以变[4]论万类，说义无穷。智略计谋，各有形容[5]：或圆或方，或阴或阳，或吉或凶，事类不同。故圣人怀此之用，转圆而求其合。故与造化[6]者为始，动作无不包大道，以观神明之域。

[注释]

①转圆：转动圆形的器物，比喻便易迅速。

②心术：炼心之术，这里指凝聚心气的方法。

③神道：这里指神妙的造化自然。

④变：通“辩”。

⑤形容：形态。

⑥造化：这里指圣人。

[译文]

转动圆形的器物效法猛兽。计谋就像圆形的器物转动一样，是没有穷尽的。要使计谋没有穷尽地产生，必须要有圣人的心胸，用来推究不可测量的智慧的根源，并掌握凝聚心气的方法。神妙的造化自然还是混沌一体之时，也可以辩论万事万物，策士游说时的道理也是无穷无尽。不论是智慧韬略还是奇计良谋，都各有各的形态：或是圆或是方，或是阴或是阳，或是吉或是凶，随着事情种类的不同而不断变化。所以圣人凭借这个道理的运用，在处理事情的时候像不断转动的球形体一样，不断寻找适合的计谋。所以要以跟随圣人作为开始，那么所作所为就都合于大道，并且能观测到神明的境界。

[原文]

天地无极，人事无穷，各以成其类，见其计谋，必知其吉凶成败之所终[1]。转圆者，或转而吉，或转而凶，圣人以道先知存亡，乃知转圆而从方。圆者，所以合语[2]；方者，所以错事[3]。转化[4]者，所以观计谋；接物者，所以观进退之意。皆见其会。乃为要结[5]以接其说也。

[注释]

①所终：结果。

②合语：语言合拍，说话投机。

③错事：处置事物，解决问题。错，通“措”。

④转化：通过转动发生变化。

⑤要结：关键。

[译文]

天地是广大无边的，人事的变化没有穷尽，万事万物都有各自的类别归属，根据类别归属观测其中的计谋，一定能够了解到是吉还是凶、是成

功还是失败的最终结果。运用转圆之术，或者得到吉利的结果，或者得到凶险的结果，圣人通过道预先知道存亡，于是知道了转圆是为了就方。所谓圆，是说话投机的依托；所谓方，是解决问题的依托。通过转动而变化，是探查到对方计谋的依托；做到圆与方之间的互相转化，是观测进退想法的依托。无论是用圆还是用方，都要看到问题的症结所在，然后抓住关键来迎合对方展开游说。

[原文]

损兑法灵蓍(shì)①。损兑者，机危②之决也。事有适然③，物有成败，机危之动，不可不察。故圣人以无为待有德④，言察辞合于事。兑者知之也，损者行之也。损之说之，物有不可者，圣人不为之辞。故智者不以言失人之言，故辞不烦⑤而心不虚，志不乱而意不邪。

[注释]

①损兑：减少他虑，专心察理。蓍：草名，古人常以其茎作占卜之用。

②机危：危险的征兆。

③适然：偶然。

④德：通“得”，获得。

⑤辞不烦：言辞要简单而得要领。

[译文]

减少他虑，专心察理应该效法灵蓍。所谓损兑，是处理危险征兆的关键。事物在发展的过程中有偶然现象发生，使得事物的发展既有成功的可能又有失败的可能，对危险征兆的轻微变化，不能不仔细观察。所以圣人处理事情时以无为的态度对待而能有所获得，考察判断言辞与所做的事情是否相合。说话直率则轻易泄密让对方知晓，减少直说则可以避免泄密，因而是可行的。不直率地去游说，问题却得不到解决，圣人就不会再随便开口了。所以智者不因为自己不会言说而不再从对方的言辞中获得信息，所以言辞要简单而得要领，心气就不虚，志就不会乱，意念就端正。

[原文]

当①其难易而后为之谋，因自然之道以为实。圆者不

行，方者不止[2]，是谓大功。益之损之，皆为之辞。用分威散势之权，以见其兑威、其机危，乃为之决。故善损兑者，譬若决水于千仞（rèn）[3]之堤，转圆石于万仞之谿（xī）[4]。而能行此者，形势不得不然也。

[注释]

①当：遇到。

②圆者不行，方者不止：对方施行圆的计谋不停止，己方施行方的计谋就不停止，直到对方不能按常理谋划。圆者、方者，均指计谋。

③仞：古代的计量单位。

④谿：同“溪”。

[译文]

遇到事情先分辨困难或容易，然后去思考对策，根据自然规律采取行动。对方施行圆的计谋不停止，己方施行方的计谋就不停止，直到对方不能按常理谋划，这样才能大功告成。或者增加或者减少，都是为了使言辞能够切合。运用分威、散势的权谋，去发现对方直行的威力以及他的危险征兆，然后做出决断。所以善于运用损兑的人，就像决开千仞之堤放水，冲向万仞之深的溪谷中的石头，使石头得以旋转一样容易。水能够使石头旋转，是水的形势所造成的必然结果。

持 枢

题解

持，掌管、执掌；枢，本指户枢，枢在中间，可以使外部运转。持枢，指洞察事物生成发展的关键，以控制万物的运转。本篇有残缺，因此无法得知其主旨和结构。从残留的部分看，主要论述了国君治理国家要遵从天道，顺应自然规律，这样才能抓住治国安民的关键。

[原文]

持枢①，谓春生、夏长、秋收、冬藏，天之正也②。不可干而逆之③。逆之者，虽成必败。

故人君亦有天枢，生、养、成、藏，亦复不可干而逆之，逆之者，虽盛必衰。此天道，人君之大纲也。

[注释]

①持枢：谓四时自然运行。

②天之正也：大自然的法则。

③干：触犯，抵触。逆：倒向，这里指违反。

[译文]

四时运行的关键是顺应自然之道，即春天万物生长、夏天万物养育、秋天万物收获、冬天万物储藏，这是大自然的法则。不可以抵触并违反它。违反它，即使一时成功了，最终也必然失败。

所以君主治国的关键也是应该顺应自然之道，生长、养育、收获、储藏，也是不可抵触并违反的，违反它，即使一时成功了，最终也必然失败。这就是天道，是君主治国的基本纲领。

商纣无道

商纣王无道，不肯体恤百姓，为了满足荒淫的私欲，征调百姓筑鹿台，常常荒淫无度，并发明炮烙，残忍杀害无辜忠臣和平民，不与民生息，只一味劳苦和剥削百姓，最终亡国。

中经

题解

《中经》与《本经》相对而言，讲的是如何在与人打交道的过程中考察对方、利用对方、控制对方。文中提出了七种方法，即见形为容、象体为貌，闻声知音，解仇斗郄，缀去，却语，摄心，守义。

［原文］

《中经》，谓振穷趋急，施之能言厚德之人。救拘执[1]，穷者不忘恩也。能言者[2]，俦（chóu）[3]善博惠。施德者，依道。而救拘执者，养使小人[4]。盖士遭世异时危，或当因免阗（tián）坑[5]，或当伐害能言，或当破德为雄，或当抑拘成罪，或当戚戚自善[6]，或当败败自立。

［注释］

①拘执：这里指被拘禁的人，也泛指处于困境中的人。

②能言者：这里指策士。

③俦：同辈，同伴。这里指成对出现，比喻多。

④小人：这里指普通人。

⑤阗坑：这里指死于兵荒马乱。阗，充满；填塞。

⑥戚戚自善：心里想的只是保持自我良善。

［译文］

所谓《中经》，说的是能救助处于困境或有急难的人，只有能言善辩、有深厚的德行的人才能做到。解救处于困境中的人，那些被解救的人不会忘记你的恩德。能言善辩的策士多行善事，广施恩德。广施恩德的人，行事要以道为依据。解救处于困境中的人，目的是豢养他们，使他们能供自己使唤。因为士在乱世之中往往会遇到生不逢时的危险，有的仅能免于一死；有的加害他人，成为能言善辩的人；有的放弃道德，成为一世雄主；有的被捕，成为有罪之人；有的只想着自己，成为明哲保身的人；有的在危险中自我谋划，成为自立的人。

[原文]

故道贵制人，不贵制于人也。制人者握权，制于人者失命。是以见形为容、象体为貌，闻声知音，解仇斗郄①，缀去，却语，摄心，守义。《本经》纪事者，纪道数②，其变要在《持枢》《中经》。

[注释]

①郄：通“隙”，这里指矛盾。

②道数：道术，即方法。

[译文]

所以处世之道贵在控制别人，而不是被别人控制。控制别人的人掌握权势，被别人控制的人丢失性命。因此可以采取这样几种方法：根据一个人的行动、声音、体态、容貌等信息推测他的内心世界；用语言迎合对方，让对方视为知己；解救弱小的同伴，促使强者互相争斗；在身边的人将要离开时应该收买其心，使之人走心在，为我所用；善于抓住别人话语中的短处，加以利用；对人实施征服其内心的方法，让其为我所用；谨守仁义，探取对方内心，再迎合他。《本经》纪事，就是记录这些方法的根本道理，其运用时变通的要点在《持枢》《中经》。

[原文]

见形为容、象体为貌者①，谓爻②为之生也。可以影响③形容象貌而得之也。有守之人，目不视非，耳不听邪，言必《诗》《书》，行不淫僻④，以道为形，以德为容，貌庄色温，不可象貌而得。如是，隐情塞郄而去之。

[注释]

①形：形状，这里指八卦中爻的形状和位置。象：这里指八卦的卦象。

②爻：《周易》中组成卦的符号。

③影响：影子和回声。

④淫：过分。僻：邪僻，越轨。

[译文]

所谓见形为容、象体为貌，就是根据卦爻和卦象来推测吉凶，爻就是

面斥佞臣

唐太宗有一次称赞一棵树华美茂盛，宇文士及也顺太宗意赞美这棵树，太宗当面训斥他是佞臣。可见在圣明的君主面前，谄媚之法是行不通的。

因此而产生的。可以根据一个人的行动、声音、体态、容貌等信息推测他的内心世界。有操守的人，眼睛不见非礼之物，耳朵不听邪恶之言，说话一定引用《诗经》和《尚书》中的词句，行为既不过分，也不邪僻，用道来指导行为仪表，用德来端正容貌，仪容端庄，神情温和，那就不能通过外在的相貌来测得内心想法。遇到这种对手，赶紧隐藏自己的真情，堵塞漏洞，然后离开。

［原文］

闻声知音者，谓声气①不同，恩爱不接②。故商、角(jué)不二合，徵(zhǐ)、羽不相配③，能为四声主者，其唯宫乎。故音不和则悲，是以声散、伤、丑、害者④，言必逆于耳。虽有美行、盛誉，不可比目、合翼⑤相须也。此乃气不合，音不调者也。

［注释］

①声气：声音和气息。这里指双方意气相合。

②接：通。

③商、角不二合，徵、羽不相配：商与角不相合，徵与羽不相配。商、角、徵、羽，都是五音之一。五音是指宫、商、角、徵、羽。古代以五音配五行，商配金，角配木，徵配火，羽配水，宫配土。五行相克，金克木，所以商与角不相配；水克火，所以徵与羽不相配。

④散：与人说话时三心二意。伤：言语伤人。丑：言辞不雅，说脏话。害：言语中包藏祸端。

⑤合翼：比翼鸟。只有一眼一翅，总是两只并翅齐飞。

［译文］

所谓闻声知音，即当彼此意气不合时，处理彼此之间的恩惠和友爱不能互通的一种方法。所以商与角不相合，徵与羽不相配，能作为四声之主的，只有宫了。所以音调不能互相配合，令人听了感到难受，说话的声音中如果有散、伤、丑、害这些毛病，那么说出来的话一定非常刺耳，令人不能接受。即使有美好的德行、崇高的声誉，也不能像比目鱼、比翼鸟那样互相配合。这是因为意气不合，言辞不协调的缘故。

［原文］

解仇斗郄①，谓解羸微②之仇；斗郄者，斗强也。强郄既斗，称胜者高其功，盛其势也。弱者哀其负，伤其卑③，污其名，耻其宗。故胜者闻其功势，苟进而不知退；弱者闻哀其负，见其伤，则强大力倍，死而是也。郄无强大，御无强大，则皆可胁而并。

［注释］

①解仇：解救弱小的同伴，即团结弱者。仇，指同伴。斗郄：使强者互相争斗。

②羸微：弱小者。

③卑：衰落。

［译文］

所谓解仇斗郄，就是解救弱小的同伴并使强者互相争斗。强者互相争斗后，对于自己战胜的一方，就高声赞扬他的功劳，壮大他的威势。失败的一方，就对自己的失败表示悲伤，对自己的衰落表示伤心，侮辱了自己的名声，羞辱了自己的祖宗。如果战胜者听到他的功劳与威势，就会轻率地进攻而不懂得退缩；失败的一方听到失败的消息而感到悲哀，看到因失败所受的损伤，就一定努力使自己变强大，加强力量，拼死抵抗，那么结果也许会改变。对方有多强大，我们的防御就有多强大，就可以胁迫吞并它。

［原文］

缀去者，谓缀己之系言，使有余思也。故接贞信①者，称其行，厉其志，言为可复，会之期喜。以他人之庶②引验以结往，明款款而去之。却语③者，察伺④短也。故言多必有数短之处，识其短，验之。动以忌讳，示以时禁⑤。其人

恐畏，然后结信，以安其心，收语盖藏[6]而却之。无见（xiàn）己之所不能于多方之人[7]。

［注释］

①贞信：正直诚实。

②庶：大概可以，表示推测。

③却语：有缺陷的言语。却，间隙。

④察伺：观察窥视。

⑤时禁：当时的禁令。

⑥盖藏：掩盖，隐藏。

⑦见：同“现”。多方：见识丰富的人。

［译文］

所谓缀去，就是用言语联络将要离去的人，使他过后能进行认真思考。所以接触正直诚实的人，要称赞他的品行，鼓励他的志向，言辞中流露出这种事情可以经常做，可以得到报答，与他一同期待成功的喜悦。引用他人的案例，希望对方能够明白将来仍能与自己交往，在离开时显露自己的依依不舍。所谓却语，就是善于发现言语中的漏洞和缺陷。所以话说多了一定有很多漏洞，发现其中的漏洞，并加以检验。指出他所犯的忌讳来触动他，向他出示当时的禁令。等他恐惧害怕的时候，再用诚信去结交他，让他的心得以安稳，同时收住话头，隐藏起来，并不再谈论此事。不要把自己不能做到的显现在见识丰富的人的面前。

［原文］

摄心[1]者，谓逢好学伎术[2]者，则为之称远[3]。方验之道，惊以奇怪，人系其心于己。效[4]之于人，验去，乱其前[5]，吾归诚于己。遭淫酒色者，为之术；音乐动之，以为必死，生日少之忧。喜以自所不见之事，终可以观漫澜[6]之命，使有后会。

［注释］

①摄心：摄取人心，即收买人心。

②伎术：技艺和道术。

③称远：称扬名声，使名声远播。

④效：验证。

⑤乱其前：将他的技术整齐地摆放在面前。乱，治理。

⑥漫澜：无边无际的样子。

［译文］

所谓摄心，就是当遇到喜好学习技艺和道术的人，就称扬他的名声，使他名声远播。然后再验证他的道术，对他的道术表示惊叹，他就会把他的心意系在自己的身上。再把他的道术在别人面前验证，把他过去获得的成功经验摆放在众人面前，他就会诚心地归附自己。遇到贪念酒色的人，应该这样使用摄心之术，用音乐来触动他，让他认为沉迷酒色必定会死，忧虑活着的日子已经不多了。用他不曾看到过的事情来使他高兴，让他最终感到生命的无边无际，然后有所体悟。

［原文］

守义者，谓守以人义①，探其在内以合也。探心，深得其主也，从外制内，事有系由而随之。故小人比②人，则左道③而用之，至能败家夺国。非贤智，不能守家以义，不能守国以道。圣人所贵道微妙者，诚以其可以转危为安，救亡使存也。

［注释］

①人义：仁义。

②比：勾结，偏爱。这里指以利与人结交。

③左道：邪道。

［译文］

所谓守义，就是遵守仁义，探取对方的内心再迎合他。探测对方的内心，得知他内心的真实意图，然后在外部控制他的内心，让他有求于我，进而顺从于我。所以小人以利与人结交，用邪门歪道来迎合对方的内心，导致对方落得国破家亡的下场。不是贤能智慧的人，不能用仁义来守卫家园，不能用道来治理国家。圣人之所以以微妙的道为贵，实在是因为道可以使家园和国家转危为安，救亡图存。

附录一：商君书

更法第一

题解

更法，就是变法的意思。春秋后期，较山东诸国，秦国的经济发展已显示出落后迹象。于是，秦孝公登基后，任用商鞅变法强国。然而，变法深深触动了旧贵族阶层的利益，遭到旧势力的阻挠。这篇文章，记载了商鞅为代表的革新派与守旧派之间的激烈争论。

[原文]

孝公平画[①]，公孙鞅、甘龙、杜挚三大夫御于君[②]。虑世事之变，讨正法之本，求使民[③]之道。

君曰："代立不忘社稷[④]，君之道也；错法务明主长[⑤]，臣之行也。今吾欲变法以治，更礼以教百姓，恐天下之议[⑥]我也。"

商鞅说秦君变法

公元前359年，商鞅辅佐秦孝公酝酿变法时，旧贵族代表甘龙、杜挚起来反对变法。于是，商鞅对此展开辩论，提出"因事而制礼"的主张。

公孙鞅曰："臣闻之：'疑行无名，疑事无功[⑦]。'君亟[⑧]定变法之虑，殆无顾天下之议之也[⑨]。且夫有高人之行者，固见负于世；有独知之虑者，必见骜(áo)[⑩]于民。语曰：'愚者暗于成事，知(zhì)[⑪]者见于未萌。''民不可与虑始，而可与乐成。'郭偃[⑫]之法曰：'论至德者不和于俗，成大功者不谋于众。'法者，所以爱民也；礼者，所以便事也。是以圣人苟可以强

国，不法其故；苟可以利民，不循其礼。”

孝公曰：“善！”

［注释］

①孝公：秦孝公，姓嬴，名渠梁。前 361 年至前 338 年在位。平画：评议，谋划。

②公孙鞅：姓姬，卫氏，又称卫鞅、公孙鞅、商鞅。战国时期政治家、思想家，先秦法家代表人物。甘龙：秦孝公时的大臣，反对商鞅变法。杜挚：秦孝公时的大臣，曾因破魏有功，官拜左司空，同时也是秦国守旧派的代表人物。

③使民：统治人民，使其顺服自己。

④代立：接替君位。社稷：国家的代称。社，土地之神。稷，五谷之神。因君主都重视祭祀社稷，后来就用社稷代指国家。

⑤错法：订立法度，推行法制。错，通“措”。长：权威。

⑥议：评论是非，多指批评。

⑦疑行无名，疑事无功：行动迟疑就不会取得成就，办事犹豫就不会取得成功。比喻做事犹豫不决。语出《战国策·赵策二》，原作“疑事无功，疑行无名”。

⑧亟：尽快，急切。

⑨殆：表示推测的语气副词，相当于“大概”、“几乎”。无：通“毋”，不要。

⑩骜：借为“謷”，诋毁，造谣中伤。

⑪知：同“智”。

⑫郭偃：春秋时期晋国大夫，辅佐晋文公变法，主导了“郭偃之法”。

［译文］

秦孝公与大臣商讨强国之计，公孙鞅、甘龙、杜挚三位大夫侍奉在秦孝公左右。他们思虑当世形势的变化，商讨修正法制的根本原则，寻找统治百姓的方法。

秦孝公说：“我接替君位后没有忘记国家大事，这是身为国君的职责所在；订立法度，推行法制必须使国君的权威更加彰明，这是身为臣子的职责所在。如今我想要通过变法来使国家得到治理，变更礼仪制度来教化百姓，却担心天下的百姓批评我。”

公孙鞅说：“我听说过这样的话：‘行动迟疑就不会取得成就，办事犹豫

就不会取得成功。’国君应该尽快下定变法的决心，不要顾虑天下百姓的非议。况且一个人如果做出的事比别人高明，固然会遭受世人的非议；有独特见解的人，一定会被众人诋毁中伤。俗话说：‘愚笨的人不明白已经成功的事情为什么会成功，聪明的人在事情没有萌芽之前就有所预见。’‘不可以同百姓商讨如何开创一件事情，只可以同他们一起庆祝成功。’郭偃的法书上说：‘追求崇高道德的人不要去附和世俗的看法，成就大业的人不要去同众人谋划。’法度，是用来爱护百姓的；礼制，是用来方便行事的。所以圣明的人治理国家，如果能使国家变得强大，不必效法旧的制度；如果能够使百姓获利，不必遵循旧的礼制。”

秦孝公说：“好！”

［原文］

甘龙曰：“不然。臣闻之：‘圣人不易民而教①，知(zhì)者不变法而治。’因民而教者，不劳而功成；据法而治者，吏习②而民安。今若变法，不循秦国之故，更礼以教民，臣恐天下之议君，愿孰察之③。”

公孙鞅曰：“子④之所言，世俗之言也。夫常人⑤安于故习，学者溺于所闻⑥。此两者，所以居官而守法，非所与论于法之外也。三代不同礼而王(wàng)⑦，五霸⑧不同法而霸。故知者作法，而愚者制焉；贤者更礼，而不肖者⑨拘焉。拘礼之人不足与言事，制法之人不足与论变。君无疑矣。”

［注释］

①易：改变。民：这里指民俗。

②习：熟悉。

③孰：同“熟”，认真仔细。察：考虑。

④子：对他人的敬称，通常指男性。

⑤常人：遵守常道不知变更的人。

⑥学者：指读书人。溺：沉溺。这里指拘泥。

⑦三代：指夏、商、周这三个朝代。王：称王。

⑧五霸：指春秋五霸，即齐桓公、宋襄公、晋文公、秦穆公、楚庄王。

⑨不肖者：指没有作为的人。

[译文]

甘龙说："不是这样的。我听说过这样的话：'圣明的人不改变百姓的旧习俗来教化百姓，聪明的人不改变旧有的法制来治理国家。'因循百姓的旧习俗来教化百姓的，不必辛劳就能取得成功；根据旧有的法制来治理国家的，官吏熟悉法制，百姓也因此安乐。现在如果变更法制，不遵循秦国的旧法，变更礼制教化百姓，我担心天下的百姓要非议国君了，希望您能认真思考这件事。"

公孙鞅说："您所说的话，是世俗的言论。遵守常道不知变更的人安于旧习，读书人拘泥于他们听过的道理。这两种人，只能用来安置在官位上遵守现有法制，而不能同他们商讨现有法制之外的事情。夏、商、周这三个朝代的礼制互不相同却能称王天下，春秋五霸的法制互不相同却能称霸诸侯。所以聪明的人制定法制，而愚笨的人只能受到法制的约束；贤能的人变更礼制，而无能的人只能受到礼制的束缚。对于那些拘泥于礼制的人，不能同他们商讨国家大事；对于那些被旧法约束的人，不能同他们讨论变法。国君不要再迟疑了。"

[原文]

杜挚曰："臣闻之：'利不百，不变法；功不十，不易器。'臣闻：'法古无过，循礼无邪[1]。'君其图[2]之！"

公孙鞅曰："前世不同教[3]，何古之法？帝王不相复[4]，何礼之循？伏羲、神农教而不诛[5]，黄帝、尧、舜诛而不怒[6]，及至文、武[7]，各当时而立法，因事而制礼。礼、法以时而定，制、令各顺其宜，兵甲器备各便其用。臣故曰：治世不一道，便国不必法古。汤、武之王也[8]，不循古而兴；殷、夏之灭也，不易礼而亡。然则反古者未必可非，循礼者未足多是也。君无疑矣。"

孝公曰："善！吾闻'穷巷多怪，曲学多辨[9]'。愚者笑之，智者哀焉；狂夫乐之，贤者丧焉。拘世以议，寡人不之疑矣。"于是遂出《垦草令》。

黄 帝

黄帝（前 2717—前 2599），华夏始祖之一、人文初祖，本姓公孙，后改姓姬，号轩辕氏，也称有熊氏，因有土德之瑞，故号黄帝，居五帝之首。传说黄帝播百谷草木，发展生产，始制衣冠，建舟车，发明指南车，定算数，制音律，创医学。

［注释］

①邪：同“斜”，偏斜。

②图：考虑。

③教：政教。

④复：重复。

⑤伏羲：古代传说中的三皇之一。又称宓羲、庖牺、包牺、牺皇、皇羲、太昊等。神农：古代传说中的三皇之一，是农业的发明者和医药之祖。

⑥黄帝：传说中的五帝之一。本姓公孙，长居姬水，故改姓姬，居轩辕之丘，故号轩辕氏，出生、创业和建都于有熊，故亦称有熊氏，因有土德之瑞，故号黄帝。尧：传说中的五帝之一。姓伊祁，名放勋，史称唐尧。舜：传说中的五帝之一。名重华，生于姚墟，故姚姓。诛而不怒：施用刑罚却不过分。比喻量刑适当。怒，超过。

⑦文：周文王。姓姬，名昌。建国于岐山之下，益行仁政，天下诸侯多归从，子武王有天下后，追尊为文王。武：周武王。姬姓，名发，文王之子，打败了商纣王，建立了西周王朝，谥号武王。

⑧汤：商汤。姓子，名履。商朝的创建者。

⑨曲学：囿于一隅之学。也指学识浅陋的人。辨：通“辩”，争辩。

［译文］

杜挚说：“我听说过这样的话：‘如果没有百倍的利益，不要去变更法制；如果没有十倍的功效，不要更换使用的工具。’我还听说：‘效法古代的法制不会带来过失，遵循旧的礼制不会带来偏差。’国君一定要认真思考这件事！”

公孙鞅说：“以前的朝代有着互不相同的政教，应该去效法哪个朝代的法制呢？古代帝王的法度不互相重复，应该遵循哪一种礼制呢？伏羲、神农施行教化而不施行惩罚；黄帝、尧、舜施行惩罚却不过分；到了周文王、周武王的时代，他们都顺应各自的时势建立了法度，根据具体情况制定了礼制。礼制与法令都要根据实际情况来制定，制度、命令都要顺应当时的社会事宜，就像在制造兵器、铠甲、工具、装备时都以方便使用为依据。

所以我认为，治理国家不一定要使用同一种方法，对国家有利不一定非要效法古代。商汤王和周武王之所以能够称王天下，不是因为遵循古代的法度才兴盛的；殷朝和夏朝之所以灭亡，不是因为变更了礼制才覆灭的。既然如此，那么违反旧的法度的人不一定非要给予谴责，遵循旧的礼制的人不一定值得肯定。国君不要再迟疑了。”

秦孝公说：“好！我听说‘从偏僻的巷子里出来的人喜欢少见多怪，学识浅陋的人喜欢争辩’。愚笨的人讥笑的事情，正是聪明的人感到悲哀的事情；狂妄的人高兴的事情，正是贤明的人担忧的事情。那些拘泥于世俗的言论，我不再因它们而迟疑了。”于是秦孝公颁布了《垦草令》。

垦令第二

题解

垦令，即开垦荒地的法令。在本篇中，作者提出了关于开垦荒地的二十条措施，并对这些措施进行了论证和解释。这些措施之间并没有严密的逻辑关系，但共同的目的都是对社会的各个方面加以限制，迫使民众去从事农业生产。总体来说，这些措施鼓励政策少，强制手段多，显示出商鞅变法的高调作风。

[原文]

无宿治①，则邪官②不及为私利于民，而百官之情不相稽③。百官之情不相稽，则农有余日。邪官不及为私利于民，则农不败④。农不败而有余日，则草必垦矣。

訾（zī）粟而税⑤，则上壹⑥而民平。上壹则信，信则官不敢为邪。民平则慎⑦，慎则难变。上信而官不敢为邪，民慎而难变，则下不非上，中不苦官。下不非上，中不苦官，则壮民疾农不变⑧。壮民疾农不变，则少（shào）民⑨学之不休。少民学之不休，则草必垦矣。

[注释]

①无：通“毋”，不。宿：隔夜的，引申为拖延。

②邪官：有私心的官吏。

③情：事情。稽：停留，拖延。

④败：败坏。这里指农民受到剥削。

⑤訾：估量，限度。粟：小米。这里泛指谷类。

⑥壹：统一。

⑦慎：谨慎，小心。

⑧壮民：指老一辈的人。疾：积极。

⑨少民：指年少一辈的人。

[译文]

百官不拖延政务，那么有私心的官吏就没有机会到百姓那里谋取私利，而百官之间的政务也不会滞留。百官之间的政务不会滞留，那么农民就有空闲的时间。有私心的官吏没有机会到百姓那里谋取私利，那么农民的利益就不会受到盘剥。农民的利益不受到盘剥又有空闲的时间，那么荒地就一定能得到开垦。

估量谷物的产量来收取赋税，那么国家的政策统一，而百姓也感到公平。国家的政策统一了，就使百姓对国家的政策更加明确；百姓对国家的政策更加明确，那么官吏就不敢谋取私利。百姓感到公平，就会谨慎小心；百姓谨慎小心，就难以生出异心。国家的政策明确而官吏不敢谋私，百姓心情顺畅而难以生出异心，那么百姓上不会对国君感到不满，中间不会担忧官吏的剥削。百姓上不会对国君感到不满，中间不会担忧官吏的剥削，那么老一辈的人就会积极从事农业生产而不改换其他职业。老一辈的人积极从事农业生产而不改换其他职业，那么少一辈的人就会效仿前人而不终止。少一辈的人效仿前人而不终止，那么荒地就一定能得到开垦。

[原文]

无以外权①爵任与官，则民不贵学问，又不贱②农。民不贵学则愚，愚则无外交。无外交，则国安而不殆③。民不贱农，则勉农而不偷④。国安不殆，勉农而不偷，则草必垦矣。

禄厚而税多，食口⑤众者，败农者也。则以其食口之数，赋而重使⑥之，则辟淫游惰之民无所于食。无所于食则必农，农则草必垦矣。

使商无得粜(tiào)⑦，农无得籴(dí)⑧。农无得籴，则窳(yǔ)惰⑨之农勉疾。商无得粜，则多岁不加乐⑩。多岁不加乐，则饥岁无裕利。无裕利，则商怯。商怯，则欲农。窳惰之农勉疾，商欲农，则草必垦矣。

[注释]

①外权：古代指其他诸侯国的权势、势力。

②贱：轻视。

③殆：危险。

④偷：这里是怠惰的意思。

⑤食口：不劳动而吃闲饭的人，指那些依附贵族的食客。

孟尝君

孟尝君，姓田名文，战国四公子之一。孟尝君好招揽人才，他的食客达到几千人之多。

⑥使：指徭役。

⑦粜：卖出谷物。

⑧籴：买进谷物。

⑨窳惰：懒惰，懈怠。窳，懒惰。

⑩多岁：丰收之年。乐：指可观的收入。

[译文]

不要因为其他诸侯国的威势而给某些人加官晋爵，那么百姓就不会看重学问，也不会轻视农业。百姓不看重学问，就会愚昧；百姓愚昧，就不会到国外去交流。百姓不到国外去交流，那么国家就会安稳而不会有危险。百姓不轻视农业，就会努力生产而不会怠惰。国家安稳而没有危险，百姓努力生产而不怠惰，那么荒地就一定能得到开垦。

上大夫和贵族的俸禄丰厚还收取很高的赋税，食客的数量众多，这是在损害农业生产。那就要根据他们豢养的食客的数量收取赋税，并加重他们的徭役，那么游手好闲之徒就没有混饭吃的去处了。这些游手好闲之徒没有混饭吃的去处，就一定会去从事农业生产；他们去从事农业生产，那么荒地就一定能得到开垦。

下令商人不得卖出粮食，农民不得买入粮食。农民不得买入粮食，那么懒惰的农民就会积极努力地从事农业生产。商人不得卖出粮食，那么丰收之年就不会获得丰厚的利润。丰收之年不会获得丰厚的利润，那么饥荒之年就更加不会获得丰厚的利润。不能获得丰厚的利润，那么商人就有了顾虑。商人有了顾虑，就会想去务农。懒惰的农民积极努力地从事农业生产，商人想务农，那么荒地就一定能得到开垦。

[原文]

声服无通于百县[1]，则民行作[2]不顾，休居不听。休居不听，则气不淫[3]；行作不顾，则意必壹[4]。意壹而气不淫，则草必垦矣。

无得取庸[5]，则大夫家长不建缮[6]。爱子[7]不惰食，惰民不窳（yǔ），而庸民无所于食，是必农。大夫家长不建缮，则农事不伤。爱子惰民不窳，则故田不荒。农事不伤，农民益农，则草必垦矣。

废逆旅[8]，则奸伪、躁心、私交、疑农之民不行。逆旅之民无所于食，则必农。农则草必垦矣。

壹山泽，则恶农、慢惰、倍欲之民无所于食。无所于食，则必农。农则草必垦矣。

[注释]

①声服：音乐服装，这里指淫声异服。百县：指国都近郊各地。

②行作：行走和劳作。

③淫：放纵，沉溺。

④壹：专一。

⑤庸：同“佣”，雇佣。

⑥家长：家主，春秋时对卿大夫的称谓。缮：修整房屋。

⑦爱子：这里指大夫、家主的子女。

⑧逆旅：客舍，旅店。

[译文]

不要让淫声异服在各郡县流行，那么百姓行走或劳作的时候就不会看见奇装异服，居家休息的时候就不会听到靡靡之音。居家休息的时候听不到靡靡之音，那么精神就不会沉溺其中；行走或劳作的时候看不见奇装异服，就会心思专一地从事生产。心思专一而精神没有沉溺，那么荒地就一定能得到开垦。

不允许雇佣佣工，那么大夫、家主就不会营造和修葺房屋。他们的子女就不能不劳而食，懒惰的人不能偷懒，那些依靠给人帮佣谋生的人就没有糊口的去处了，就一定会去务农。大夫、家主不营造和修葺房屋，就不会妨害农业生产。大夫、家主的子女和懒惰的人不再偷懒，那么原本归他们种的田就不会荒废。农业生产不会受到妨害，农民就会更加努力地从事农业生产，那么荒地就一定能得到开垦。

废弃所有客店和旅馆，那么奸猾的人、心思活跃的人、喜欢四处交游的人、不专心务农的人就不能出行。那些开旅店的人失去了可以糊口的营生，一定回去务农。这些人都去务农，那么荒地就一定能得到开垦。

国家统一管理山林、湖泽，那么厌恶务农的人、怠慢懒惰的人、贪念十足的人就失去了糊口的营生。失去了糊口的营生，就一定会去务农。这些人都去务农，那么荒地就一定能得到开垦。

［原文］

贵酒肉之价，重其租，令十倍其朴①。然则商贾(gǔ)少，民不能喜酣奭(shì)②，大臣不为荒饱③。商贾少，则上不费粟；民不能喜酣奭，则农不慢；大臣不荒饱，则国事不稽，主无过举④。上不费粟，民不慢农，则草必垦矣。

重刑而连其罪，则褊(biǎn)急⑤之民不讼，很刚⑥之民不斗，怠惰之民不游，费资之民不作，巧谀、恶(è)心之民无变也⑦。五民者不生于境内，则草必垦矣。

使民无得擅徙，则诛愚⑧。乱农之民无所于食而必农。愚心躁欲之民壹意，则农民必静。农静诛愚，乱农之民欲农，则草必垦矣。

［注释］

①朴：货物的成本。

②酣奭：饮酒过度。奭，过盛，过多。

③荒饱：指无功受禄，苟安享乐。

④过举：错误的行为。

⑤褊急：心胸狭小，性情急躁。

⑥很刚：凶狠暴戾。很，同“狠”。

⑦巧谀：擅长阿谀奉承。恶心：心怀叵测。变：变诈。

⑧诛愚：愚昧无知。

［译文］

提高酒和肉的价格，加重收取赋税，令赋税高出成本十倍。如果这样的话，那么买卖酒和肉的商人的数量就会减少，农民就不能过度饮酒作乐了，大臣也不能苟安享乐了。商人的数量减少了，就不会在源头上大量浪费粮食了；农民不能过度饮酒作乐，就不会怠慢农业生产；大臣不能苟安享乐，就不会拖延国家的政事，国君就不会有错误的行为。不在源头上大量浪费粮食，农民不怠慢农业生产，那么荒地就一定能得到开垦。

加重惩罚力度，并且建立连坐制度，那么心胸狭隘、性情暴虐的人就不敢争讼，凶狠暴戾的人就不敢争斗，怠慢懒惰的人就不敢四处交游，奢侈浪费的人就不敢再度挥霍，善于阿谀奉承的人和心怀叵测的人就不敢出来欺诈。这五种人不在境内出现，那么荒地就一定能得到开垦。

不让百姓随意迁徙，那么百姓就变得愚昧无知。那些扰乱农民务农的人失去了糊口的营生，就一定会去务农。愚昧无知、性情浮躁的人也能够专心地从事农业生产，农民就一定会安心、稳定地务农。农民安心、稳定地务农且又愚昧无知，扰乱农民务农的人想要务农，那么荒地就一定能得到开垦。

［原文］

均出余子①之使令，以世②使之。又高其解舍③，令有甬官④食，概⑤。不可以辟⑥役，而大官未可必得也，则余子不游事人，则必农。农则草必垦矣。

国之大臣诸大夫，博闻、辩慧、游居之事⑦，皆无得为；无得居游于百县，则农民无所闻变见方(páng)⑧。农民无所闻变见方，则知(zhì)农无从离其故事⑨，而愚农不知，不好学问。愚农不知，不好学问，则务疾农。知农不离其故事，则草必垦矣。

汉文帝

汉文帝刘恒，采用“休养生息”的政策，鼓励生产，轻徭薄赋，使汉初经济得到良好的恢复与发展。

［注释］

①余子：古指嫡长子以外的儿子。

②世：这里指出身。

③解舍：免除兵役和徭役。

④甬官：掌管徭役的官。

⑤概：古代量米时刮平斗、斛用的木板。引申为刮平，不使过量。

⑥辟：通“避”，躲避。

⑦辩慧：聪明而富于辩才。游居：闲居，无所事事。

⑧变：通“辩”。方：广博。

⑨知：同“智”，有头脑。故事：旧事，旧业。

［译文］

统一颁布关于嫡长子以外的儿子应该负担的徭役和赋税的法令，根据他们的出身让他们服徭役。提高免除服徭役的条件，命令他们从甬官那里领取粮食，并且不让他们多领粮食。不能逃避服徭役，也不能通过结交权贵做大官，那么他们就不再四处游历作高门的家臣，而一定会去务农。这些人去务农，那么荒地就一定能得到开垦。

对于国家的大臣和大夫们，不允许他们做提高见闻、富于辩才、闲居而无所事事之类的事情；不允许到各郡县去居住游说，那么农民就无从听到奇谈怪论，也不能增长见闻。农民无从听到奇谈怪论，也不能增长见闻，那么有头脑的农民就无法脱离他们原本从事的农业，而那些愚昧的农民就变得无知，不喜欢学问。愚昧的农民无知，不喜欢学问，就一定会积极地从事农业生产。有头脑的农民不脱离原本从事的农业，那么荒地就一定能得到开垦。

［原文］

令军市[1]无有女子，而命其商令人自给甲兵，使视军兴[2]。又使军市无得私输粮者，则奸谋无所于伏，盗粮者无所售，输粮者不私稽[3]，轻惰之民不游军市。盗粮者无所售，送粮者不私稽，轻惰之民不游军市，则农民不淫[4]，国粟不劳[5]，则草必垦矣。

百县之治一形，则徙迁者[6]不饰，代者不敢更其制，过而废者[7]不能匿其举。过举不匿，则官无邪人。迁者不饰，代者不更，则官属[8]少而民不劳。官无邪，则民不敖[9]。民不敖，则业不败。官属少，则征不烦[10]。民不劳，则农多日。农多日，征不烦，业不败，则草必垦矣。

［注释］

①军市：军中的集市。

②兴：动向。

③稽：贮存。

④淫：惑乱。

⑤劳：受损。

⑥徙迁者：指调任和升迁的官员。

⑦过而废者：因犯过错而被免官的人。

⑧官属：主要官员的从属人员。

⑨敖：出游，闲游。这里指离开故土。

⑩征：赋税。烦：繁重。

［译文］

下令军中的集市不允许女子出现，还要命令军中集市上的商人自给军队中的铠甲和兵器，并让他们自己注意军队的动向。还要让军中的集市上不能有私自运输粮食的人，那么那些打粮食主意的举动就无法隐藏，偷盗军粮的人无法将粮食卖出去，运输粮食的人不能私自贮藏，轻浮怠惰的人不能到军队的集市上游荡。偷盗军粮的人无法将粮食卖出去，运输粮食的人不能私自贮藏，轻浮怠惰的人不能到军队的集市上游荡，那么农民就不会惑乱，国家的粮食就不会受损，那么荒地就一定能得到开垦。

国家对各郡县的治理措施必须一致，那么到期离任和升迁的官员就不能美化政绩，接替的官员就不敢随意变更已有的制度，因犯错而被免官的人就不能隐瞒过错。过错不能隐瞒，那么官员中就没有违法乱纪的人。升迁的人不能美化自己，接替的人不能变更制度，那么官吏的从属人员就会减少，农民的负担就不会太重。官员中没有违法乱纪的人，农民就不会离开故土。农民不离开故土，农业就不会受到损害。官吏的从属人员减少了，就不会征收繁重的赋税。农民的负担不重，农民就有空闲的日子。农民有空闲的日子，征收的赋税不繁重，农业不会受到损害，那么荒地就一定能得到开垦。

［原文］

重关市[1]之赋，则农恶商，商有疑惰[2]之心。农恶商，商疑惰，则草必垦矣。

以商之口数使[3]商，令之厮、舆、徒、童者必当名[4]，则农逸而商劳。农逸则良田不荒；商劳则去来赍[5]送之礼无

通于百县。则农民不饥，行不饰。农民不饥，行不饰，则公作必疾，而私作不荒，则农事必胜。农事必胜，则草必垦矣。

令送粮无得取僦（jiù）[6]，无得反[7]庸。车牛舆重，役必当名。然则往速徕疾，则业不败农。业不败农，则草必垦矣。

无得为罪人请于吏而饷（sì）食[8]之，则奸民无主。奸民无主，则为奸不勉。为奸不勉，则奸民无朴[9]。奸民无朴，则农民不败。农民不败，则草必垦矣。

［注释］

①关市：设置在交通要道上的集市。

②疑惰：疑虑懈怠。

③使：指摊派徭役。

④厮、舆、徒、童：都是仆役的别称。当名：与名义相当，即与户口所登记的相合。

⑤赍：赠送。

⑥僦：租赁，这里指雇车。

⑦反：通“返”，返回。

⑧饷食：以食物给人吃。

⑨朴：这里引申为根。

［译文］

加重收取关市的赋税，那么农民就会厌恶经商，商人就会产生疑虑懈怠的心理。农民厌恶经商，商人疑虑懈怠，那么荒地就一定能得到开垦。

根据商人一家的人口数量向他们摊派徭役，命令他们家中的厮、舆、徒、童等仆役都按照官府登记的情况服徭役，那么农民的负担就会减轻而商人的负担就会加重。农民的负担减轻了，那么良田就不会荒废；商人的负担加重了，那么往来赠送的礼物就不会在各郡县流通。这样一来，农民就不会饥饿，做事情就不用装饰门面。农民不饥饿，做事情不装饰门面，那么他们一定会更加积极努力地耕种公田，并且不会荒废个人的私田，农业会因此得到更好的发展。农业得到了更好的发展，那么荒地就一定能得到开垦。

下令运输粮食不能雇佣别人的车子，不能在返回时私自搭载其他货物。

对于车、拉车的牛、车子的载重，要保证在服役时一定要与登记的情况相符合。如果这样的话，那么运输粮食的车子就会往返迅速，农业生产就不会在运输环节被耽误。农业生产不会在运输环节被耽误，那么荒地就一定能得到开垦。

不允许犯了罪的人因为要向官吏求情而请他们大吃大喝，那么奸猾的人就没有指望了。奸猾的人没有指望了，就不再有做坏事的劲头了。没有做坏事的劲头，那么奸猾的人就没有根基了。奸猾的人没有根基了，那么农民就不会受到他们的危害。农民不会受到危害，那么荒地就一定能得到开垦。

农战第三

题解

农战，即农耕和作战。商鞅认为重视农战是治国、强国、富国的根本，即“国之所以兴者，农战也”“国待农战而安，主待农战而尊”。如果民众重视农战，就要把农战作为获得奖赏的唯一途径。同时，要排出干扰民众积极从事农战的因素，即贬学抑商。商鞅的农战思想在短期内提高了秦国的实力，这是毋庸置疑的。

［原文］

凡人主之所以劝民者，官爵也。国之所以兴者，农战也。今民求官爵，皆不以农战，而以巧言虚道[1]，此谓劳民[2]。劳民者，其国必无力。无力者，其国必削。

善为国者，其教民也，皆作壹[3]而得官爵。是故不作壹，不官无爵。国去言则民朴，民朴则不淫。民见上利之从壹空出也[4]，则作壹。作壹，则民不偷营[5]。民不偷营，则多力。多力，则国强。今境内之民皆曰：“农战可避，而官爵可得也。”是故豪杰皆可变业，务学《诗》《书》，随从外权，上可以求显，下可以求官爵；要（yāo）靡[6]事商贾（gǔ），为技艺，皆

农耕

古代社会以农耕为本。大约西周、春秋时期以前，寓兵于农，即推行兵农合一。

以避农战。具备，国之危也。民以此为教者，其国必削。

［注释］

①虚道：空泛而没有用处的说教。

②劳民：使百姓懒惰。

③作壹：劳动专一。指专务耕战。

④利：这里指赏禄。壹空：一孔，即一种途径。空，通“孔”。

⑤偷营：苟且谋求。

⑥要靡：社会地位卑微的人，平庸的人。要，通“幺”。

［译文］

经常被国君用来勉励百姓的，是官职和爵位。国家能够富强的依仗，是农业和军事。如今百姓求取官职和爵位，都不是凭借农耕和作战的功绩，而是依靠花言巧语和空泛无用的说教，这就是使百姓怠惰。一个使百姓怠惰的国家，它的统治必然是软弱无力。一个统治软弱无力的国家，它的国力必然会被削弱。

一个善于治理国家的国君，他教化百姓，都是通过专务农耕和作战来获得官职和爵位。所以不专务农耕和作战，就不能获得官职和爵位。国家摒弃空谈，百姓就朴实，百姓朴实就不放纵。百姓看到要想获得利禄只能经由农耕和作战这一条途径，于是就专务农耕和作战。百姓专务农耕和作战，就不会去苟且别的事情。百姓不去苟且谋求别的事情，力量就会增强。百姓的力量增强了，国家就会强大。如今境内的百姓都说：“农耕和作战是可以逃避的，而官职和爵位也是可以获得的。”所以豪杰之士都改变自己的本业，专一学习《诗经》《尚书》，追随国外的权势，好的可以求得荣誉，次一点的可以求得官职和爵位；平庸的人去从事商业，从事手工业，用这些方式来逃避农耕和作战。如果以上的几种情况都具备了，国家就危险了。国君如果用这种方式来教化百姓，那么他的国力一定被削弱。

［原文］

善为国者，仓廪虽满，不偷于农；国大民众，不淫于言，则民朴壹①。民朴壹，则官爵不可巧而取也。不可巧取，则奸不生。奸不生，则主不惑。今境内之民及处官爵者，见朝廷之可以巧言辩说取官爵也，故官爵不可得而常②也。是故进则曲主③，退则虑，所以实其私，然则下卖权④矣。

夫曲主虑私，非国利也，而为之者，以其爵禄也；下卖权，非忠臣也，而为之者，以末货⑤也。然则下官之冀迁者皆曰：“多货，则上官可得而欲也。”曰：“我不以货事上而求迁者，则如以狸饵鼠尔，必不冀矣。若以情事⑥上而求迁者，则如引诸绝绳而求绳枉木⑦也，愈不冀矣。二者不可以得迁，则我焉得无下动众取货以事上，而以求迁乎？”百姓曰：“我疾农，先实公仓，收余以食(sì)⑧亲。为上忘生而战，以尊主安国也。仓虚，主卑，家贫，然则不如索官！”亲戚交游，合，则更虑矣。豪杰务学《诗》《书》，随从外权；要靡事商贾(gǔ)，为技艺，皆以避农战。民以此为教，则粟焉得无少，而兵焉得无弱也！

［注释］

①朴壹：朴实纯粹。

②常：这里指封官授爵的典籍。

③曲主：曲意迎合君主。

④卖权：出卖国君的权利。

⑤末货：追逐财利。

⑥情事：事实，情况。

⑦枉木：曲木，弯木。

⑧食：供养。

［译文］

善于治理国家的国君，粮仓虽然很满，对农业生产却不懈怠；国家土地广大、人口众多，空洞的言论没有泛滥，百姓就朴实纯粹。百姓朴实纯粹，就不能投机取巧地取得官职和爵位。不能投机取巧地取得官职和爵位，奸猾的人就不会产生。奸猾的人不产生，国君就不会受到迷惑。如今国内的百姓以及拥有官职和爵位的人，看到朝廷中能依靠巧言和诡辩来获取官职和爵位，所以认为官职和爵位的获得并没有依据国家制定的法规。因此这些人在朝廷上曲意迎合国君，在朝廷外就思考如何满足自己的私欲，这样一来，他们就会出卖国君的权利。曲意迎合国君图谋自己的私欲，不会有

利于国家，而他们这样做的目的，是为了获得爵位和利禄；出卖国君的权利，不是国君的忠臣，而他们这样做的目的，是为了追逐财利。这样一来，下面希望升迁的人都说：“财货多了，就能得到想要的高官。”还说：“我如果不用财货贿赂上级来求得升迁，就像用猫做诱饵引诱老鼠上钩一样，一定不能达成所愿。如果将实情呈给上级来求得升迁，就像用断了的墨线来矫正曲木一样，也一定不能达成所愿。这两种方法都不能求得升迁，那么我怎能不到下面去役使百姓搜刮钱财用来贿赂上级，从而谋得升迁呢？”百姓说：“我积极地从事农业生产，首先充实国家的粮仓，收取剩余的粮食用来供养亲人。为了国君舍生忘死地作战，来使国君尊贵、国家安稳。国家的粮仓空虚，国君的地位就低下，家庭贫穷，这样还不如去谋取一官半职！”亲戚聚在一起，意见一致，就会改变从事农耕和作战的想法。豪杰之士专心地学习《诗经》和《尚书》，追随国外有权势的人物；普通人从事商业，从事手工业，用这些方式来逃避农耕和作战。国君如果用这种方式来教化百姓，那么国库的粮食怎能不减少，而军队的实力怎能不被削弱！

［原文］

善为国者，官法①明，故不任知(zhì)虑②；上作壹，故民不偷营，则国力抟(tuán)③。国力抟者强，国好言谈者削。故曰：农战之民千人，而有《诗》《书》辩慧者一人焉，千人者皆怠于农战矣。农战之民百人，而有技艺者一人焉，百人者皆怠于农战矣。国待农战而安，主待农战而尊。夫民之不农战也，上好言而官失常④也。常官，则国治；壹务，则国富。国富而治，王(wàng)之道也。故曰：王道非外，身作壹而已矣。

［注释］

①官法：国家的法规、法度、法律。这里指任用官吏的法规。

②知虑：智慧和谋略。这里指有智慧和谋略的人。知，同“智”。

③抟：聚集。

④常：这里引申为规则。

［译文］

善于治理国家的国君，任用官吏的法规严明，所以不任用那些太过聪明的人；国君专一于农耕和作战，所以百姓就不会苟且谋求别的事，那么

诏儒讲经

汉宣帝好文，但秦始皇焚书后残存的“五经”各家差异很大。于是宣帝诏诸儒臣讲究“五经”异同。这“五经”中，定以先儒梁丘贺传授的《易经》，夏侯胜、夏侯建传授的《尚书》，穀梁传授的《春秋》为真。

国家的力量就集中。国家的力量集中，国家就会强大；国家喜好空谈，力量就会被削弱。所以说：从事农耕和作战的人有一千人，只有一人学习《诗经》和《尚书》而能言善辩，那么这一千人都会对从事农耕和作战产生懈怠的心理。从事农耕和作战的人有一百人，而只有一人从事手工业，那么这一百人都会对从事农耕和作战产生懈怠的心理。国家依靠农耕和作战就会安全，国君依靠农耕和作战就会受到尊重。百姓不从事农耕和作战，那是因为国君喜好空谈而不根据法规任用官吏。根据法规任用官吏，国家就能得到很好的治理；专一于农耕和作战，国家就会富强。国家富强并且得到了很好的治理，这是称王天下的方法。所以说：称王天下没有别的方法，只有专一于农耕和作战。

［原文］

今上论材能①知慧而任之，则知慧之人希②主好恶，使官制物以适主心。是以官无常，国乱而不壹，辩说之人而无法也。如此，则民务焉得无多？而地焉得无荒？《诗》《书》、礼、乐、善、修、仁、廉、辩、慧，国有十者，上无使守战③。国以十者治，敌至必削，不至必贫。国去此十者，敌不敢至；虽至，必却。兴兵而伐，必取；按兵不伐，必富。国好力者以难④攻，以难攻者必兴；好辩者以易⑤攻，以易攻者必危。故圣人明君者，非能尽其万物也，知万物之要也。故其治国也，察要而已矣。

［注释］

①材能：才智和能力。

②希：通“睎”，观望，瞭望。

③守战：防守与进攻。

④难：指该句中的“力”，即加强农战，因为这件事做起来很困难，所以称为“难”。

⑤易：指该句中的“辩”，即崇尚虚谈，因为这件事做起来很容易，所以称为“易”。

［译文］

如今国君根据才能和智慧来选任官吏，那么聪明的人就观察揣测国君的好恶，担任官职处理事务都以迎合国君为主。所以国家任用官吏无法依据用人的法制，导致国家治理混乱而没有统一的政策法令，善于论辩的人就更加目无法纪了。这样一来，百姓中从事其他行业的怎能不多？而田地怎能不荒芜？《诗经》《尚书》、礼、乐、善、修、仁、廉、辩、慧，国家有这十种事务，国君就无法让民众去防守和进攻。国家依靠这十种东西来治理，如果敌人来攻打，国家一定会被削弱；如果敌人不来攻打，国家一定会贫穷。国家如果摒弃这十种东西，敌人就不敢来侵犯；即使敌人来侵犯，一定能使敌人败退。如果发兵攻打别的国家，一定能够取胜；如果按兵不动不去攻打，一定能够富强。国家注重农战并凭借农战的优势进攻，凭借农战的优势进攻的国家一定兴盛；国家崇尚空谈并凭借空谈的优势进攻，凭借空谈的优势进攻的国家一定危险。所以那些成为圣人和明主的人，并不是能尽情地运用万物，而是掌握了万物的要领。所以他们治理国家的办法，仅仅是察明要领罢了。

［原文］

今为国者多无要。朝廷之言治也，纷纷焉务相易也。是以其君惛（hūn）[1]于说，其官乱于言，其民惰而不农。故其境内之民，皆化而好辩、乐学，事商贾（gǔ），为技艺，避农战。如此，则不远矣。国有事，则学民[2]恶法，商民善化，技艺之民不用，故其国易破也。夫农者寡而游食者众，故其国贫危。今夫螟（míng）[3]、螣（tè）[4]、蚼蠋（qú zhú）[5]春生秋死，一出而民数年不食。今一人耕而百人食之，此其为螟、螣、蚼蠋亦大矣。虽有《诗》《书》，乡一束[6]，家一员[7]，犹无益于治也，非所以

反之之术也。故先王反之于农战。故曰：百人农一人居者，王；十人农一人居者，强；半农半居者，危。故治国者欲民者之农也。国不农，则与诸侯争权不能自持也，则众力不足也。故诸侯挠其弱，乘其衰，土地侵削而不振，则无及已。

［注释］

①惛：同“昏”，迷乱，糊涂。

②学民：指有学识的人，儒生。

③螟：螟蛾的幼虫，有许多种，对农作物的危害很大。

④螣：吃禾苗叶子的害虫。

⑤蚼蠋：指蚼蛆，一种危害谷类作物的害虫。

⑥乡：古代居民单位。《广雅》记载：“十邑为乡，是三千六百家为一乡。”一束：数量词，即一捆。

⑦一员：数量词，即一卷。

［译文］

如今治理国家的人大多不得要领。在朝廷上讨论治理国家的方法时，大臣们众说纷纭，都想改变对方的观点。国君被这些不同的说法弄得糊涂，而官吏也因为这些言论而混乱，百姓因此变得懒惰，不愿意从事农业生产。所以国内的民众都变得喜欢辩论和学习，开始经商，从事手工业，逃避农耕和作战。这样一来，那么国家离灭亡就不远了。国家出事了，而那些有学识的人讨厌法规，商人善于变化，手工艺者不堪任用，所以这样的国家就容易被攻破。如果从事农业生产的人少而靠巧言游说吃饭的人多，那么这样的国家既贫困又危险。就像那些危害农作物的螟、螣、蚼蠋，虽然春生秋死，但只要一出现，就会使百姓多年歉收，没有饭吃。如今一个人耕种，却供养一百个人吃饭，这种形势造成的危害比螟、螣、蚼蠋造成的危害要大得多。如果这样，即使《诗经》《尚书》，每乡有一捆，每家有一卷，仍然对治理国家没有益处，这不是改变现状的方法。因此以前的君主转而依靠农耕和作战。所以说：如果一百人从事农业生产一人闲居，那么这样的国家能够称王天下；如果十人从事农业生产一人闲居，那么这样的国家能够富强；如果一半的人从事农业生产一半的人闲居，那么这样的国家就危险了。所以治理国家的人都想让民众去务农。国家不重视农耕，就会在诸侯争夺权势之时无法自保，这是由于可供使用的民力不足。因此其他诸侯国就趁着它衰弱时来侵扰它，它的土地就会被侵占，从而一蹶不振，等到那时再采取措施就来不及了。

［原文］

圣人知治国之要，故令民归心于农。归心于农，则民朴而可正也，纯纯①则易使也，信可以守战也。壹，则少诈而重(zhòng)居②；壹，则可以赏罚进也；壹，则可以外用也。夫民之亲上死制③也，以其旦暮从事于农。夫民之不可用也，见言谈游士事君之可以尊身也、商贾(gǔ)之可以富家也、技艺之足以糊口也。民见此三者之便且利也，则必避农。避农，则民轻其居，轻其居则必不为上守战也。凡治国者，患民之散而不可抟(tuán)也。是以圣人作壹，抟之也。国作壹一岁者，十岁强；作壹十岁者，百岁强；作壹百岁者，千岁强；千岁强者王(wàng)。君修赏罚以辅壹教，是以其教有所常，而政有成也。

［注释］

①纯纯：诚挚的样子。

②重居：重视自己田宅，不轻易迁徙。

③制：遵从。

［译文］

圣明的君主懂得治理国家的要领，所以下令百姓把心思放在农业生产上。百姓把心思放在农业生产上，那么百姓朴实并且好管理，诚挚并且容易役使，确信可以用来防守和作战。百姓专一于农耕和作战，那么奸诈之事就很少并且重土难迁；百姓专一于农耕和作战，那么

男耕女织

男耕妇织是中国古代社会家庭的自然分工方式。封建社会中的自然经济，一家一户经营，男女分工明确，男人种田，女人织布。当与外敌作战时，农民都可以上战场。

就可以凭借奖赏和惩罚来鼓励上进；百姓专一于农耕和作战，那么可以依靠他们对外作战。百姓亲附国君并且誓死遵从，是由于他们从早到晚都在务农的缘故。百姓不可以被役使，是因为他们看到巧言善辩的人迎合国君能使自己获得尊贵的地位、商人经商可以发家致富、手工艺者凭借技艺可以养家糊口。百姓看到这三种人的职业既轻松又能赚钱，就一定会逃避农耕。百姓逃避农耕，就不会在意自己居住的地方；不在意自己居住的地方，就一定不会替国君守土作战。大凡治理国家的人，都担心民心涣散而不能凝聚。所以圣明的人施行农战，就是为了凝聚百姓。如果百姓专一于农耕和作战一年，国家就能强大十年；如果百姓专一于农耕和作战十年，国家就能强大一百年；如果百姓专一于农耕和作战一百年，国家就能强大一千年；国家能强大一千年就能称王天下。国君制定奖赏政策和惩罚政策，是为了辅佐施行农战政策，因此对百姓的教化有常法，这样来治理国家才能产生绩效。

[原文]

王者得治民之至要，故不待赏赐而民亲上，不待爵禄而民从事，不待刑罚而民致死。国危主忧，说者成伍，无益于安危也。夫国危主忧也者，强敌大国也。人君不能服强敌破大国也，则修守备[①]，便地形，抟(tuán)民力，以待外事[②]，然后患可以去，而王可致也。是以明君修政作壹，去无用，止浮学[③]事淫之民，壹之农，然后国家可富，而民力可抟也。

[注释]

①守备：用于防御的设施、器物。

②外事：对外联合或用兵。

③浮学：浮浅的学问。

[译文]

君主懂得了治理民众最关键的要领，所以百姓不等君主给予赏赐就主动亲附君主，不等君主封爵加禄就主动从事农战，不等君主使用刑罚就拼死效命。在国家危险、君主忧虑的时候，巧言善辩的人成群结队，对国家的安危一点益处也没有。国家之所以危险、君主之所以忧虑，是因为遇到了强大的敌国。君主不能制服强敌、攻破大国，那么就要修整用于防御的设施、器物，占据有利地形，集中百姓的力量，进而等待对外用兵，这样

才能消除祸患，而称王天下的目的就达到了。因此英明的君主治理国家应专一于农耕和作战，摒弃那些没有用的东西，废止浮浅的学问，禁止百姓从事游说等不正当的职业，令他们专心地从事农耕和作战，这样国家就能富强，百姓的力量就得以凝聚在一起。

［原文］

今世主皆忧其国之危而兵之弱也，而强听说者。说者成伍，烦言饰辞而无实用。主好其辩，不求其实。说者得意，道路曲辩[1]，辈辈[2]成群。民见其可以取王公大人也，而皆学之。夫人聚党与[3]，说议于国，纷纷焉。小民乐之，大人说(yuè)[4]之。故其民农者寡而游食者众。众，则农者殆；农者殆，则土地荒。学者成俗[5]，则民舍农从事于谈说，高言伪议[6]。舍农游食而以言相高也，故民离上而不臣者成群。此贫国弱兵之教也。夫国庸[7]民以言，则民不畜[8]于农。故惟明君知好言之不可以强兵辟土也，惟圣人之治国作壹抟(tuán)之于农而已矣。

［注释］

①曲辩：巧辩，诡辩。

②辈辈：一批批，一伙伙。形容众多。

③党与：同党之人。

④说：通“悦”，高兴。

⑤成俗：形成风气。

⑥伪议：空论。

⑦庸：任用。

⑧畜：通“慉”，喜欢，喜爱。

［译文］

如今各国国君都担心自己国家的安危而军事力量却很薄弱，并坚决地听取游说之人的言论。游说之人成群结队，言论繁多华美却没有实际用处。君主喜好他们华美的言辞，而不去探求这些言论的实际用处。说客们因此得意洋洋，无论走到哪里都能巧言诡辩，一批又一批地成群结队。百姓看到他们可以凭此取得王公、大臣的职位，因此都效仿他们。于是这些人结成一党，在国内高谈阔论，议论纷纷。普通百姓喜欢这样做，王公大臣也喜欢这样做。所以国内的百姓中务农的少而依靠游说谋生的人多。依靠游说谋生的人多，那么从事农耕的人就会怠惰；从事农耕的人怠惰，那么田地就会荒废。学习游说一旦形成风气，那么百姓就会舍弃农耕而去从事游说，大声谈论空乏的学说。百姓舍弃农耕，从事游说，并依靠花言巧语获得高位，所以百姓远离君主，而不臣服的人成群结队。这是使国家贫穷、军队薄弱的政治措施。国家凭借空乏的言论任用百姓，那么百姓就会不喜欢从事农耕。所以只有英明的君主知道喜好空谈不能使军队变强，不能开疆辟土，只有圣明的人在治理国家时采取农战政策，把百姓的力量集中到农业上罢了。

去强第四

题解

强，指百姓不听从政令，去强就是消除百姓不听从政令的弊端。民强就会反抗国家的政令，民弱就会听从国家的安排。治理百姓分为强民政策和弱民政策。在本篇中，作者论述了要想去强，就必须采用弱民政策。弱民政策主要从三个方面来实施：一是把农战作为赏罚的依据，使民众专一于农战；二是重罚轻赏，彻底清除不听从政令的现象；三是指出儒家的《诗经》《尚书》、礼、乐是导致民众不听从政令的原因之一。

[原文]

以强去强者①，弱；以弱②去强者，强。国为善③，奸必多。国富而贫治，曰重（chóng）④富，重富者强。国贫而富治，曰重贫，重贫者弱。兵行敌所不敢行，强。事兴敌所羞为，利。主贵多变，国贵少变。国少物，削；国多物，强。千乘之国守千物者削。战事⑤兵用曰强，战乱兵息而国削。

[注释]

①强：前一个“强”指强民政策，即后文所说的“礼、乐、《诗》《书》、善、修、孝、弟、廉、辩”等儒家教化。后一个“强”指强民，即不听从命令的百姓。

②弱：弱民政策，即依靠加重赏罚使百姓守法。

③善：这里指仁政。

④重：加倍。

⑤战事：军事行动。

解网施仁

商汤为君宽厚仁慈。一次他外出，去郊外的田野，看见有人用四面张着的罗网捕鸟，觉得很残忍，就劝他们撤下三面网。当时汉江以南的诸侯们听说这件事，都称赞他。于是，便有三十六个国同时归顺了商汤。

[译文]

用强民的政策来消除不听从法令的民众，君主的统治会被削弱；用弱民的政策来消除不听从法令的民众，君主的统

治就会加强。国家施行仁政，奸诈之人一定会增多。国家富裕且施行节俭治国的政策，这样的国家会加倍富裕，加倍富裕的国家一定强大。国家贫穷且施行奢侈治国的政策，这样的国家会加倍贫穷，加倍贫穷的国家一定衰弱。军队敢做敌人不敢做的事情，就强大。在国家大事上敢做敌人因耻辱而不敢做的事，就有利。君主贵在多谋善辩，国家贵在法制稳定。国家财货少，就会被削弱；国家财货多，就会强大。用一千辆兵车守护只有千物的国家一定会被削弱。军事行动指挥有方、士兵效力的国家就强大，军事行动指挥混乱、士兵怠惰的国家就会被削弱。

［原文］

农、商、官三者，国之常官①也。三官者，生虱害者六：曰岁、曰食、曰美、曰好、曰志、曰行②。六者有朴③，必削。三官之朴三人，六害之朴一人。以法治者，强；以政④治者，削。常官⑤治省，迁官⑥治大。治大，国小；治小，国大。强之，重削；弱之，重强。夫以强攻强者亡，以弱攻强者王(wàng)。国强而不战，毒输于内，礼乐虱害生，必削；国遂战，毒输于敌，国无礼乐虱害，必强。举荣任功曰强，虱害生必削。农少、商多，贵人贫、商贫、农贫，三官贫，必削。

［注释］

①常官：正常的职业。

②岁、食、美、好、志、行：岁的危害指农民怠惰，使年岁歉收；食的危害指农民不务本业，白吃粮食；美的危害指商人贩卖华美的东西；好指玩好，好的危害是指商人贩卖玩好的物品；志的危害是指官吏营私舞弊的思想；行的危害指官吏贪赃枉法的行为。

③朴：根源。

④政：政教。

⑤常官：久任一官

⑥迁官：指官职变动。

［译文］

农民、商人、官吏这三种人，是国家正常的职业。这三种人产生了

六种危害：岁害、食害、美害、好害、志害、行害。这六种危害生了根，国家一定被削弱。农民、商人、官吏这三种职业的根源在从事它们的三种人身上，六种危害的根源在国君一个人的身上。依据法制治理国家，国家一定强大；依据政教来治理国家，国家一定被削弱。长久地任用官吏，治理政务就简洁；经常变动官吏的官职，治理政务就烦琐。治理政务烦琐，国家就会弱小；治理政务简洁，国家就强大。使民众强大而不遵守法纪，国家就会加倍被削弱；使民众弱小而遵守法纪，国家就会加倍强大。采用使民众强大的政策来治理不遵守法纪的民众，国家就会灭亡；采用使民众弱小的政策来治理不遵守法纪的民众，国家就能称王天下。国家强大而不去攻伐，毒害就会在国内滋生，礼乐等危害就产生了，国家一定会被削弱；国家进行征伐，毒害就会转嫁到国外，国内没有礼乐等危害，国家一定强大。推举有荣耀的人，任用有功劳的人，国家就会强大；胡乱用人滋生危害，国家一定会被削弱。农民少、商人多，则公卿、官吏会变得贫穷、商人会变得贫穷、农民会变得贫穷，这三种人贫穷了，国家一定被削弱。

[原文]

国有礼、有乐、有《诗》、有《书》、有善、有修、有孝、有弟（tì）、有廉、有辩①。国有十者，上无使战，必削至亡；国无十者，上有使战，必兴至王（wàng）。国以善民治奸民者，必乱至削；国以奸民治善民者，必治至强。国用《诗》《书》、礼、乐、孝、弟、善、修治者，敌至，必削国；不至，必贫。国不用八者治，敌不敢至，虽至必却。兴兵而伐，必取，取必能有之；按兵而不攻，必富。国好力，曰以难②攻；国好言，曰以易③攻。国以难攻者，起一得十；国以易攻者，出十亡百。

[注释]

①善：仁善。修：贤良。弟：同“悌”，敬爱兄长。辩：指智慧。

②难：指该句中的“力”，即加强农战，因为这件事做起来很困难，所以称为“难”。

③易：指“辩”，因为这件事做起来很容易，所以称为“易”。

[译文]

国家有礼、乐、《诗经》《尚书》、仁善、贤良、孝敬父母、敬爱兄长、廉洁、智慧。国家有了这十种东西，国君就不会让百姓去打仗，国家一定会被削弱，直到灭亡；国家没有这十种东西，国君就会让百姓去打仗，国家一定会兴旺，直到称王天下。任用善民来治理奸民，国家一定会发生动乱，直到被削弱；任用奸民来治理善民，国家一定会被治理好，直到变得强大。采用《诗经》《尚书》、礼、乐、孝敬父母、敬爱兄长、仁善、贤良等思想治理国家，敌人来了，国家一定会被削弱；敌人不来，国家一定会变得贫穷。不采用这八种思想治理国家，敌人就不敢来侵犯，即使来侵犯了，也会被打退。如果出兵讨伐别的国家，就一定能夺取土地，夺取了土地之后一定能占有它；如果按兵不动，不去讨伐别的国家，就一定会富裕。国家重视实力，称为凭借农战的优势进攻；国家喜好空谈，称为凭借不实的想法去进攻。国家凭借农战的优势去攻打别的国家，只需花费一分力气，就能获得十倍的收获；国家凭借不实的想法去攻打别的国家，不仅要花费十分的力气，还会丧失百倍的利益。

[原文]

重罚轻赏，则上爱民，民死上；重赏轻罚，则上不爱民，民不死上。兴国行罚，民利①且畏；行赏，民利且爱。国无力而行知巧②者，必亡。怯民使以刑，必勇；勇民使以赏，则死。怯民勇，勇民死，国无敌者，强。强，必王（wàng）。贫者使以刑，则富；富者使以赏，则贫。治国能令贫者富，富者贫，则国多力，多力者王。王者刑九赏一，强国刑七赏三，削国刑五赏五。

[注释]

①利：喜欢。

②知巧：智谋巧诈。

[译文]

加重惩罚减轻赏赐，那么国君爱护民众，民众就会为国君拼死效力；加重赏赐减轻惩罚，那么国君不爱护民众，民众就不会替国君拼死效力。兴盛的国家施行刑罚，民众既喜欢又畏惧；施行赏赐，民众既喜欢又贪图。

放鲰知德

孔子到卫国，让巫马期看宓子贱的政绩。巫马期到了单父境内，碰到夜晚打鱼的人，放掉小鱼，只取大鱼，问他为什么这样做，渔人说："我们长官想让小鱼长大。"巫马期告诉孔子："宓子贱的道德教化到顶点了，老百姓暗中做事，都像有厉害的刑罚在身边一样。"

国家没有实力却使用智谋和欺诈，这样的国家一定会灭亡。利用刑罚来使胆小的人作战，他们一定非常勇敢；利用奖赏来使勇敢的人作战，他们一定会拼死效力。胆小的人变得勇敢，勇敢的人拼死效力，这样的国家一定没有敌手，一定会变得强大。国家变得强大，就一定能够称王天下。利用刑罚来役使穷人，就一定会使他们富裕；利用奖赏来役使富人，就一定会使他们变穷。治理国家能够使穷人变富，富人变穷，那么国家一定能够聚集雄厚的实力，实力雄厚的国家就能称王天下。称王天下的国家用九分刑罚一分奖赏，强大的国家用七分刑罚三分奖赏，弱小的国家用五分刑罚五分奖赏。

[原文]

国作壹一岁，十岁强；作壹十岁，百岁强；作壹百岁，千岁强；千岁强者，王(wàng)。威，以一取十，以声取实，故能为威者王。能生不能杀[1]，曰自攻之国，必削；能生能杀，曰攻敌之国，必强。故攻害、攻力、攻敌[2]，国用其二舍其一，必强；令用三者，威，必王。

十里[3]断者，国弱；五里断者，国强。以日治者王(wàng)，以夜治者强，以宿治者削。

举民众口数，生者著[4]，死者削[5]。民不逃粟[6]，野无荒草，则国富，国富者强。

以刑去刑[7]，国治；以刑致刑[8]，国乱。故曰：行刑重轻[9]，刑去事成，国强；重重而轻轻[10]，刑至事生，国削。刑生力，力生强，强生威，威生惠。惠生于力。举力以成

勇战，战以成知谋。

[注释]

①生：指培养实力。杀：指消耗力量。

②攻害：指消除虱害。攻力：指消耗实力。

③里：古代居民行政单位。先秦以二十五家为里。

④著：著录。

⑤削：除去。

⑥逃粟：逃避赋税。粟，指税粟。

⑦以刑去刑：以刑罚杜绝犯罪，即施行严峻的刑罚使民众不敢犯法。

⑧以刑致刑：以刑罚导致犯罪，即减轻刑罚使民众不惧怕犯罪。

⑨重轻：指轻罪重罚。

⑩重重：指重罪重罚。轻轻：指轻罪轻罚。

[译文]

国家专一于农耕和作战一年，就能强大十年；专一于农耕和作战十年，就能强大一百年；专一于农耕和作战一百年，就能强大一千年；能够强大一千年的国家就能称王天下。国家有威势，就能以一取十，凭借声望取得实力，所以能够获取威势的国家能够称王天下。能够积蓄实力却不会使用实力的国家被称为攻打自己的国家，这样的国家一定会被削弱；既能积蓄实力又会使用实力的国家被称为攻打敌国的国家，这样的国家一定会强大。所以，消除虱害、使用实力、攻打敌国这三点，国家采纳其中的两项舍弃其中的一项，就一定会强大；如果三项全部采纳，一定会获得威势，这样就一定能够称王天下。

政务在十个里之内才能做出决断，这样的国家一定会被削弱；政务在五个里之内能做出决断，这样的国家一定会强大。在当日就能将政务处理好的国家一定能够称王天下，在当夜才能将政务处理好的国家一定会强大，在第二天才能将政务处理好的国家一定会被削弱。

关于人口数量，活着的登记造册，死了的要从户籍上销掉。这样一来，民众就不能逃避赋税，田地里就没有荒草，国家就一定富裕，国家富裕也就强大了。

施行严峻的刑罚使民众不敢犯法，国家就能被治理好；减轻刑罚使民众不惧怕犯罪，国家就会混乱。所以说：施行轻罪重罚，即使不用刑罚，也能将事情办成，这样的国家才能强大；重罪重罚、轻罪轻罚，即使用了刑罚，犯法的事情仍然会不断发生，这样的国家一定会被削弱。刑罚能够产生实力，实力能够产生强大，强大能够产生威势，威势能够产生恩惠。所以恩惠是从实力之中产生的。崇尚实力能够成就英勇作战，作战才能产生出智慧和计谋。

［原文］

金生而粟死[1]，粟生而金生。本物[2]贱，事者众，买者少，农困而奸劝，其兵弱，国必削至亡。金一两生于竟[3]内，粟十二石(dàn)[4]死于竟外；粟十二石生于竟内，金一两死于竟外。国好生金于竟内，则金粟两死，仓府[5]两虚，国弱；国好生粟于竟内，则金粟两生，仓府两实，国强。

强国知十三数：竟内仓府之数，壮男壮女之数，老弱之数，官士[6]之数，以言说取食者之数，利民[7]之数，马、牛、刍藁(chú gǎo)之数[8]。欲强国，不知国十三数，地虽利，民虽众，国愈弱至削。

国无怨民曰强国。兴兵而伐，则武爵武任[9]，必胜。按兵而农，粟爵粟任[10]，则国富。兵起而胜敌、按兵而国富者王(wàng)。

［注释］

①金生而粟死：指赚了钱，而粮食却卖出去了。

②本物：指谷物。

③竟：通“境”。

④石：古代容量单位，十斗为一石。

⑤仓府：粮仓及钱库的合称。

⑥官士：官吏和知识分子。

⑦利民：指农民。

⑧刍：喂牲畜的草。藁：谷类植物的茎秆。

⑨武爵武任：根据军功赏赐任用。

⑩粟爵粟任：根据种粮的多少赏赐任用。

［译文］

赚了钱就没有了粮食，有了粮食就相当于有了金钱。谷物的价格低贱，

从事农业生产的人多，买粮食的人少，农民因此贫困，狡诈的商人因此受到鼓励，这样一来，兵力就衰弱，国家一定会被削弱，直到灭亡。国内赚到一两黄金，就有十二石粮食被卖到国外；国内买入十二石粮食，就有一两黄金流到国外。国家喜好赚取黄金，那么黄金和粮食都会受损，粮仓和钱库都会空虚，国家一定会衰弱；国家喜好囤积粮食，那么黄金和粮食都能获得，粮仓和钱库都会充实，国家一定会强大。

要使国家强大就要知道十三种事物的数量：国内粮仓和钱库的数量，壮年男子和壮年女子的数量，老人和小孩的数量，官吏和知识分子的数量，靠游说谋生的人的数量，农民的数量，马、牛以及喂养牲口的草与禾秆的数量。想要使国家强大，却不知道这十三种事物的数量，即使土地肥沃，人口众多，国家也会越来越衰弱。

国内没有抱怨君主的民众就叫强国。如果出动军队去攻打别的国家，那么根据军功赏赐、任用，就一定会取胜。按兵不动而从事农业生产，那么根据种粮的多少赏赐、任用，国家就一定富裕。出动军队攻打能取胜、按兵不动能使国家富裕，像这样的国家一定能够称王天下。

说民第五

题解

说民，即论民。本篇论述的是如何治理民众的问题。国家的安定与混乱实际上就是民众的安定与混乱，即“民胜法，国乱；法胜民，兵强”。所以，国家的政治和法令一定要强硬。具体的措施就是摒弃不利于国家统治的风气，以法治民，促使民众“弃易行难”，用重刑杜绝犯罪，用奖赏鼓励农战。

[原文]

辩慧，乱之赞[1]也；礼乐，淫佚之征也[2]；慈仁，过之母也；任举，奸之鼠[3]也。乱有赞则行，淫佚有征则用，过有母则生，奸有鼠则不止。八者有群，民胜其政。国无八者，政胜其民。民胜其政，国弱；政胜其民，兵强。故国有八者，上无以使守战，必削至亡。国无八者，上有以使守战，必兴至王(wàng)。用善，则民亲其亲；任奸，则民亲其制。合而复[4]者，善也；别而规者，奸也。章善则过匿，任奸则罪诛。过匿，则民胜法；罪诛，则法胜民。民胜法，国乱；法胜民，兵强。故曰：以良民治，必乱至削；

廷理执法

董宣，生卒年不详，字少平，东汉陈留圉（今河南杞县南）人。他在任洛阳令时，湖阳公主的奴仆仗势杀人，湖阳公主是光武帝刘秀的姐姐，她包庇自己的奴仆。董宣拦住湖阳公主的车，令奴下车而杀之。公主告诉刘秀这件事，刘秀下令让董宣向公主叩头谢罪，董宣拒不低头。刘秀令人强按之，也不能使其俯首。

以奸民治，必治至强。

［注释］

①赞：帮助，辅佐。

②淫佚：恣纵逸乐。征：征召，招引。

③鼠：居处。

④复：通“覆”，掩盖。

［译文］

巧言善辩与聪明才智，是违法乱纪的辅佐者；礼与乐，是恣纵逸乐的征召者；恩慈与仁爱，是犯罪的根源；任用与举荐，是奸邪的容身之地。违法乱纪有了辅佐者才能流行，恣纵逸乐有了征召者才能兴起，错误有了根源才会产生，奸邪有了容身之地就不能禁止。这八类东西结为党群，民众的力量就会胜过政令。国家没有这八类东西，政令就胜过民众的力量。民众的力量胜过政令，国家就会被削弱；政令胜过民众的力量，兵力就会强大。所以，国家如果有这八类东西，国君就没有办法役使民众去防守和作战，国家一定会被削弱，直到灭亡。国家如果没有这八类东西，国君就有办法役使民众去防守和作战，国家就一定会兴旺，直到称王天下。任用善民，那么民众就只喜爱他们的亲人；任用奸民，那么民众就会遵守国家的法制。民众合力，互相掩盖罪过，这就是任用善民的结果；民众疏远，互相监督，这就是任用奸民的结果。彰显善民，民众的罪过就会被掩盖起来；任用奸民，民众犯了罪就会受到惩罚。民众的罪过被掩盖起来，那么民众的力量就会胜过法令；民众犯了罪就受到惩罚，那么法令就会胜过民众的力量。如果民众的力量胜过法令，国家就会混乱；法令胜过民众的力量，兵力就强大。所以说：任用良民治理国家，国家一定会混乱，直到被削弱；任用奸民治理国家，国家一定会被治理好，直到强大。

［原文］

国以难[1]攻，起一取十；国以易[2]攻，出十亡百。国好力曰以难攻，国好言曰以易攻。民易为言，难为用。国法作民[3]之所难，兵用民之所易，而以力攻者，起一得十；国法作民之所易，兵用民之所难，而以言攻者，出十亡百。

罚重，爵尊；赏轻，刑威。爵尊，上爱民；刑威，民

死上。故兴国行罚，则民利；用赏，则上重。法详，则刑繁；刑繁，则刑省。民不治则乱，乱而治之又乱。故治之于其治，则治；治之于其乱，则乱。民之情也治，其事也乱。故行刑，重其轻者，轻者不生，则重者无从至矣，此谓治之于其治者。行刑，重其重者，轻其轻者，轻者不止，则重者无从止矣，此谓治之于其乱也。故重轻，则刑去事成，国强；重重而轻轻，则刑至而事生，国削。

［注释］

①难：指加强农战，因为这件事做起来很困难，所以称为“难”。

②易：指崇尚虚谈，因为这件事做起来很容易，所以称为“易”。

③作民：役使民众。

［译文］

国家凭借农战的优势去攻打别的国家，出一分力量能取得十分的效果；国家凭借空谈的优势去攻打别的国家，出十分力量却会损失百倍的利益。国家注重农战叫做凭借难以得到的优势攻打别的国家，国崇尚空谈叫做凭借易于获得的东西攻打别的国家。民众认为空谈容易办到，认为去从事农耕和作战难以办到。国家的法令役使民众去做他们认为难以办到的事情，在战争中役使他们就会很容易，从而凭借实力攻打别的国家，出一分力量能获得十倍的收获；国家的法令役使民众去做他们认为容易办到的事情，战争中役使他们就很困难，导致凭借空谈去攻打别的国家，会形成付出十分力量却损失百倍利益的结果。

刑罚重，爵位才显得尊贵；赏赐轻，刑罚才显得威严。爵位尊贵，君主才得以爱护民众；刑罚威严，民众才会替君主拼死效力。所以，兴盛的国家使用刑罚，民众就会获利；使用奖赏，君主就会受到尊重。法令周详，那么刑罚就会繁多；刑罚繁多，那么被惩罚的人就会减少。不治理民众，国家就会混乱，国家混乱了才去治理会导致国家更加混乱。所以要在国家安定的时候去治理，这样才能将国家治理好；在国家混乱的时候去治理，国家会被治理得更加混乱。民众心中希望国家能被治理好，而他们所做的事情往往使国家更加混乱。所以要使用刑罚，对民众所犯的轻罪从重处罚，这样一来，那些轻微的犯罪就不会发生，严重的犯罪也无从产生了，这就

是所谓的在国家安定的时候进行治理。使用刑罚时，对重罪从重惩罚，对轻罪从轻惩罚，那么轻微的犯罪不能禁止，严重的犯罪也无从禁止了，这就是所谓的在国家混乱的时候进行治理。所以从重惩罚轻微的犯罪，那么刑罚就得以避免，而国家也得到了治理，这样的国家一定会强大；从重惩罚严重的犯罪而从轻惩罚轻微的犯罪，那么虽然使用了刑罚，而国家仍然没有得到治理，这样的国家一定会被削弱。

[原文]

民勇，则赏之以其所欲；民怯，则杀[1]之以其所恶。故怯民使之以刑，则勇；勇民使之以赏，则死。怯民勇，勇民死，国无敌者，必王（wàng）。

民贫，则弱国；富，则淫。淫则有虱，有虱则弱。故贫者益之以刑[2]，则富；富者损之以赏[3]，则贫。治国之举，贵令贫者富，富者贫。贫者富，国强；富者贫，三官[4]无虱。国久强而无虱者，必王（wàng）。

刑生力，力生强，强生威，威生德[5]，德生于刑。故刑多，则赏重；赏少，则刑重。民之有欲有恶也，欲有六淫[6]，恶有四难[7]。从[8]六淫，国弱；行四难，兵强。故王者刑于九而赏出一[9]。刑于九，则六淫止；赏出一，则四难行。六淫止，则国无奸；四难行，则兵无敌。

[注释]

①杀：消减，消除。

②贫者益之以刑：利用刑罚强迫贫穷的百姓从事农战来增加财产。

③富者损之以赏：利用赏赐诱使富裕的百姓捐出财物来减少财产。

④三官：指农民、商人、官吏这三种职业。

⑤德：恩惠。

⑥六淫：指《去强》篇中所说的“岁、食、美、好、志、行”这六种危害。

⑦四难：指务农、力战、出钱、告奸这四种人们厌恶的事情。

⑧从：通“纵”，放纵。

⑨九：这里是虚数，表示很多。一：唯一，即农战。

［译文］

民众勇敢，那么国君应该用他们想要得到的东西奖赏他们；民众胆怯，那么国君应该用他们所厌恶的东西来使他们不再胆怯。所以利用刑罚来役使胆怯的民众，他们就会变得勇敢；利用奖赏来役使勇敢的民众，他们就会拼死效力。胆怯的民众变得勇敢，勇敢的民众拼死效力，那么国家就没有敌手了，就一定能够称王天下。

吕不韦

吕不韦（前 292—前 235），战国末期卫国著名商人，后为秦国丞相，政治家、思想家，卫国濮阳（今河南濮阳）人。吕不韦组织门客编写了著名的《吕氏春秋》（又称《吕览》），他也是杂家思想的代表人物。我国古代重农抑商，商鞅变法中也有“经商及因怠惰而贫穷的，连同妻子儿女没入官府为奴”一项。

民众贫穷，国家就衰弱；民众富裕，就会放纵自己。民众放纵就会产生虱害，国家有了虱害就一定会被削弱。所以，利用刑罚强迫贫穷的百姓从事农战来增加财产，他们就会富足；利用赏赐诱使富裕的百姓捐出财物来减少财产，他们就会变穷。治理国家的措施，最重要的是使贫穷的人变得富裕，使富裕的人变得贫穷。贫穷的人变富裕了，国家就会强大；富裕的人变穷了，农民、商人、官吏这三种职业就不会产生虱害。国家能够长久地保持强大并且没有虱害产生，就一定能够称王天下。

刑罚能够衍生实力，实力能够衍生强大，强大能够衍生威势，威势能够衍生恩惠，恩惠是从刑罚中衍生而来。所以刑罚多，那么奖赏就显得厚重；奖赏少，那么刑罚就严厉。民众有喜好的事情也有厌恶的事情，民众喜欢的事情中有六种虱害，民众厌恶的事情有四种。放纵六种虱害，国家就会衰弱；推行四种民众厌恶的事情，兵力就会强大。所以能够称王天下的君主施行各种各样的刑罚，而奖赏只能从农战这一种途径获得。刑罚繁多，那么六种虱害就会杜绝；奖赏只能从农战这一种途径获得，那么四种为民众所厌恶的事情就能得以推行。六种虱害被杜绝，那么国家就没有奸邪之事；四种为民众所厌恶的事情得以推行，那么军队就没有敌手。

[原文]

民之所欲万，而利之所出一。民非一，则无以致欲，故作一。作一，则力抟(tuán)；力抟，则强。强而用，重强。故能生力能杀力，曰攻敌之国，必强。塞私道以穷其志①，启一门以致其欲。使民必先行其所恶，然后致其所欲，故力多。力多而不用，则志穷；志穷，则有私；有私，则有弱。故能生力，不能杀力，曰自攻之国，必削。故曰：王(wàng)者，国不蓄力，家不积粟。国不蓄力，下用也；家不积粟，上藏也。

[注释]

①志：指私心。

[译文]

民众想要的东西成千上万，而利益只能从农耕和作战这一条途径获得。民众不从事农耕和作战，就不能获得他们想要的东西，所以民众就会专心从事农耕和作战。民众专心从事农耕和作战，那么力量就会集中；力量集中，国家就会强大。国家强大并且还能攻敌，就会加倍强大。所以，既能产生实力又能使用实力，称作攻打敌人的国家，这样的国家一定会强大。堵塞谋求私利的门路来断绝民众的私心，只开启农耕和作战这一条途径来使民众获得他们想要的东西。役使民众，必须让他们先做他们所厌恶的事情，然后获得他们想要的东西，这样才能产生雄厚的实力。实力雄厚却不使用实力来攻打敌人，那么民众的愿望就会落空；民众的愿望落空了，就会产生私心；民众有了私心，那么国家的实力就会被削弱。所以，能够产生实力，却不能使用实力来攻打敌人，称作自己攻打自己的国家，这样的国家一定会被削弱。所以说：能够称王天下的君主，国家不积蓄实力，百姓的家中不蓄积粮食。国家不积蓄实力，是为了调动民众的力量；百姓的家中不蓄积粮食，因为粮食都被贮藏在国家的粮仓中。

[原文]

国治：断①家王(wàng)，断官强，断君弱。重轻，刑去。常官，则治。省刑，要(yāo)保②，赏不可倍③也。有奸必告④之，则

民断于心，上令而民知所以应。器成于家而行于官，则事断于家。故王者刑赏断于民心，器用断于家。治明，则同；治暗，则异。同则行，异则止。行则治，止则乱。治，则家断；乱，则君断。治国者贵下断，故以十里断者弱，以五里断者强。家断则有余，故曰：日治者王。官断则不足，故曰：夜治者强。君断则乱，故曰：宿治者削。故有道之国，治不听君，民不从官。

[注释]

①断：决断。

②要：约定。保：指连保，连坐。

③倍：同“背”，背弃，背叛。

④告：告发。

[译文]

治理国家有这样三种情况：能在民众的家族中来决断的国家能够称王天下，能由官吏来决断的国家能够强大，只由国君来决断的国家一定会被削弱。轻罪重罚，就能杜绝犯罪。根据法规来选任官吏，国家就能治理好。减少刑罚，就要在民众中建立连坐制度，对那些应该赏赐的不可言而无信。发现了奸邪就一定会告发它，那么民众的心中就能判断是非，国君发布了命令而民众就知道该如何响应。器物在家中做成而只能在得到官府的允许之后才能流通，那么事情在家中就能决断。所以能够称王天下的君主，他的惩罚和奖赏在民众心中明确，器物该是什么样的在民众家中也很明确。政教清明，那么民众就会齐心；政教昏暗，那么民众就会产生异心。民众与君主同心，国家的法令就能执行；民众与君主异心，国家的法令就不能执行。国家的法令能够执行，国家就能治理好；国家的法令不能执行，国家就会混乱。国家能治理好，那么民众在家中就能决断对错；国家混乱，那么只能依靠君主做决断。治理国家贵在能够在民众中做出决断，所以在十个里以内做出决断的国家衰弱，在五个里以内做出决断的国家强大。事情在民众的家中就能做出决断，那么官吏办事的时间就充足，所以说：在当天就能将政务处理好的国家能够称王天下。事情要到官府去决断，那么

官吏的办事时间就会不足，所以说：在当夜能够将政务处理好的国家能够强大。事情需要君主决断，君主就会忙乱，所以说：在第二天才能将政务处理好的国家一定会被削弱。因此治理得当的国家，官吏处理政务不必听从君主，民众做事情不必听从官吏。

算地第六

题解

算地，就是规划土地。本篇中，作者论述了合理开发利用土地与国家富强的关系，并阐明了如何合理开发利用土地，即土地面积要与居住的人口相适应；国土中山林、湖泊、溪流、都邑、道路、农田的比例要合理。而实现合理开发利用土地的方法就是提高民众从事农业生产的积极性。

［原文］

凡世主[1]之患：用兵者不量力，治草莱[2]者不度地。故有地狭而民众者，民胜其地；地广而民少者，地胜其民。民胜其地，务开；地胜其民者，事徕[3]。开徕，则行倍。民过地，则国功寡而兵力少；地过民，则山泽财物不为用。夫弃天物遂民淫者，世主之务过也。而上下事之，故民众而兵弱，地大而力小。故为国任地[4]者：山林居什一[5]，薮泽[6]居什一，溪谷流水居什一，都市蹊道[7]居什一，恶田居什二，良田居什四，此先王之正律[8]也。故为国分田数：小亩五百，足待一役，此地不任也。方土百里，出战卒万人者，数小也。此其垦田足以食其民，都邑遂路[9]足以处其民，山林、薮(sǒu)泽、溪谷足以供其利，薮泽隄[10]防足以畜。故兵出，粮给而财有余；兵

粮道

粮食是战争必需的后勤保障，自古兵家非常重视保障粮道的安全与畅通。

休，民作而畜长足。此所谓任地待役⑪之律也。

［注释］

①世主：国君。

②草莱：指荒芜之地。

③徕：招徕，把人招来。

④任地：利用土地。

⑤什一：十分之一。

⑥薮泽：指水草茂密的沼泽湖泊地带。

⑦蹊道：道路。

⑧正律：正式的规定。

⑨遂路：道路。

⑩隄：同“堤”。

⑪待役：备战。

［译文］

大凡国君所犯的弊病是：用兵作战时不估量自己的实力，治理荒地时不度量土地的大小。所以有地方狭小而人口众多的情况，那是因为人口总数超过了土地的承载能力；也有土地广阔而人口稀少的情况，那是因为土地的承载能力超过了人口总数。如果人口总数超过了土地的承载能力，就应该开垦荒地；如果土地的承载能力超过了人口总数，就应该招徕外民。开垦荒地招徕外民，那么国家的实力将成倍增长。如果人口总数超过了土地的承载能力，那么国家取得的功绩就少而兵力也会不足；如果土地的承载能力超过了人口总数，那么山林、湖泽、财力、物力都得不到充分利用。放弃自然资源顺遂民众的放纵，这是国君在政务上的过失。然而现在上上下下都这么做，所以人口虽然很多但军队的实力却很薄弱，地域虽然广大但国家的实力却非常弱小。因此，应该这样治理国家利用土地：山林占十分之一，沼泽、湖泊占十分之一，溪谷、河流占十分之一，城市、道路占十分之一，土质不好的田地占十分之二，土质良好的田地占十分之四，这是古代君主的明确规定。所以治理国家应给民众分配的耕田赋税数和兵役数是：国家从五百小亩土地上得到的税收足以养活打一次战役的士兵，这样分配还没有充分利用地力。方圆百里的土地，派出一万士兵，这个数目也小。让国家可耕种的土地足以养活那里的百姓，城市和道路足以安置那里的百姓，山林、沼泽、湖泊、溪谷足以供给百姓所需的生活物资，沼泽、

湖泊的堤坝足以积蓄水源。因此，军队出战，粮食足以供给而财力还有剩余；军队休整，百姓都从事农耕而积蓄可以长久地保持充足。这就是以地备战的规则。

［原文］

今世主有地方数千里，食不足以待役实仓，而兵为邻敌，臣故为世主患之。夫地大而不垦者，与无地同；民众而不用者，与无民同。故为国之数[1]，务在垦草；用兵之道，务在壹赏。私利塞于外，则民务属(zhǔ)[2]于农；属于农，则朴；朴，则畏令。私赏禁于下，则民力抟(tuán)于敌；抟于敌，则胜。奚以知其然也？夫民之情，朴则生劳而易力，穷则生知而权利。易力则轻死而乐用，权利则畏罚而易苦[3]。易苦则地力尽，乐用则兵力尽。夫治国者，能尽地力而致民死者，名与利交至。

［注释］

①数：术，方法。

②属：依托，依附。

③苦：指劳作。

［译文］

现在的国君拥有方圆几千里的土地，粮食却不足以供养士兵、装满粮仓，然而却兴兵与邻国为敌，我因此替国君担忧这件事。地域广阔却不去开垦荒地，与没有土地一样；人口多而不加以役使，与没有民众一样。所以治理国家的方法，一定是开垦荒地；领兵的方法，一定是统一奖赏的条件。堵塞民众获取私利的门路，那么民众一定会依附于农耕；民众依附于农耕，那么民众一定会变得朴实；民众朴实，就一定会畏惧法令。禁止大臣在下面私自奖赏，那么民众的力量就一定集中在对付外敌上；民众的力量集中在对付外敌上，就一定能取胜。如何得知会有这样的结果呢？人之常情，朴实就会劳作而不吝惜力气，贫穷就会产生智谋衡量利害。不吝惜力气就不会怕死而乐于被国君役使，衡量利害就畏惧惩罚从而认为劳苦耕种是容易的事情。认为劳苦耕种是容易的事情，就能充分利用土地；乐于被国君役使，就能充分发挥军队的实力。如果治理国家的人既能够充分利用土地又能够让百姓拼死效力，就能够获得名与利。

[原文]

民之性[1]：饥而求食，劳而求佚[2]，苦则索乐，辱则求荣，此民之情也。民之求利，失礼之法；求名，失性之常。奚以论其然也？今夫盗贼上犯君上之所禁，而下失臣民之礼，故名辱而身危，犹不止者，利也。其上世之士，衣不煖(nuǎn)[3]肤，食不满肠，苦其志意，劳其四肢，伤其五脏，而益裕广耳，非生(xìng)[4]之常也，而为之者，名也。故曰：名利之所凑，则民道之。

[注释]

①性：本性。

②佚：同“逸”，安逸。

③煖：同“暖”。

④生：同“性”，天性，本性。

[译文]

人的本性是：饿了会寻找食物，累了会寻找安逸，痛苦时会寻求快乐，受到屈辱后会寻求荣耀，这是人之常情。人为了追求私利，就会违背礼制；追求名望，就会丧失本性。根据什么这样评论他们呢？现在盗贼对上违反了君主的禁令，而在下面丧失了臣民的礼仪，所以他们的名声受到侮辱而生命也有危险，却还是不能让他们停止，这是出于利益的缘故。那些古代的有名之士，身上的衣服不能使身体暖和，吃的食物不能填饱肚皮，磨炼自己的意志，劳累自己的四肢，伤害自己的五脏，而这样的人物很多，这并不是人的本性，他们这样做的原因，是出于名誉的缘故。所以说：名与利聚合的地方，就是民众趋向的地方。

[原文]

主操名利之柄而能致功名者，数也。圣人审权以操柄[1]，审数[2]以使民。数者，臣主之术，而国之要也。故万乘(shèng)[3]失数而不危，臣主失术而不乱者，未之有也。今世主

欲辟地治民而不审数，臣欲尽其事而不立术。故国有不服之民，主有不令④之臣。故圣人之为国也，入令民以属⑤(zhǔ)农，出令民以计战。夫农，民之所苦；而战，民之所危也。犯⑥其所苦，行其所危者，计也。故民生则计利，死则虑名。名利之所出，不可不审也。利出于地，则民尽力；名出于战，则民致死。入使民尽力，则草不荒；出使民致死，则胜敌。胜敌而草不荒，富强之功可坐而致也。

比干

比干是商朝末期著名的贤臣，他看到商纣王不理朝政，荒淫无度，于是谏言，但商纣王不听，比干被剖心而死，最后商朝也灭亡了。

[注释]

①审权：慎重运用权势。操柄：把持权柄，掌握权力。

②审数：讲究统治方法。

③乘：古代称四匹马拉一辆兵车为一乘。

④不令：不听从命令。

⑤属：通“瞩”，关注。

⑥犯：触及，这里指从事。

[译文]

君主掌握给予名与利的权柄而能使国家获得功与名的原因，是统治的方法。圣明的君主慎重地运用权势来掌控权力，讲究统治方法再来役使民众。统治方法，是为君之术，也是治理国家的要领。所以有一万辆兵车的大国即使统治失误也不会有危险，而君主的统治方法失误却没有导致国家混乱的情况，是从来没有过的。现在君主想要开辟土地统治民众却不讲究统治方法，大臣想要尽责却不明确治国方法。所以国家有不服从统治的民众，君主有不听从命令的臣子。因此圣明的君主治理国家，在国内下令民众关注农业，对外命令民众谋划作战。农业生产，被民众认为是辛苦的事情；

作战，被民众认为是危险的事情。民众肯从事他们认为辛苦的事情，做他们认为危险的事情，是出于对利害的考虑。所以人活着就会衡量利益，死了也要考虑名望。对于名与利的来源，不得不仔细考察。利益来源于土地，那么民众就尽力去种地；名望来源于作战，那么民众就会拼死作战。在国内使民众竭尽全力去种地，那么土地就不会荒芜；对外使民众拼死作战，那么一定会战胜敌国。战胜了敌国而土地没有荒废，使国家富足强大的功绩就唾手可得了。

[原文]

今则不然。世主之所以加务者，皆非国之急也。身有尧、舜之行，而功不及汤、武之略者，此执柄①之罪也。臣请语其过：夫治国舍势而任谈说，则身修而功寡。故事《诗》《书》谈说之士，则民游而轻其君；事处士②，则民远而非其上；事勇士，则民竞③而轻其禁；技艺之士用，则民剽④而易徙；商贾(gǔ)之士佚且利，则民缘⑤而议其上。故五民加于国用，则田荒而兵弱。谈说之士资在于口，处士资在于意，勇士资在于气，技艺之士资在于手，商贾之士资在于身。故天下一宅，而圜(huán)⑥身资。

[注释]

①执柄：借指君主。

②处士：指有才德而隐居不仕的人。

③竞：强劲，强悍。

④剽：轻捷。

⑤缘：攀附。

⑥圜：环绕。

[译文]

如今却不是这样。君主努力想要做到的，都不是国家急于要做的事情。他们身上有尧、舜的品性，但他们建立的功绩却比不上商汤王和周武王，这是君主的过错。请让我评说他们的过错：治理国家舍弃统治方法而任用喜欢空谈游说的人，那么自身修养好却只建立了很小的功绩。所以任用读

《诗经》《尚书》的空谈游说之人，那么民众就会四处游荡而轻视他们的君主；任用隐逸之人，那么民众就会疏远并且非议他们的君主；任用勇士，那么民众就变得强悍而轻视君主的禁令；任用手工业者，那么民众就会轻浮好动而喜欢迁移；商人生活安逸而且能够赚钱，那么民众就会攀附并且非议他们的君主。所以如果这五种人被国家任用，那么就会出现土地荒废而兵力薄弱的结果。空谈游说之人的资本在于巧言善辩，隐士的资本在于他们心志高洁，勇士的资本在于勇气，手工业者的资本在于一双巧手，商人的资本在于他自身。所以这些人以天下为家，因为他们身上都环绕着各自的资本。

［原文］

民资重于身，而偏（biàn）[1]托势于外。挟重资，归偏[2]家，尧、舜之所难也。故汤、武禁之，则功立而名成。圣人非能以世之所易胜其所难也，必以其所难胜其所易。故民愚，则知（zhì）[3]可以胜之；世知，则力可以胜之。臣愚，则易力而难巧；世巧，则易知而难力。故神农教耕而王天下，师其知也；汤、武致强而征诸侯，服其力也。今世巧而民淫，方傚[4]汤、武之时，而行神农之事，以随[5]世禁。故千乘惑乱，此其所加务者，过也。

［注释］

①偏：通“遍”，到处。

②偏：偏私。

③知：同“智”，智慧。

④傚：仿效。

⑤随：这里借为“堕”，毁坏。

［译文］

民众把谋生的资本看得比生命还要重要，就会在国外到处寻求可依附的势力。挟带借以谋生的资本，归附于私门，哪怕像尧和舜那样的明君也难以将国家治理好。所以商汤王和周武王下令禁止这种情况，于是建立了功绩，成就了名声。圣明的君主不是能够用世上容易做到的驾驭世上难以做到的，一定是用世上难以做到的驾驭世上容易做到的。如果民众愚昧，

那么就可以凭借智慧战胜他们；如果世人有智慧，那么就可以凭借力量战胜他们。如果臣民愚昧，那么他们就认为出力是容易的事情而学会技巧是困难的事情；如果世人有技巧，那么他们就会认为有智慧是容易的事情而出力是困难的事情。所以神农教会人们耕田而称王天下，这是因为人们要学习他的智慧；商汤王和周武王建立了强大的军队而征服各诸侯，这是因为诸侯们臣服在他们的力量之下。如今世人多机巧而民众多放纵，正是效仿商汤王和周武王的时候，然而君主们却推行神农所做的事情，从而犯了治国的禁忌。所以拥有千辆兵车的国家也会混乱，这是因为他们认真去做的事情是错误的。

［原文］

民之生：度而取长，称而取重，权而索利。明君慎观三者，则国治可立，而民能可得。国之所以求民者少，而民之所以避求者多。入使民属于农，出使民壹于战。故圣人之治也，多禁以止能①，任力以穷诈。两者偏用，则境内之民壹；民壹，则农；农则朴；朴则安居而恶出。故圣人之为国也，民资藏于地，而偏托危(guǐ)于外②。资藏于地则朴，托危于外则惑。民入则朴，出则惑，故其农勉而战戢(jí)③也。民之农勉则资重，战戢则邻危。资重则不可负而逃，邻危则不归于外。无资归危外托，狂夫之所不为也。故圣人之为国也，观俗立法则治；察国事本则宜。不观时俗，不察国本，则其法立而民乱，事剧④而功寡。此臣之所谓过也。

［注释］

①能：能力，这里指农耕以外的能力。

②偏：少。托：依托，凭借。危：通“诡”，欺诈。

③戢：收集，聚集。

④剧：多。

［译文］

人的本性是：用尺量东西会选取长的，用秤来称东西会选取重的，衡量个人得失会选取有利的。英明的君主应该谨慎思考这三种情况，那么治理国家的政策就可以制定出来，而民众的才能就可以被利用。国家对民众要求不多，从而使民众有很多躲避要求的办法。在国内役使民众依附于农耕，对外役使民众专一于作战。所以圣明的君主治理国家，制定很多禁令用来限制民众发展除农耕以外的才能，任用民众的力量来杜绝欺诈。如果这两种方法都使用，那么国内的民众就会一心；民众一心，就会专心从事农业生产；民众专心从事农业生产，民众就变得朴实；民众变得朴实，就会安于居所而讨厌外出。所以圣明的君主治理国家，民众的资本来源于土地，就很少能够依托欺诈在外谋生。民众的资本来源于土地，民众就变得朴实，就对依托欺诈在外谋生感到迷惑。民众在国内朴实，到了国外感到迷惑，所以就会努力地从事农业生产并且在作战时能团结在一起。民众努力地从事农业生产，财物就会增多；作战时能团结在一起，邻国就会危险。民众财物增多就不容易带着财物出逃，邻国危险就不会去归附。没有可以用来欺诈从而归附外国的资本，就是疯子也不会这么做。所以圣明的人治理国家，考察风俗来确立法规就能把国家治理好；考察国情从事根本之业就能将国家治理得当。不考察当时的风俗，不考察国家的根本，那么国家制定了法令而民众却会混乱，事情做得多却只取得了很小的功绩。这就是我所说的过失啊。

[原文]

夫刑者，所以禁邪[①]也；而赏者，所以助禁也。羞辱劳苦者，民之所恶也；显荣佚乐者[②]，民之所务也。故其国刑不可恶，而爵禄不足务也，此亡国之兆也。刑人复漏[③]，则小人辟淫而不苦刑[④]，则徼倖[⑤]于上以利求。显荣之门不一，则君子事势以成名。小人不避其禁，故刑烦。君子不设其令，则罚殚[⑥]。刑

后苑观麦

我国古代封建社会以农为本，君主普遍重视农业的发展。宋仁宗留意农事，宫中后苑里有空地，他使人种上麦子，又于其地建一小殿，名叫宝岐殿。每年麦熟时，仁宗亲自临幸后苑，坐宝岐殿看人割麦。

烦而罚行者，国多奸。则富者不能守其财，而贫者不能事其业，田荒而国贫。田荒，则民诈生；国贫，则上匮赏。

[注释]

①禁邪：禁治邪恶；克制歪风。

②显荣：显赫荣耀。佚乐：悠闲安乐。

③复：掩藏。漏：漏网。

④辟淫：放僻邪侈，即肆意为非作歹。苦：惧怕。

⑤徼倖：侥幸。徼，通“侥”。

⑥舛：错误，错乱。

[译文]

刑罚，是用来禁治奸邪的手段；奖赏，是用来辅助禁治奸邪的手段。羞耻、侮辱、劳累、辛苦，是人们所憎恶的；显赫、荣耀、悠闲、安乐，是人们所追求的。所以国家的刑罚不令人畏惧，国家的官爵和俸禄不能吸引百姓去追求，这就是亡国的征兆。如果应该受到惩罚的人得以掩盖或漏网，那么百姓就肆意为非作歹而不惧怕刑罚，就会对上存着侥幸的心理去追求私利。如果获得显赫和荣耀的途径不专一，那么官吏就会依附权势来获取名誉。百姓不畏避国家的禁令，所以触犯刑罚的情况就很多。官吏不执行法令，刑罚就会错乱。刑罚名目繁多而又错乱，那么国内奸邪之事就很多。这样一来，富裕的人不能守住财产，贫穷的人不能从事本业，田地就会荒废，国家就会贫穷。田地荒废了，那么百姓中就会发生欺诈的事情；国家贫穷了，那么君主就会缺乏赏赐的财物。

[原文]

故圣人之为治也，刑人[1]无国位，戮人[2]无官任。刑人有列，则君子下其位；衣锦食肉，则小人冀其利。君子下其位，则羞功；小人冀其利，则伐[3]奸。故刑戮者所以止奸也，而官爵者所以劝功也。今国立爵而民羞之，设刑而民乐之。此盖法术之患也。故君子操权一正[4]以立术，立官贵爵以称之，论荣举功以任之。则是上下之称平。上下之称平，则臣得尽其力，而主得专其柄。

［注释］

①刑人：受刑之人。

②戮人：受过刑罚的罪人。

③伐：自夸。

④一正：统一法度政令。

［译文］

所以圣明的君主治理国家，受过刑的人在国内没有地位，犯过罪的人不能在朝廷上做官。如果受过刑的人能做官，那么官吏就会轻视自己的地位；如果犯过罪的人锦衣玉食，那么百姓就会贪图他们获得的利益。官吏轻视自己的地位，就以取得功绩为可耻；百姓贪图非分的利益，就会自夸奸巧。所以刑法和惩罚是禁止奸邪的手段，官位和爵禄是劝勉立功的手段。如今国家设立爵禄而人们以获取爵禄为可耻，制定刑罚而人们以犯法为乐。这是因为国家的法令方针出了问题。所以君主必须掌握大权，统一法度政令，从而制定统治方针，设立官职和爵禄来奖励民众，根据荣誉、功劳来任用群臣。这样一来，上上下下都会平衡。上上下下都平衡了，那么臣民就会为国家竭尽全力，而君主就能独掌大权。

开塞第七

题解

开塞，即开启阻塞的道路，即清除政治统治中的弊端。作者认为，治理国家既不能效法古代，也不能拘泥于现有的制度。社会形势在不断变化，如今的民众已不像古代的民众那样朴实，而是变得奸诈虚伪，所以治理国家就不能效法儒家的仁政，而只能采取法治。作者认为法治看似严苛，实际上却能禁止民众犯罪，从而保护民众，所以法治才是清除社会弊端的必要手段。

[原文]

天地设而民生之。当此之时也，民知其母而不知其父，其道亲亲①而爱私。亲亲则别②，爱私则险③。民众，而以别险为务，则民乱。当此时也，民务胜而力征④。务胜则争，力征则讼，讼而无正，则莫得其性⑤也。故贤者立中正，设无私，而民说(yuè)⑥仁。当此时也，亲亲废，上贤⑦立矣。凡仁者以爱利⑧为务，而贤者以相出⑨为道。民众而无制，久而相出为道，则有乱。

[注释]

①亲亲：爱自己的亲属。

②别：区别亲疏。

③险：邪恶。

④力征：以武力夺取。

⑤性：欲。

⑥说：同“悦”。

⑦上贤：推崇有德才的人。上，通“尚”。

⑧爱利：爱护、加惠于他人。

⑨相出：推举贤人。

[译文]

天地形成后人类就诞生了。在这个时候，人们只知道自己的母亲却不知道自己的父亲，他们处世的原则是爱自己的亲人并且喜欢私利。爱自己的亲人就会区别亲疏，喜欢私利就会为人险恶。民众多，又追求亲疏有别，心存险恶，那么民众一定会混乱。在这个时候，民众追求的是压制对方并以武力夺取对方的财物。追求压制对方就会争斗，以武力夺取财物就会产生纠纷，发生了纠纷却没有一个公正的办法来解决，那么就没有人能满足自己的欲望。所以贤能的人确立了公正的标准，设立了无私的原则，而人们都喜欢仁爱。在这个时候，只爱自己亲人的思想被废除了，确立了推崇有德之人的思想。凡是仁爱的人都追求爱护、加惠于他人，而贤能的人把推举贤人作为道义。民众多却没有制度，长久地把推举贤人作为治理的原则，就会产生混乱。

［原文］

故圣人承之，作为土地、货财、男女之分。分定①而无制，不可，故立禁；禁立而莫之司②，不可，故立官；官设而莫之一，不可，故立君。既立君，则上贤废而贵贵③立矣。然则上世亲亲而爱私，中世上贤而说仁，下世贵贵而尊官。上贤者以道相出也，而立君者使贤无用也。亲亲者以私为道也，而中正者使私无行也。此三者非事相反也，民道弊而所重易也，世事变而行道异也。

［注释］

①分定：确定名分。

②司：掌管。

③贵贵：尊重权贵。

［译文］

因此圣明的人顺应社会的发展，规定了土地、货财、男女等的归属。名分确定了却没有制度，不可行，所以设立了法令；法令设立了却没有人来

任贤图治

尧在位时，任用贤臣治理天下。他任用羲氏兄弟二人、和氏兄弟二人，敬授人时：使羲仲居于东方嵎夷之地，管理春时耕作的事；使羲叔居于南方交趾之地，管理夏时变化的事；使和仲居于西方昧谷之地，管理秋时收成的事；使和叔居于北方幽都之地，管理冬时更易的事。

掌管，不可行，所以设立了官职；官职设立了却没有人来统一领导，不可行，所以设立了君主。既然设立了君主，那么推崇有德才的人的思想就被废除，转而树立了尊重权贵的思想。如此看来，远古时代人们爱自己的亲人而喜欢私利，中古时代人们推崇有才德的人而喜欢仁爱，下古时代人们尊重权贵而尊敬官吏。推崇有才德的人所遵循的原则是推举贤人，然而设立了君主之后推举贤人的方法就没有用处了。爱自己亲人的人遵循的是追求私利的原则，然而奉行公正之道后自私自利就行不通了。这三种情况不是行事互相违背，而是世俗的变化使得人们所重视的东西有所改变，社会形势改变了，从而使人们治理社会的政策也有所改变。

［原文］

故曰：王道有绳①。夫王道一端，而臣道亦一端，所道则异，而所绳则一也。故曰：民愚，则知②可以王；世知，则力可以王。民愚，则力有余而知不足；世知，则巧有余而力不足。民之生：不知则学，力尽则服。故神农教耕而王（wàng）天下，师其知也；汤、武致强而征诸侯，服其力也。夫民愚，不怀知而问；世知，无余力而服。故以知王天下者并③刑，以力征④诸侯者退德。

［注释］

①绳：木工用的墨线，引申为标准、法则。

②知：同“智”，智慧。

③并：通“屏”，排除。

④力征：以武力征伐。

［译文］

所以说：君主的统治之道有法则。君主统治天下是一条途径，而大臣辅佐君主统治天下也是一条途径，他们所走的途径不同，但是他们所遵循的法则却是相同的。所以说：如果民众愚昧，那么就可以凭借智慧称王天下；如果世人有智慧，那么就可以凭借力量称王天下。如果臣民愚昧，那么就会力量有余而智慧不足；如果世人有智慧，那么就会智慧有余而力量不足。人的本性是：没有智慧就会向人学习，力量用尽了就会臣服。所以神农教会人们耕田而称王天下，这是因为人们要学习他的智慧；商汤王和周武王

建立了强大的军队而征服各诸侯，这是因为诸侯们臣服在他们的力量之下。民众愚昧，没有智慧就会向别人请教；世人有智慧，当力量用尽时就会臣服。所以凭借智慧称王天下的人就会抛弃刑罚，凭借武力征服诸侯的人就不用德政。

[原文]

圣人不法古，不修今[1]。法古则后于时，修今则塞于势。周不法商，夏不法虞。三代异势，而皆可以王(wàng)。故兴王有道，而持之异理。武王逆取[2]而贵顺，争天下而上让。其取之以力，持之以义。今世强国事兼并，弱国务力守，上不及虞、夏之时，而下不脩[3]汤、武。汤、武之道塞，故万乘(shèng)莫不战，千乘莫不守。此道之塞久矣，而世主莫之能废(fā)[4]也，故三代不四。非明主莫有能听也，今日愿启之以效。

[注释]

①修今：拘守现状。

②逆取：指周武王以诸侯的身份夺取了帝位，因其不符合礼法，所以称为“逆”。

③脩：同“修”，遵循。

④废：通“发”。

[译文]

圣明的君主不效法古人，不拘守现状。效法古人就会落后于时代，拘守现状就会被社会形势阻碍。周朝不效法商朝，夏朝不效法虞舜时代。这三个朝代的社会形势不同，却都能够借此称王天下。所以建立称王天下的业绩有一定的方法，而守住业绩的方法却不相同。周武王以诸侯的身份夺取了帝位却推崇顺从君主，凭借武力争夺天下却崇尚谦让。周武王夺取天下凭借的是武力，而他守住天下凭借的是礼制。如今强国致力于依靠武力兼并别的国家，弱国致力于防守，远不及虞、夏这两个朝代，而近不遵循商汤王和周武王的治国原则。商汤王和周武王的治国之道被堵塞了，所以那些拥有一万辆兵车的国家没有不征战的，那些拥有一千辆兵车的国家没有不防守的。商汤王和周武王的称王之道已经被堵塞很久了，而现在的君主没有谁能开启这条道路，所以没有出现第四个像夏、商、周三代那样的朝代。不是英明的君主不能听从我的话，今天我愿意用实际的效果来说明这个道理。

［原文］

古之民朴以厚，今之民巧以伪。故效于古者，先德而治；效于今者，前刑而法。此俗之所惑也。今世之所谓义者，将立民之所好，而废其所恶。此其所谓不义者，将立民之所恶，而废其所乐也。二者名贸实易①，不可不察也。立民之所乐，则民伤其所恶；立民之所恶，则民安其所乐。何以知其然也？夫民忧则思，思则出度；乐则淫，淫则生佚。故以刑治，则民威②；民威，则无奸；无奸，则民安其所乐。以义教③，则民纵；民纵，则乱；乱，则民伤其所恶。吾所谓刑者，义之本也；而世所谓义者，暴之道也。夫正民者，以其所恶，必终其所好；以其所好，必败其所恶。

［注释］

①名贸实易：名实颠倒，改变。贸，交换，改变。易，变易。

②威：通“畏”，畏惧。

③义教：仁义的教化。

［译文］

古代的民众朴实又敦厚，当今的民众奸巧又虚伪。所以在古代有效的方法，是把德治放在首位进行治理；在当今有效的方法，是把刑罚放在首位施行法治。这是世俗之人感到迷惑不解的地方。现在社会上所说的义，就是建立民众所喜好的，废除民众所厌恶的。现在社会上所说的不义，是建立民众所厌恶的，废除民众所喜好的。这两者名实颠倒，不可以不认真考察。建立民众所喜好的，那么民众就会被他们所厌恶的东西伤害；建立民众所厌恶的，那么民众就会安于他们所喜欢的东西。根据什么知道会这样呢？民众忧虑就会思考，思考了做事就合乎法度；快乐就会放纵，放纵就会贪图安逸。所以凭借刑罚治理，民众就会畏惧；民众畏惧，就不会有奸邪的事情发生；没有奸邪的事情发生，那么民众就会安于他们所喜好的东西。凭借仁义的教化来治理，那么民众就会放纵自己；民众放纵自己，就会作乱；民众作乱，就会被他们所厌恶的东西伤害。我所说的刑，是道义的根本；而世俗所说的义，是暴乱的根本。统治民众的人，用他们所厌恶的东西去治理，最终一定能让民众得到他们所喜好的东西；用他们所喜好的东西去治理，一定会使民众因他们所喜好的东西受到损害。

[原文]

治国刑多而赏少，故王(wàng)者刑九而赏一，削国赏九而刑一。夫过有厚薄[1]，则刑有轻重；善有大小，则赏有多少。此二者，世之常用也。刑加于罪所终，则奸不去；赏施于民所义，则过不止。刑不能去奸而赏不能止过者，必乱。故王者刑用于将过，则大邪不生；赏施于告奸[2]，则细过[3]不失。治民能使大邪不生，细过不失，则国治。国治必强。一国行之，境内独治。二国行之，兵则少寝。天下行之，至德复立。此吾以杀刑之反[4]于德而义合于暴也。

[注释]

①厚薄：大小；多少。

②告奸：告发阴私奸邪。

③细过：轻微的过失。

④反：同“返”。

[译文]

治理得好的国家刑罚多而赏赐少，所以称王天下的国家刑罚占十分之九而赏赐占十分之一，削弱的国家赏赐占十分之九而刑罚占十分之一。罪过有大有

孔明挥泪斩马谡

建兴六年（228），诸葛亮北伐兵出祁山，任命马谡为先锋。马谡与魏将张郃战于街亭，马谡不遵诸葛亮将令，最终被张郃打败，诸葛亮退军汉中。诸葛亮按军法处死马谡。

小，所以刑罚有重有轻；善行有大有小，所以赏赐有多有少。这两种方法，是世人经常使用的。如果刑罚在犯了罪之后使用，那么奸邪之事就不会杜绝；如果赏赐用在民众所认为的义上面，那么民众就不会停止犯罪。刑罚不能杜绝奸邪之事而赏赐不能禁止民众犯罪，国家就一定会混乱。所以，能够称王天下的君主在人们将要犯罪的时候使用刑罚，那么就不会发生大的奸邪之事；在人们告发阴私奸邪时施以奖赏，那么轻微的过失也不会漏网。治理民众能使大的奸邪之事不发生，轻微的过失不漏网，那么国家就得到了很好的治理。国家得到了很好的治理就一定会强大。一个国家这么做，这个国家就独享清明的政治。两个国家这么做，战争就会稍微有所停歇。天下都这么做，最高的道德就会被重新建立起来。这就是我认为杀戮、刑罚能够使道德返回，而义与残暴相吻合的原因。

[原文]

古者民藂（cóng）[1]生而群处，乱，故求有上也。然则天下之乐有上也，将以为治也。今有主而无法，其害与无主同；有法不胜其乱，与无法同。天下不安无君，而乐胜其法，则举世以为惑也。夫利天下之民者莫大于治，而治莫康[2]于立君。立君之道莫广于胜法，胜法之务莫急于去奸，去奸之本莫深于严刑。故王者以赏禁，以刑劝。求过不求善，藉（jiè）[3]刑以去刑。

[注释]

①藂：同“丛”。

②康：安定。

③藉：同“借”，借助。

[译文]

古代的百姓聚集在一起群居，秩序混乱，所以要求有首领。既然这样，那么天下的百姓都乐于有首领，是为了让他治理天下。如今有君主而没有法规，它的危害与没有君主相同；有了法规却不能制止混乱，它的危害与没有法规相同。天下的百姓都不希望没有君主，却喜欢摆脱他的法规的束缚，那么全天下的百姓都会感到迷惑。对天下百姓有利的事情没有比治理天下更大的了，而治理天下没有比确立君主更安定的。确立君主的原则没有比施行法制的意义更大的了，施行法制的任务没有比除去奸邪更急迫的了，除去奸邪的根本没有比制定严峻的刑罚更重要的了。所以称王天下的君主凭借赏赐禁止民众犯罪，凭借刑罚规劝民众。追究民众的罪过而不追究民众的善行，借助刑罚杜绝犯罪。

壹言第八

题解

壹言，就是论述统一，具体是指“国务壹”和“壹民务”。“国务壹”是指国家的政策统一，有明确的规范，这样不仅方便国家调配，更方便民众服从国家的调配。只有做到了“国务壹”，国家的力量才能够显现，国家的实力才能够增强。“壹民务”是指民众所从之业统一，即专心地从事农耕和作战。只有做到了“壹民务”，国家才能够富强。作者还论述了实现“壹”的办法，即“开公利塞私门”。

[原文]

凡将立国，制度不可不察也，治法不可不慎也，国务①不可不谨也，事本②不可不抟（tuán）也。制度时③，则国俗可化，而民从制；治法明，则官无邪；国务壹，则民应用④；事本抟，则民喜农而乐战。夫圣人之立法化俗，而使民朝夕从事⑤于农也，不可不知也。夫民之从事死制⑥也，以上之设荣名、置赏罚之明也，不用辩说私门而功立矣。故民之喜农而乐战也，见上之尊农战之士，而下辩说技艺之民，而贱游学之人也。故民壹务，其家必富，而身显于国。上开公利⑦而塞私门，以致民力；私劳不显于国，私门不请于君。若此而功臣劝，则上令行而荒草辟，淫民止而奸无萌。治国能抟民力而壹民务者，强；能事本而禁末⑧者，富。

[注释]

①国务：国家的事务。

②事本：从事根本之业。本，这里指耕战。

③时：符合时宜。

④应用：适应需要，以供使用。

⑤从事：参与做（某种事情）；致力于（某种事情）。

⑥死制：死于制，指为遵从国家法制而死。

⑦公利：公共的利益。

⑧末：末业，指工商业。

［译文］

凡是要建立国家，不可以不仔细考察制度的订立，不可以不审慎研究政策和法令，不可以不谨慎对待国家事务，不可以不将力量集中在农战上。如果确立制度符合时宜，那么国家的习俗就可以改变，从而使民众遵从制度；政策法令严明，那么官吏就不能违法乱纪；国家的政务统一，那么民众就会服从国家的调用；将力量集中在农战上，那么民众就会喜欢从事农耕而乐于作战。所以圣明的君主确立法令、改变风俗的目的，是为了役使民众致力于农业生产，这一点不可以不弄明白。民众致力于遵从国家的制度，那是因为君主公开设立了荣誉和爵位，制定了明确的奖赏和惩罚制度，民众不需依仗空谈游说、请托私人门路就能建功立业。所以民众喜欢从事农耕而乐于作战，看到君主尊重从事农耕和作战的人，而轻视空谈之人和手工业者，更加鄙视到处游说的人。因此民众只要专心从事农耕和作战，那么他的家庭一定会富裕，而自身也会在国内得到显贵的地位。君主开启公共的利益而堵塞行私的门路，用这种方法来吸引民众的力量；为私人效力的人不能在国内获得显贵的地位，私人也不能在君主面前请托。如果这样的话，那么为国家立功的人得到了鼓励，君主的命令就能执行从而使荒地得以开垦，民众就会停止四处游荡而奸邪之事也不会发生。治理国家如果能够能集中民众的力量并且专心地从事农耕和作战，这样的国家一定能够强大；能够使民众从事农耕和作战并且禁止工商业，这样的国家一定能够富足。

［原文］

夫圣人之治国也，能抟（tuán）力，能杀力。制度察则民力抟，抟而不化则不行，行而无富则生乱。故治国者，其抟力也，以富国强兵也；其杀力也，以事（zì）①敌劝民也。夫开而不塞，则知（zhì）长②；长而不攻，则有奸。塞而不开，则民浑③；浑而不用，则力多；力多而不攻，则有虱。故抟力以壹务也，杀力以攻敌也。治国者贵民壹，民壹则朴，朴则农，农则易勤，勤则富。富者废④之以爵，不淫；淫者废之以刑，而

卫青

（？—前106），字仲卿，河东平阳（今山西临汾市）人。汉武帝时的大司马大将军，战法革新七破匈奴。汉朝经过汉初“文景之治”后，农业与经济得到了发展，为汉武帝北征匈奴提供了物质保障。

务农。故能抟力而不能用者必乱，能杀力而不能抟者必亡。故明君知齐⑤二者，其国强；不知齐二者，其国削。

［注释］

①事：作“剚”用，用刀刺入。

②知：同“智”，智慧。长：增多。

③浑：糊涂，不明事理。

④废：衰败，这里指削减。

⑤齐：调剂。后作“剂”。

［译文］

圣明的君主治理国家，能够集中民众的力量，能够消耗民众的力量。制定制度时考略周全就能将民众的力量集中起来，将民众的力量集中起来了却不加以引导会导致民众的力量发挥不出来，民众为国家出力却不能致富从而导致混乱出现。所以治理国家，集中民众的力量，是为了使国家富足、军队实力强大；消耗民众的力量，是为了消灭敌人鼓励民众建立功业。如果君主只打开为国出力受赏的门而不堵塞为私人效力的门路，那么民众的心思就会增多；民众的心思多了却不攻打敌国，就会有奸邪之事发生。堵塞为私人效力的门路而不打开为国出力受赏的门路，那么民众就愚昧；民众愚昧而不被役使，民众的力量就会增长；民众的力量增长了却不攻打敌国，就会产生虱害。所以集中民众的力量用来专心地从事农耕和作战，消耗民众的力量用来攻打敌人。治理国家贵在使民众专一，民众专一就朴实，朴实就会从事农业生产，从事农业生产就变得勤劳，勤劳就会富裕。对于富裕的人，用官爵削减他们的财产，使他们不放纵；对于放纵的人，用刑罚禁止他们的行为，转而去从事农业生产。所以能够集中民众的力量而不能消耗民众的力量的国家一定混乱，能消耗民众的力量而不能集中民众的力量的国家一定灭亡。因此圣明的君主懂得调剂这两者，他的国家就一定会强大；不懂得调剂这两者，他的国家一定被削弱。

［原文］

夫民之不治者，君道卑①也；法之不明者，君长乱也。故明君不道卑、不长乱也。秉权②而立，垂法③而治，以得奸于上，而官无不（pǐ）④；赏罚断，而器用有度。若此，则国制明而民力竭，上爵尊而伦徒⑤举。今世主皆欲治民，而助之以乱。非乐以为乱也，安其故而不窥于时也。是上法古而得其塞，下修今而不时移⑥，而不明世俗之变，不察治民之情。故多赏以致刑，轻刑以去赏。夫上设刑而民不服，赏匮而奸益多。故民之于上也，先刑而后赏。故圣人之为国也，不法古不修今，因世而为之治，度俗而为之法。故法不察民之情而立之，则不成；治宜于时而行之，则不干（gān）⑦。故圣王之治也，慎法、察务，归心于壹而已矣。

［注释］

①卑：这里是平庸的意思。

②秉权：执掌政权。

③垂法：垂示法则。

④不：同“否”，恶。

⑤伦徒：各种等类的人物。

⑥时移：因时而变。

⑦干：触犯，冒犯。

［译文］

不能将民众治理好，是因为君主采用的统治措施太平庸；法治不清明，是因为君主助长了动乱。所以英明的君主不能采用平庸的统治措施，不能助长动乱。君主执掌政权主持朝政，垂示法则施行法治，在上能抓到偷奸耍滑的人，而使官吏不会有邪恶的行为；奖赏、惩罚决断明确，做出的各种器物用具有一定的规矩。如果这样，那么国家的制度明确而民众的力量也能被充分使用，君主设立的爵位尊贵而各种人都能被任用。现在的君主们都想将民众治理好，却助长了动乱。并不是因为他们以动乱为乐，而是因为他们安于旧习而没有看清当前的形势。因此，他们虽然向上效法古代而得到的东西在如今却行不通，向下拘守现状而不懂得因时而变，不明白社会风俗改变了，不考察治理民众的实际情况。所以赏赐过多导致使用刑罚，减轻刑罚导致奖赏起不到效用。君主设立刑罚而民众却不服从，奖赏将财物消耗殆尽而奸邪之事却增多了。因此民众对于君主，都是先接受刑罚的约束然后受到奖赏。因此圣明的君主治理国家，既不效法古代也不拘守现状，根据社会形势进行治理，考察社会风俗来制定法令。所以没有考察民众的实际情况就制定法令，不会取得成功；推行治理政策时应适宜当时的情况，就不会被抵触。所以圣明的君主治理国家，应该谨慎地立法、考察政务，将全部心思都放在农耕和作战上。

错法第九

题解

错法，即建立法度。错，通“措”。本篇所论述的法度主要是关于赏罚方面的。作者首先论述了法的根本和重要性。法的根本是赏罚分明，任用和赏赐的依据只能是功劳，即“用必出于其劳，赏必加于其功”，而不是出于私人的意志，否则就会出现“有爵行而兵弱者，有禄行而国贫者，有法立而治乱者”的情况。作者以离朱、乌获为例，说明有些禀赋是先天的，普通人很难获得，而正确施行法度却可以弥补先天的不足，使君主成就圣人之功，从而论证了法的重要作用。

［原文］

臣闻：古之明君，错法而民无邪；举事而材自练[1]；行赏而兵强。此三者治之本也。夫错法而民无邪者，法明而民利之也。举事而材自练者，功分[2]明；功分明则民尽力，民尽力则材自练。行赏而兵强者，爵禄之谓也。爵禄者，兵之实也。是故人君之出爵禄也，道明。道明，则国日强；道幽，则国日削。故爵禄之所道，存亡之机也。夫削国亡主，非无爵禄也，其所道过也。三王五霸，其所道不过爵禄，而功相万者，其所道明也。是以明君之使其臣也，用必出于其劳，赏必加于其功。功赏明，则民竞于功。为国而能使其民尽力以竞于功，则兵必强矣。

［注释］

①举事：行事；办事。材：通“才”，才能。练：干练。

②功分：职分。

［译文］

我听说：古代圣明的君主建立法制，百姓就不会做邪恶的事情；施行政事，能力自然就干练起来；施行赏罚，军队的实力就强大。这三点是治理国家的根本。建立法制从而使百姓不做邪恶的事情，是因为国家的法制

禹

禹，名文命，字高密，号禹，后世尊称为大禹。禹是古代“三王”之一，相传他因治水有功，而接受舜禅让继承帝位。

严明而百姓认为这样做对自己有利。施行政事从而使能力干练，是因为职分分明；职分分明会使民众竭尽全力地做事，民众竭尽全力地做事自然变得干练。施行赏罚使得军队的实力增强，是因为爵位和俸禄的原因。爵位和俸禄是军队最实质的奖赏。所以君主赐予爵位和俸禄时必须遵循公开的奖赏条件。遵循公开的奖赏条件，国家就会逐渐变强；不遵循公开的奖赏条件，国家就会逐渐衰弱。所以赐予爵位和俸禄时所遵循的原则是国家存亡的关键。国家败落君主身死，并不是没有赐予爵位和俸禄，而是因为所遵循的原则是错误的。三王五霸，他们所选用的方法也是赐予爵位和俸禄，而所收到的功效比其他君主高出一万倍，是因为他们赐予爵位和俸禄所遵循的原则是公开的奖赏条件。所以圣明的君主在役使他的臣民时，任用他们一定是出于他们所建立的功劳，奖赏他们一定是出于他们所取得的成绩。论功行赏的原则明确，那么民众就会争着立功。治理国家如果能够使民众竭尽全力地争着立功，那么军队的实力一定会增强。

[原文]

同列而相臣妾者[1]，贫富之谓也；同实而相并兼者[2]，强弱之谓也；有地而君或强或弱者，乱治之谓也。苟有道，里地足容身，士民可致也；苟容市井，财货可聚也。有土者不可以言贫，有民者不可以言弱。地诚任，不患无财；民诚用，不畏强暴。德明教行，则能以民之有为己用矣。故明主者，用非其有，使非其民。

[注释]

①同列：同等地位。臣妾：使之为奴；统治，管辖。

②同实：指富裕程度相同。并兼：合并；并吞。

［译文］

地位相同的两个国家，一个国家却向另一个国家被迫称臣，这是因为贫富不同；贫富相同的两个国家，一个国家却被另一个国家吞并，这是因为强弱不同；拥有土地成为君主而国家有的强大有的弱小，这是因为治理清明与治理混乱的不同。如果治理得法，尽管只有方圆一里的土地也足以安身，还能招来人才和百姓；如果屈身于集市中，就可以聚集财产和货物。拥有土地的国家不可以称贫穷，拥有民众的国家不可以称弱小。确实将土地利用好了，就不用担心不能获得财富；确实充分地役使民众，就不会畏惧强大的敌人。君主品德圣明而政教得以施行，就一定能将民众的力量为自己所用。所以英明的君主能利用不属于自己的东西，能役使别的国家的民众。

［原文］

明主之所贵，惟爵其实而荣显之。不荣则民不急。列位①不显，则民不事爵。爵易得也，则民不贵上爵。列爵②禄赏不道其门，则民不以死争位矣。人生而有好恶，故民可治也。人君不可以不审好恶。好恶者，赏罚之本也。夫人情好爵禄而恶刑罚，人君设二者以御民之志，而立所欲焉。夫民力尽而爵随之；功立而赏随之。人君能使其民信于此如明日月，则兵无敌矣。

［注释］

①列位：爵位。

②列爵：分颁爵位。

［译文］

英明的君主所重视的，只是赐予官爵给有功的人并使他们荣耀显贵。官爵不能使民众感到荣耀，那么民众不急于得到官爵。爵位不显要，那么民众就不会追求爵位。爵位容易获得，那么民众就不会重视上等的爵位。分颁爵位、给予俸禄不遵循公开的条件，那么民众就不会拼死争取爵位。人生来就有喜好的东西和厌恶的东西，所以凭借这一点就可以将民众治理好。君主不可以不审察民众的喜好和厌恶。喜好和厌恶，是进行奖赏和惩罚的根本。人之常情是喜好爵位俸禄而厌恶刑罚，君主设立这两项制度从而驾驭民众的意志，并且设立民众想要得到的爵位和俸禄。民众尽了全力，然后就获得了爵位；民众建立了功绩，然后就获得了奖赏。如果君主能够让民众相信这一点就像相信太阳和月亮一样，那么军队就没有敌手了。

[原文]

人君有爵行而兵弱者，有禄行而国贫者，有法立而治乱者，此三者，国之患也。故人君者先便(pián)辟请谒[①]，而后功力，则爵行而兵弱矣。民不死犯难，而利禄可致也，则禄行而国贫矣。法无度数[②]，而事日烦，则法立而治乱矣。是以明君之使其民也，使必尽力以规[③]其功，功立而富贵随之，无私德也，故教化成。如此，则臣忠君明，治著而兵强矣。

[注释]

①便辟：指谄媚逢迎之人。请谒：请求，求取。

②度数：标准；规则。

③规：谋划，谋求。

[译文]

君主推行了爵位制度而军队的实力却很薄弱，推行了俸禄制度而国家十分贫穷，设立了法制而国家被治理得很混乱，这三种情况是国家的祸患。所以君主先考虑谄媚逢迎之人的请求，后考虑有功劳实力的人，那么虽然推行了爵位制度而军队的实力却削弱了。民众不需要拼死作战，就能获得利禄，那么虽然推行了俸禄制度而国家却贫穷了。法度没有标准，所以事情就逐日繁多，那么虽然设立了法制而国家却被治理得很混乱。所以英明的君主役使他的民众，一定要使他们竭尽全力地谋取功劳，取得了功劳，然后获得富贵，国家不私下奖赏，所以国家的教化就能成功。像这样，那么臣子忠诚，君主英明，政绩显著而军队实力强大。

[原文]

故凡明君之治也，任其力不任其德。是以不忧不劳而功可立也。度数已立，而法可修。故人君者不可不慎己也。夫离朱见秋豪百步之外[①]，而不能以明目易[②]人；乌获[③]举千钧之重，而不能以多力易人。夫圣人之存体性，不可以易

人。然而功可得者，法之谓也。

[注释]

①离朱：离娄，传说中视力极好的人。秋豪：秋毫，秋季鸟兽的毫毛。形容极小的事。

②易：交换。

③乌获：战国时秦国的大力士。后为力士的泛称。

[译文]

所以大凡英明的君主治理国家，根据民众为国出力的多少加以任用，而不根据私人的恩德加以任用。所以不忧虑不操劳就能建立功业。确立立法的标准，法令才能被遵循。因此君主对自身如何行事不可以不慎重。离朱能够看到百步之外的鸟兽的毫毛，而不能将他的好视力转给他人；乌获能举起千钧重的东西，而不能将他的力气转给他人。圣人自身所具备的特殊禀赋，是不可以转给他人的。但是功业却可以建立，是因为法治的缘故。

战法第十

题解

战法，即作战方法。在本篇中，作者论述了作战的一些基本原则。例如军事策略必须以政治为根本，政治上占优势，民众才“勇于寇战”；不宜穷追不舍溃败的敌人；采取军事行动之前，要对本国和敌国的力量进行对比，因为“论敌察众，则胜负可先知也”；要做到“胜而不骄，败而不怨”，善于总结经验；作战之前要充分讨论作战方案，做到“政出庙算”；不要轻敌冒进，等等。

[原文]

凡战法必本于政。政胜，则其民不争。不争，则无以私意，以上为意。故王者之政，使民怯于邑斗[①]，而勇于寇战[②]。民习以力攻，难，难故轻死。

见敌如溃，溃而不止，则免[③]。故兵法：“大战胜，逐北[④]无过十里。小战胜，逐北无过五里。”

兵起而程[⑤]敌。政不若者，勿与战；食不若者，勿与久；敌众勿为客[⑥]；敌尽不如，击之勿疑。故曰：兵大律[⑦]在谨，论敌察众，则胜负可先知也。

长勺之战

长勺之战前，曹刿觐见鲁庄公，问庄公能在战争中获胜的依据，庄公答，衣食养生这些，我不敢专享；大小案件，即使不能明察，也要按照事实处理。曹刿认为这一点是打仗的凭借，于是跟随鲁庄公前往战场，辅助庄公取得战争的胜利。

[注释]

①邑斗：与本邑人私斗。

②寇战：同外敌作战。

③免：不再追赶。

④逐北：追击败兵。

⑤程：衡量，考核。

⑥客：外来的盗寇或敌人。这里引申为进攻。

⑦大律：重要的原则、法则。

［译文］

大凡作战的方法必须以政治为根本。如果在政治上占优势，那么民众才不会对抗。民众不对抗，就不会逞个人意志，而是以君主的意志为意志。所以能够称王天下的君主的政治，使民众畏惧与本邑人私斗，却能勇敢地同外敌作战。民众习惯凭借实力进攻，这是很难办到的，做到了难于做到的，所以不畏惧死亡。

看到敌人像决堤一样溃逃，并且不停地逃跑，那么就不再追赶。兵法说："打仗大胜，追击败兵不要超过十里。打仗小胜，追击败兵不要超过五里。"

出兵伐敌要衡量敌国的实力。如果在政治上不如敌国，不要和它开战；如果粮食不如敌国多，不要和它久战；如果敌国兵力多于我国，就不要进攻；如果敌国一切都不如我国，就毫不犹豫地攻打它。所以说：用兵的重要法则是谨慎，研究敌情、考察兵力的多少，这样可以预先知道胜负。

［原文］

王（wàng）者之兵，胜而不骄，败而不怨。胜而不骄者，术明也；败而不怨者，知所失也。

若敌强兵弱，将贤则胜，将不如则败。若其政出庙算①者，将贤亦胜，将不如亦胜。持胜术者，必强至王（wàng）。若民服而听上，则国富而兵胜。行是久，必王。

其过失，无（wǔ）②敌深入，偝（bèi）险绝塞③。民倦且饥渴，而复遇疾，此败道也。故将使民者，若乘良马者，不可不齐④也。

［注释］

①庙算：朝廷或帝王对战事进行的谋划。这里指开战前经过精心谋划。

②无：借为"侮"，轻侮，轻视。

③偝：同"背"，背靠。绝：越过。

④齐：调剂。后作"剂"。

［译文］

称王天下的军队，打了胜仗不骄傲，打了败仗不抱怨。打了胜仗而不骄傲，是因为战术高明；打了败仗而不抱怨，是因为知道为什么会打败仗。

如果敌国强大而我国兵力衰弱，将领贤能就能获胜，将领无能就会被打败。如果作战的计策出于朝廷的精心谋划，将领贤能也能取胜，将领无能也能取胜。掌握获胜战术的国家，一定会强大，直到称王天下。如果民众顺服并且听从君主的统治，那么国家一定会富足，而军队作战一定会取胜。长久地执行这一原则，就一定会称王天下。

用兵的过失，是轻敌冒进，背靠险地，越过关塞。士兵既疲倦又饥渴，再加上染上疾病，这是兵败之道。所以将领役使士兵，就像骑乘良马一样，不可以不调剂马的体力。

立本第十一

题解

立本，即强军之本。作者认为强军胜敌分为三个步骤：一是在用兵之前推行法治；二是施行法治促使民众形成积极从事农战的风俗；三是风俗形成之后，促使全国上下的力量都为战争所用，要实现这三个步骤的关键是推行法治。作者同时指出，推行法治的关键在于国家对法治的重视及贯彻的程度。

［原文］

凡用兵，胜有三等①：若兵未起则错法②；错法而俗成；俗成而用具。此三者必行于境内，而后兵可出也。行三者，有二势：一曰辅法而法行，二曰举必得而法立。故恃其众者，谓之葺(qì)③；恃其备④饰者，谓之巧⑤；恃誉目者，谓之诈⑥。此三者恃一，因其兵可禽⑦也。故曰：强者必刚斗其意，斗则力尽，力尽则备⑧，是故无敌于海内。治行则货积；货积则赏能重矣。赏壹则爵尊；爵尊则赏能利矣。故曰：兵生于治而异；俗生于法而万转；过⑨势本于心而饰于备势。三者有论(lún)⑩。故强可立也。是以强者必治，治者必强；富者必治，治者必富；强者必富，富者必强。故曰：治强之道三，论其本也。

［注释］

①等：指台阶的级，引申为步骤。

②错法：设立法度，推行法制。错，通“措”。

③葺：用茅草覆盖房子。这里指多而无用，徒有其众。

④备：武器准备。

⑤巧：美丽。这里指徒有其表。

⑥诈：欺诈。这里指徒有其名。

⑦禽：通“擒”，捉拿。

⑧备：无往不利。

⑨过：疑为“运”。

⑩论：通“伦”，条理，秩序。

［译文］

大凡用兵作战，想要获胜要经由三个步骤：如果还没有发兵就应该制定法度；制定了法度，并在民众中形成风俗；风俗形成之后，作战所需的一切就全都具备了。这三个步骤一定要在国内都施行了，然后才可以出兵。施行这三个步骤，社会形势必须具备这样两点：一是君主辅助推行法治而法治得以施行，二是君主采取得当的措施而法治得以确立。所以依仗自己人多势众的，就称作徒有其众；依仗武器装备美观的，就称作徒有其表；依仗虚名的，就称作徒有其名。依仗这三点中的其中一点，他的军队就一定会被对方擒获。所以说：强国的士兵一定有刚强战斗的意志，士兵有刚强战斗的意志就一定会拼尽全力作战，士兵拼尽全力作战就能使军队无往不利，所以军队能够天下无敌。施行法治，就能积蓄财富；积蓄财富，国家的赏赐就丰厚。奖赏只用于农耕和作战，爵位就尊贵；爵位尊贵，奖赏就能带来利益。所以说：军队因政治而生，又因政策的不同而不同；习俗因法治而生，又因法治不同而千变万化；运用权势出于用心思考，就会显示出无往不利的形势。这三者之间必须有条理。所以国家的强大就得到了保证。因此，强大的国家一定被治理得很好，被治理得很好的国家一定强大；富足的国家一定被治理得很好，被治理得很好的国家一定富足；强大的国家一定富足，富足的国家一定强大。所以说：国家被治理得很好又强大的原因有三个方面，一定要弄清它的根本。

兵守第十二

题解

兵守，即军队的防守。在本篇中，作者论述了守城防御的方法。首先要根据国家的地理特点制定攻守战术，即“四战之国贵守战，负海之国贵攻战”。然后重点论述了防守之道。防守之道的关键在于充分调动民众拼死作战的积极性，寻求一切杀敌机会；其次要增强兵力，将男女老少分为三军，各司其职；再次要保持士气，稳定军心，不允许三军互相往来。

[原文]

四战之国贵守战[1]，负海之国贵攻战[2]。四战之国好兴兵以距[3]四邻者，国危。四邻之国一兴事，而己四兴军，故曰国危。四战之国，不能以万室之邑舍钜万[4]之军者，其国危。故曰：四战之国务在守战。

守有城[5]之邑，不知以死人之力与客生力战[6]，其城拔。若死人之力也，客不尽夷[7]城，客无从入，此谓以死人之力与客生力战。城尽夷，客若有从入，则客必罢（pí）[8]，中人必佚矣[9]。以佚力与罢力战，此谓以生人力与客死力战。皆曰：“围城之患，患无不尽死。”而亡（wú）[10]此二者，非患不足，将之过也。

昆阳之战

刘秀称帝后，率绿林军（汉军）坚守昆阳，以几千人坚持抵挡几万人的王莽大军，最终等到了援军，最终取得昆阳之战的胜利。

[注释]

①四战之国：指四面平坦，无险可守，容易受到攻击的地方。守战：防守之战。

②负海：背靠大海。攻战：进攻性的战争。

③距：同“拒”，抗拒。

④钜万：形容为数极多。钜，大。

⑤城：围绕都市的高墙。

⑥客：入侵者。生力：精锐的力量；有生力量。

⑦夷：攻破。

⑧罢：同“疲”，疲累。

⑨中人：指城中之人。佚：同“逸”，这里指以逸待劳。

⑩亡：通“无”。

[译文]

四面平坦而无险可守的国家贵在防守，背靠大海的国家贵在进攻。如果四面平坦而无险可守的国家喜好发兵进攻自己的邻国，那么国家就危险了。四方邻国每发动一次战事，自己就要发动四次战事，所以国家就危险。四面平坦而无险可守的国家，如果不能用上万户规模的城邑驻守成千上万的军队，那么这个国家就危险了。所以说：四面平坦而无险可守的国家的首要任务是防守。

防守建有城墙的城池，不懂得利用百姓拼死作战的劲头与入侵者的精锐力量奋战，城池一定会被攻破。如果守军拼死抵抗，入侵者不能将城墙全部攻破，入侵者就无法进入城中，这就叫用拼死作战的劲头与入侵者的精锐力量作战。城墙被全部攻破，入侵者能够进入城内，但他们一定十分疲惫，城中的人一定以逸待劳。用以逸待劳的军队同疲惫的军队作战，这就叫用精锐的力量与入侵者疲惫的力量作战。因此都说：“围攻城池的担忧，是担忧守军不能拼死守卫。”不是这两种情况，不是因为实力不够，而是将领的失误。

[原文]

守城之道，盛力也。故曰客治簿檄(xí)[1]，三军之多，分以客之候车[2]之数。三军：壮男为一军，壮女为一军，男女之老弱者为一军，此之谓三军也。壮男之军，使盛(chéng)食、厉兵[3]，陈而待敌。壮女之军，使盛(chéng)食、负垒[4]，陈而待令。客至而作土以为险阻及阱格[5]。发梁[6]撤屋，给[7]徙，徙之；不洽[8]而，熯(hàn)[9]之，使客无得以助攻备。老弱之军，使牧牛马羊彘，草木之可食者收而食之，以获其壮男女之食。而

慎使三军无相过[10]。壮男过壮女之军，则男贵女，而奸民有纵谋，而国亡；喜与，其恐有蚤闻，勇民不战。壮男壮女过老弱之军，则老使壮悲，弱使强怜；悲怜在心则使勇民更虑，而怯民不战。故曰：慎使三军无相过。此盛力之道。

[注释]

①客：通“悫”，谨慎。簿檄：军中的簿册。

②候车：侦察敌情的战车。

③盛食：装好粮食。厉兵：磨砺兵器，使之锋利。

④负垒：背负盛土的笼子。垒，通“虆”，盛土的笼子。

⑤作土：积土堆垒以御敌。阱格：陷阱。

⑥发梁：取下桥梁或屋梁。

⑦给：来得及。

⑧洽：这里借为“给”，来得及。

⑨熯：焚烧。

⑩过：交往，相处。

[译文]

守卫城池的原则，是壮大自己的力量。所以说，谨慎地整理军中的簿册，把三军的士兵根据入侵者侦察敌情的战车的数量进行编排。这三军是：壮年男子组成一支军队，壮年女子组成一支军队，老弱幼小组成一支军队，这就是所说的三军。壮年男子组成的军队，让他们装好粮食、磨砺兵器，列好阵队等待敌人到来。壮年女子组成的军队，让她们装好粮食、背负盛土的笼子，列好阵队等待命令。敌人来了就积土堆垒设置阻碍和陷阱来御敌。毁坏桥梁，拆除房屋，来得及将这些东西运走，就运走；来不及运走，就烧毁，使入侵者不能得到这些东西用来辅助进攻。老弱幼小组成的军队，让他们放牧牛、马、羊、猪，将草木中可以吃的收集起来喂养它们，用来供给壮年男女的食物。同时要慎重地注意三军，使他们不相往来。壮年男子到壮年女子组成的军队中，那么男子就会爱上女子，那些奸邪之人就会想出放纵淫荡的注意，从而导致国家灭亡；男女喜欢在一起，他们就会害怕听到打仗的消息，即使是勇敢的人也不愿意作战。壮年男女到老弱幼小组成的军队中，那么老年人会使壮年人感到悲伤，弱小的会使强壮的心生怜悯；心中产生了悲伤、怜悯，就会令勇敢的人改变心意，令胆怯的人不敢作战。所以说：慎重地注意三军，使他们不相往来。这是壮大防守力量的办法。

靳令第十三

题解

靳令，即严格执行法令。要严格执行法令，就不要任用巧言善辩的人，而是要做到“官爵必以其力”；要摒除给国家带来危害的六种虱害，即儒家的礼乐孝悌等观念。作者还强调，在执行法令时一定要赏罚分明、重罚轻赏，认为“罚行则民亲；赏行则民利”“行罚，重其轻者，轻者不至，重者不来”。只有赏罚分明，国君才能得到民众的爱戴；只有重罚轻赏，国家才会强大。

[原文]

靳令，则治不留；法平，则吏无奸。法已定矣，不以善言害法。任功，则民少言；任善，则民多言。行治曲①断，以五里断者王（wàng），以十里断者强，宿治者削。以刑治，以赏战，求过②不求善。故法立而不革，则显③，民变诛④，计变诛止。贵齐殊使⑤，百都之尊爵厚禄以自伐⑥。国无奸民，则都无奸市⑦。物多末⑧众，农弛奸胜，则国必削。民有余粮，使民以粟出官爵，官爵必以其力，则农不怠。四寸之管无当⑨，必不满也。授官、予爵、出禄不以功，是无当也。

[注释]

①曲：乡里。

②过：过错。

③显：彰显。

④变：通“辨”，辨明。诛：惩罚。

⑤贵齐：贵民与齐民。齐民，即平民。殊：不同。

⑥伐：通“阀”。功劳，功业。

⑦奸市：违法的交易。

⑧末：末业，即工商业。

⑨当：顶端，头。

［译文］

召试县令

唐玄宗认为县令是亲民之官，县令的好坏，会影响一方人民的生活，于是经常在意县令的任命。一次，吏部新选出二百名县令，玄宗召集他们到殿前，亲自出题考察他们，以成绩决定对他们的任命。

严格执行君主的法令，那么官府的政务就不会被延误；执行法令公平，那么官吏就不会做奸邪之事。法度已经确定，就不应该用那些所谓的善言妨碍法度。任用农战中有功劳的人，那么民众就不会喜欢空谈；任用那些讲究仁义的善良人，那么民众就喜欢空谈。推行法治在乡里决断事务，在五里内就能做出决断的国家一定能够称王天下，在十里内能够做出决断的国家一定能够强大，隔夜才将政务处理好的国家一定会被削弱。通过刑罚来治理国家，通过奖赏来鼓励作战，追究过错而不追求善良。所以，如果法度确立了而不更改，那么法度就一定能彰显，民众能够辨明惩罚的条例，就会思量辨明，惩罚就不能施行。贵民和平民的差使虽然不同，但是各个都市里尊贵的爵位和丰厚的俸禄都需要凭个人的功劳获得。国家没有奸邪之民，那么都市中就没有违法的交易。财物众多并且从事工商业的人也多，农业废弛而且奸邪之事很多，那么这样的国家一定会被削弱。民众有多余的粮食，让民众用粮食换取官位和爵禄，官位和爵禄一定要靠自己的实力获得，那么农民就不会怠惰。四寸长的竹管没有底，一定总也装不满。授予官位、赐予爵位、得到俸禄不依靠功绩，这也叫没有底。

［原文］

国贫而务战，毒生于敌，无六虱[1]，必强；国富而不战，偷[2]生于内，有六虱，必弱。国以功授官予爵，此谓以盛知(zhì)谋[3]，以盛勇战。以盛知谋，以盛勇战，其国必无敌。国以功授官予爵，则治省言寡，此谓以治去治，以言去言。国以六虱授官予爵，则治烦言生，此谓以治致治，以言致言。则君务[4]于说言，官乱于治邪，邪臣有得志，有功者日

退，此谓失。守十者[5]乱，守壹者治。法已定矣，而好用六虱者亡。民毕农，则国富。六虱不用，则兵民毕竞劝[6]而乐为主用，其竟[7]内之民争以为荣，莫以为辱。其次，为赏劝罚沮[8]。其下，民恶之、忧之、羞之。修容而以言，耻食以上交，以避农战；外交以备，国之危也。有饥寒死亡，不为利禄之故战，此亡国之俗也。

［注释］

①六虱：指《去强》篇中所说的“岁、食、美、好、志、行”这六种危害。

②偷：这里是怠惰的意思。

③盛：多。知：同“智”，智慧。

④务：通“瞀”，目眩。

⑤十者：指《去强》篇中所说的“礼、乐、《诗》《书》、善、修、孝、悌、廉、辩”这十种东西。

⑥竞劝：争相劝勉。

⑦竟：假借为“境”。

⑧沮：阻止。

［译文］

国家贫穷而致力于作战，对国家有害的事情就会发生在敌国，没有六种虱害，国家一定会强大；国家富裕却不征战，怠惰的事情就会发生在国内，就会产生六种虱害，国家就一定会被削弱。国家根据功劳授予官职和爵位，这就叫利用众人的智慧进行谋划，利用众人的勇力进行作战。利用众人的智慧进行谋划，利用众人的勇力进行作战，这样的国家一定天下无敌。国家根据功劳授予官职和爵位，那么政务一定简洁，空谈的现象一定很少，这就叫用政务消除政务，用空谈消除空谈。国家根据六种虱害授予官职和爵位，那么政务一定繁多，空谈的现象就会发生，这就叫用政务招致政务，用空谈招致空谈。这样一来，君主就会被空谈迷惑，官吏因歪风邪气而混乱，奸邪之臣志满意得，有功劳的臣子一天一天地被排挤，这就是治国的失误。君主墨守儒家仁义思想的，国家就治理得混乱；君主专一于农耕和作战的，国家就能得到很好的治理。法度既然已经确定，喜欢任用六种虱害的国家就会灭亡。民众都致力于农业，那么国家一定会富裕。不任用六种虱害，那么士兵、民众都会争相劝勉而乐于被君主任用，而国内的所有民众争着以从事农耕和作战为荣，而没有人认为是耻辱。稍微差一点的情况，是民众的行为因奖赏受到鼓励，因惩罚而被阻止。再差一点的情况，是民众厌恶农耕和作战，他们因此担忧，认为从事农耕和作战是耻辱。修饰自己的仪容而四处游说，以被君主任用而得到俸禄为耻辱，用来逃避农耕和作战；同国外势力交往，这样一来，国家就危险了。有人宁可挨饿受冻而死，也不愿意为了利益和俸禄去作战，这是亡国的风气。

[原文]

六虱：曰礼、乐，曰《诗》《书》，曰修善①，曰孝弟(tì)②，曰诚信，曰贞廉③，曰仁、义，曰非兵④，曰羞战⑤。国有十二者，上无使农战，必贫至削。十二者成群，此谓君之治不胜其臣，官之治不胜其民，此谓六虱胜其政也。十二者成朴，必削。是故，兴国不用十二者，故其国多力，而天下莫能犯也。兵出，必取；取，必能有之。按兵而不攻，必富。朝廷之吏，少者不軙(bǐ)⑥也，多者不损也。效功而取官爵，虽有辩言，不能以相先⑦也，此谓以数治。以力攻者，出一取十；以言攻者，出十亡百。国好力，此谓以难攻；国好言，此谓以易攻。

[注释]

①修善：以善自勉，行善。

②孝弟：孝顺父母，敬爱兄长。弟，同“悌”，敬爱兄长。

③贞廉：正直廉洁。

④非兵：反对武力。

⑤羞战：耻于战争。

⑥軙：这里借为“埤”，增加。

⑦相先：互相逊让。这里指比别人优先。

[译文]

六种虱害：是礼、乐，是《诗经》《尚书》，是修善，是孝悌，是诚信，是贞廉，是仁、义，是非兵，是羞战。国家有这十二种思想，君主就无法让民众从事农耕和作战，国家就一定会贫穷，直到被削弱。如果有这十二

种思想的人结成群，这就叫君主的统治不能压服他的臣子，官府的统治不能压服它的民众，这就叫六种虱害压制住了国家的政策和法令。这十二种思想有了根，国家就一定会被削弱。所以，兴盛的国家不用这十二种思想统治国家，那么这个国家的实力就雄厚，而天下诸侯没有谁能够侵犯它。如果这样的国家发动进攻，就一定能夺取土地；取得土地之后，就一定能占有它。如果按兵不动而不去进攻，就一定能够富足。朝廷的官吏，人数应该少的不必增多，人数应该多的不必减少。根据成绩和功勋来获取官职和爵位，即使有诡辩的口才，也不能比别人优先，这就是治理国家的法则。凭借自己的实力去攻打别的国家，出一分力气能获取十倍的收获；凭借空谈去攻打别的国家，出十分力气却付出百倍的代价。国家喜好实力，就叫用别人难以得到的东西去攻打别的国家；国家崇尚空谈，就叫用容易得到的东西去攻打别的国家。

［原文］

重刑少赏，上爱民，民死赏。多赏轻刑，上不爱民，民不死赏。利出一空[①]者其国无敌，利出二空者其国半利，利出十空者其国不守。重刑，明大制；不明者，六虱也。六虱成群，则民不用。是故，兴国罚行则民亲；赏行则民利。行罚，重其轻者，轻者不至，重者不来。此谓以刑去刑，刑去事成。罪重刑轻，刑至事生。此谓以刑致刑，其国必削。

圣君知物之要，故其治民有至要，故执赏罚以辅壹教[②]。仁者，心之续也。圣君之治人也，必得其心，故能用其力。力生强，强生威，威生德，德生于力。圣君独有之，故能述仁义于天下。

［注释］

①空：通“孔”，途径。

②壹教：一贯的方针，即倡导农耕和作战的政策。

［译文］

施行严峻的刑罚并减少奖赏，是君主爱护民众的表现，民众就会为了得到奖赏而拼死效力。增加奖赏并减轻刑罚，是君主不爱护民众的表现，民众就不会为了得到奖赏而拼死效力。只能经由一种途径获得爵位利禄的国家一定无敌于天下，能经由两种途径获得爵位利禄的国家只能获得一半的好处，能经由多种途径获得爵位利禄的国家一定不能自保。加重刑罚，能申明重要的法度；法度不明的国家，一定会产生六种虱害。有六种虱害思想的人结成群，那么民众就不会被君主役使。因此，兴盛的国家施行刑罚，而民众与君主亲近；施行奖赏，民众就能被君主利用。施行刑罚，从重惩罚轻微的犯罪行为，那么，轻罪就不会产生，重罪不会出现。这就称为用刑罚消除刑罚，不用刑罚就能办成大事。从轻惩罚严重的犯罪行为，那么，虽然经常使用刑罚，而犯罪也随之产生。这就称为用刑罚招致刑罚，这样的国家一定会被削弱。

吴宫教战

春秋时期，吴王阖闾命精通兵法的孙武训练后宫宫女。宫女不听号令，于是孙武下令将作为队长的两位吴王宠爱的侍妾杀掉示众，以此来确立军威。

圣明的君主懂得事物的要领所在，所以他统治民众也有最关键的东西，因此掌握奖赏和惩罚用来辅助引导民众专一从事农耕和作战。仁，是上下一心的连接。圣明的君主统治民众，一定要得民心，这样才能调动他们的力量。力量能够产生强大，强大能够产生威力，威力能够产生恩德，所以说恩德产生于力量。只有圣明的君主明白这个道理，所以能够在天下施行仁义。

修权第十四

题解

修权，即整治权力，这里指如何加强国君的权力。在本篇中，作者指出关系到国家安定的三个因素是：法度、信用、权力。法度是处理国家政务的准则，只有确立了明确的法度，才能做到赏罚分明；信用是君臣之间的纽带，赏罚讲信用，民众才会遵守法度；权力由国君独掌，君主才有威严。同时，作者还提出了“公私分明”的主张，认为公私是否分明是国家存亡的根本。

[原文]

国之所以治者三：一曰法，二曰信，三曰权。法者，君臣之所共操也；信者，君臣之所共立也；权者，君之所独制也。人主失守则危。君臣释法[1]任私，必乱。故立法明分[2]，而不以私害法，则治。权制[3]独断于君则威。民信其赏，则事功成；信其刑，则奸无端[4]。惟明主爱权重信，而不以私害法。故上多惠言而不克其赏[5]，则下不用；数加严令而不致其刑，则民傲死[6]。凡赏者，文也；刑者，武也。文武者，法之约[7]也。故明主任法。明主不蔽之谓明，不欺之谓察。故赏厚而信，刑重而威必。不失疏远，不违亲近。故臣不蔽主，而下不欺上。

[注释]

①释法：弃法不用。

②明分：明确职分。

③权制：权柄，统治的权力。

④端：端由。

⑤惠言：好听的空话。不克：不能。

⑥傲死：倨傲而不畏死。

⑦约：枢纽。

［译文］

要将国家治理好要依仗三个要素：一是法度，二是信用，三是权力。法度，是君主和臣子共同执掌的；信用，是君主和臣子共同建立的；权力，是君主独自掌控的。君主失去权力，国家就面临危险。君主和臣子放弃法度不用而只顾私利，这样的国家一定会混乱。所以确立法度，明确职分，而不因私利损害法度，那么国家一定能被治理得很好。君主独自掌控权力就树立了威信。民众相信君主的赏赐，那么事业就能建成；民众相信君主的刑罚，那么奸邪之事就没有发生的端由。只有英明的君主才爱护权力，重视信用，而不因私利损害法度。所以，如果君主许下很多好听的空话而不能兑现赏赐，那么臣下就不会愿意为他所用；屡次颁布严峻的法令却不能执行刑罚，那么民众就倨傲而不畏死。所有的赏赐，都是文治；所有的刑罚，都是武治。赏赐与刑罚，是法度的枢纽。所以，英明的君主利用法度。英明的君主不被蒙蔽称为明，不被欺骗称为察。所以，丰厚的赏赐树立了信用，严峻的刑罚树立了威严。赏赐不遗漏关系疏远的人，刑罚不回避亲近的人。所以臣子就不会蒙蔽君主，百姓就不会欺骗君主。

［原文］

世之为治者，多释法而任私议，此国之所以乱也。先王县权衡①，立尺寸，而至今法之，其分明也。夫释权衡而断轻重，废尺寸而意②长短，虽察，商贾(gǔ)不用，为其不必也。故法者，国之权衡也。夫倍③法度而任私议，皆不知类④者也。不以法论知、罢、贤、不肖者⑤，惟尧，而世不尽为尧。是故先王知自议誉私之不可任也，故立法明分，中程⑥者赏之，毁公者诛之。赏诛之法不失其议⑦，故民不争。授官予爵不以其劳，则忠臣不进；行赏赋禄⑧不称其功，则战士不用。

［注释］

①县：同“悬”。权衡：称量物体轻重的器具。权，秤锤。衡，秤杆。

②意：猜测，估计。

③倍：同“背”，违背。

④类：事理。

⑤知：同“智”，聪明。罢：能力弱。不肖：这里是“无能”的意思。

夏桀纵欲

桀是夏朝最后一位君主，他不重君主之道，一味纵欲骄横，宠幸妹喜，建造酒池肉林，征发天下百姓做苦役，来满足一己私欲，最终亡国。

⑥中程：合乎法度。

⑦议：这里借为“仪”，准则。

⑧赋禄：给予俸禄。

[译文]

世上治理国家的人，大多放弃法度而采纳私议，这是国家混乱的原因。古代的君主设置权和衡，确立尺与寸，而这些东西如今仍然沿用，因为度量的标准明确。放弃权与衡来判断轻重，废除尺和寸来估计长短，即使估计得很准，商人也不会采用，因为这种方法不精确。所以，法度是国家的权和衡。违背法度而采纳私议，都是不懂得事理的行为。不依据法度就可以判断人是聪明还是愚笨，是贤能还是无能的，只有尧，但世上不是人人都是尧。所以，古代的君主知道自我评议、赞扬自我的人不能任用，所以确立法度，明确标准，合乎法度的就加以赏赐，危害国家的就加以惩罚。赏赐和惩罚的法度都符合标准，所以民众不会有争议。授予官位赐予爵位不根据功劳，那么忠臣就不会尽力办事；施行奖赏给予俸禄不根据军功，那么士兵就不会卖力。

[原文]

凡人臣之事君也，多以主所好事君。君好法，则臣以法事君；君好言，则臣以言事君。君好法，则端直之士在前；君好言，则毁誉之臣在侧。公私之分明，则小人不疾贤，而不肖者不妒功。故尧、舜之位①天下也，非私天下之利也，为天下位天下也。论贤举能而传焉，非疏父子亲越人②也，明于治乱之道也。故三王以义亲天下，五霸以法正诸侯，皆非私天下之利也，为天下治天下。是故擅③其名而有其功，天下乐其政，而莫之能伤也。今乱世之君臣，区区然④皆擅一国之利而管一官之重，以便其私，此国之所以危也。故公私之交，存亡之本也。

［注释］

①位：通“莅”，临。

②越人：疏远的人。

③擅：独占。

④区区然：自得的样子。

［译文］

大凡臣子侍奉君主，多数用君主所喜好的东西来侍奉君主。君主崇尚法度，那么臣子就用法度来侍奉君主；君主喜欢听好听的话，那么臣子就说好听的话来侍奉君主。君主崇尚法度，那么身边就会聚集正直的人；君主喜欢听好听的话，那么身边就会聚集奸邪之臣。公与私的界线分明，那么小人就不会嫉妒贤才，无能的人不嫉妒功臣。所以尧与舜统治天下，不是因私利占有天下，而是为天下的百姓治理天下。选贤任能并传位给他，不是疏远自己的儿子而亲近疏远的人，是因为明白治理国家的道理。所以三王依靠仁义得到天下，五霸依靠法度控制诸侯，都不是因私利占有天下，而是为天下的百姓治理天下。所以既独占了明君的美名又建立了功业，天下百姓都满意他的统治，而没有谁能伤害他。如今乱世的君臣，都自得于能够独占一国之利而掌管官吏的大权，来满足自己的私欲，这是国家之所以危险的原因。所以公私是否分明，是国家存亡的根本。

［原文］

夫废法度而好私议，则奸臣鬻（yù）权以约禄①，秩官之吏隐下而渔民②。谚曰：“蠹（dù）③众而木析；隙大而墙坏。”故大臣争于私而不顾其民，则下离上。下离上者，国之隙也。秩官之吏隐下以渔百姓，此民之蠹也。故有隙、蠹而不亡者，天下鲜矣。是故明王任法去私，而国无隙、蠹矣。

［注释］

①鬻权：弄权以谋利。鬻，卖。约：邀约，索取。

②秩官：常设之官，指一般官吏。渔民：掠夺百姓。

③蠹：蛀蚀器物的虫子。

［译文］

废除法度而喜欢私议，那么奸臣就会卖弄权势来谋取利禄，一般官吏就会隐瞒下情掠夺百姓。谚语说："蛀虫多了大树就会折断；缝隙大了墙壁就会倒塌。"所以，大臣争相谋私而不顾及百姓，那么百姓就会远离君主。百姓远离君主，是国家的裂缝。一般官吏隐瞒下情掠夺百姓，是百姓的蛀虫。有了裂缝和蛀虫而不灭亡的国家，这种事情天下少有。所以，英明的君主施行法度摒除私利，国家就不会有裂缝和蛀虫。

徕民第十五

题解

徕民，即招来民众。作者在《算地》篇中论述了如何合理开发利用土地，并分析了秦国地广人稀，土地没有得到有效利用，而三晋人多地少的现实情况。本篇针对这一现实情况，建议秦孝公采取减免赋税徭役的政策吸引三晋民众来秦国开垦荒地。这样做不仅削减了三晋的兵力，增加了秦国的粮食产量，还可以使秦国原有的民众全力投入到作战中，这就达到了富国强兵的目的。

[原文]

地方百里者，山陵处什一，薮(sǒu)泽处什一，溪谷流水处什一，都邑蹊道处什一，恶田处什二，良田处什四。以此食作夫①五万。其山陵、薮泽、溪谷可以给其材，都邑蹊道足以处其民，先王制土②分民之律也。

[注释]

①作夫：耕作之夫，农民。

②制土：按土地的肥沃程度列其等差。

[译文]

方圆百里的地方，高山、丘陵占十分之一，沼泽、湖泊占十分之一，山谷、河流占十分之一，城市、道路占十分之一，土质不好的田地占十分之二，土质良好的田地占十分之四。用这些可以养活五万名农夫。那些高山、丘陵、沼泽、湖泊、溪谷、河流可以供给各种生活物资，城市、道路足够它的民众居住，这就是古代的君主制定的规划土地、分配人口的原则。

[原文]

今秦之地方①千里者五，而谷土②不能处二，田数不满百万，其薮(sǒu)泽、溪谷、名山、大川之材物货宝又不尽为用，此人不称土也。秦之所与邻者三晋③也；所欲用兵者，韩、魏也。彼土狭而民众，其宅参居而并处。其寡萌贾(gǔ)息民④，

上无通名⑤，下无田宅，而恃奸务末作以处。人之复⑥阴阳泽水者过半。此其土之不足以生其民也，似有过秦民之不足以实其土也。意民之情，其所欲者田宅也。而晋之无有⑦也信，秦之有余也必。如此而民不西者，秦士戚而民苦也。

［注释］

①方：方圆。指土地面积。

②谷土：耕地。

③三晋：指战国时赵、韩、魏三国。赵氏、韩氏、魏氏原为晋国大夫，战国初期三家分晋，各自立国，故称。

④寡萌：弱民，小民。萌，通“氓”，黎民。贾息：经商求利。

⑤通名：古代称户籍。

⑥复：远古人居住的洞穴。

⑦无有：匮乏。

［译文］

如今秦国的土地中方圆千里的有五个，而适宜种庄稼的土地还不到十分之二，田数不到一百万，国内的沼泽、湖泊、山谷、河流、大山、大河的物资、财宝又不能全部被利用，这就是人口数量和土地的承载力不相匹配。与秦国相邻的国家是三家分晋后的赵、韩、魏；秦国想要出兵攻打的是韩国和魏国。那两个国家土地狭小而人口众多，百姓间杂地聚居在一起。那些从事经商获利的小民，上没有户籍，下没有田地和住宅，只是依靠耍奸欺诈地从事工商业来谋生。在山坡和湖泽的低洼处挖洞居住的人超过了半数。这是土地不足以养活那里的民众的情况，似乎超过了秦国民众不足以充实国土的程度。揣测民众的心意，他们想要得到的是田地和住宅。然而三晋

关 中

秦国是春秋战国时期的一个诸侯国，处于函谷关以西的关中地区。秦国通过商鞅变法，使国力大大增强，最终秦始皇统一六国。

的匮乏是确实的，秦国的富足有余也是真实的。即使这样，三晋的民众也不向西到秦国来，是因为秦国的士人忧愁而民众劳苦。

［原文］

臣窃以王吏之明为过见。此其所以不夺①三晋民者，爱爵而重复也②，其说曰："三晋之所以弱者，其民务乐而复爵轻也。秦之所以强者，其民务苦而复爵重也。今多爵而久复，是释秦之所以强，而为三晋之所以弱也。"此王吏重爵、爱复之说也，而臣窃以为不然。夫所以为苦民而强兵者，将以攻敌而成所欲也。兵法曰："敌弱而兵强。"此言不失吾所以攻，而敌失其所守也。今三晋不胜秦，四世矣。自魏襄③以来，野战不胜，守城必拔，小大之战，三晋之所亡于秦者，不可胜数也。若此而不服，秦能取其地，而不能夺其民也。

［注释］

①夺：竞先取得。

②重：重视。复：免除赋税。

③魏襄：魏襄王，姬姓，魏氏，名嗣，一名赫，前318年至前296年在位。

［译文］

我个人认为，以为大王的官吏是高明的看法是错误的。他们不去争取三晋民众的原因，是因为吝惜爵位而舍不得免除赋税，他们说："三晋之所以衰弱的原因，是因为它们的民众追求享乐而朝廷又轻易免除赋税、给予爵位。秦国之所以强大的原因，是因为它的民众甘愿劳苦而朝廷不轻易免除赋税、给予爵位。如果我们多赐予民众爵位而延长免除赋税的时间，是放弃秦国所依仗的变强大的原则，而使用三晋之所以衰弱的原则。"这是大王的官吏重视爵位、舍不得免除赋税的说辞，而我个人认为是不对的。之所以要使民众劳苦来加强兵力，是为了攻打敌国，实现自己的愿望。兵法说："敌国衰弱了，我国的兵力就强大了。"这是说我们没有失去攻打的能力，而敌国却失去了防守的能力。如今三晋打不过秦国，已经四代了。自

从魏襄王以来，他们在野外作战打不过秦国，如果守城，就一定被秦国攻破，大小战役中，三晋被秦国打败的次数，是数不过来的。像这样，他们仍不顺服，是因为秦国只能夺取它的土地，而不能夺取它的民众。

［原文］

今王发明惠①，诸侯之士来归义②者，今使复之三世，无知军事。秦四竟之内陵阪丘隰（xí）③，不起十年征④，者（zhù）⑤于律也。足以造⑥作夫百万。曩（nǎng）者⑦臣言曰：“意民之情，其所欲者田宅也，晋之无有也信，秦之有余也必。若此而民不西者，秦士戚而民苦也。”今利其田宅，而复之三世，此必与其所欲而不使行其所恶也。然则山东⑧之民无不西者矣，且（cú）悳（dé）⑨之谓也。不然，夫实圹虚⑩，出天宝⑪，而百万事本，其所益多也，其徒不失岂所以攻乎？

［注释］

①明惠：大的恩惠。

②归义：归附正义。

③竟：假借为“境”。陵阪：山坡。隰：新开垦的田。

④征：指征收赋税。

⑤者：通“著”，著录。

⑥造：这里指招徕。

⑦曩者：之前，先前。

⑧山东：在战国、秦、汉时期则是指崤山以东地区。亦指战国时秦以外的六国。

⑨且悳：徂德，即归德，因德而使民众归附。且，通“徂”，往。悳，“德”的古字。

⑩圹虚：空地；荒地。

⑪天宝：天然的宝物。

［译文］

如今大王发布大的恩惠政策，从各个诸侯国来归附的人，现在免除他们三代的赋税，不用参加作战。秦国四境之内的山坡、丘陵和刚开发的新田，十年不征收赋税，并把这些恩惠政策记录在法律中。这样做足以招徕上百万农夫。之前我说:“揣测民众的心意，他们想要得到的是田地和住宅，然而三晋的匮乏是确实的，秦国的富足有余也是真实的。即使这样，三晋的民众也不向西来到秦国，是因为秦国的士人忧愁而民众劳苦。”如今赐给他们田地和住宅，并且免除他们三代的赋税，这样一定能使他们得到他们想要的东西，而不是推行他们所厌恶的东西。这样一来，崤山以东的民众没有不向西来到秦国的，这就是因德而使民众归附。如果不是这样，从其他诸侯国来的民众充实了荒地，使那里的土地有所产出，从而使百万民众从事本业，这样所带来的好处很多，仅仅是不丧失进攻的能力吗?

［原文］

夫秦之所患者，兴兵而伐，则国家贫；安居而农，则敌得休息。此王所不能两成也。故三世战胜，而天下不服。今以故秦事敌，而使新民作本①，兵虽百宿于外，竟内不失须臾②之时，此富强两成之效也。臣之所谓兵者，非谓悉兴尽起也，论竟内所能给军卒车骑。令故秦民事兵，新民给刍(chú)食③。天下有不服之国，则王以此春违其农④，夏食其食，秋取其刈(yì)⑤，冬冻其葆⑥，以《大武》⑦摇其本，以《广文》⑧安其嗣。王行此，十年之内，诸侯将无异民，而王何为爱爵而重复乎?

［注释］

①作本：务农。本，指农业。

②须臾：片刻。

③刍食：粮草。多指供军队用的饲料和粮食。

④违其农：不按时耕种。

⑤刈：收割草或谷类。

⑥葆：藏，蔽。这里指储存物资。

⑦《大武》:《逸周书》中的篇章。

⑧《广文》:《逸周书》中的篇章，即《允文》。

［译文］

秦国所担忧的，是出兵去攻打别的国家，那么本国就会贫穷；如果安

居务农，那么敌国就得到了休息。这是大王所不能两全其美的事。所以尽管过去的三代国君都打了胜仗，但是天下的诸侯却不顺服。如今用秦国原有的民众应对敌人，而用新招来的民众从事农业生产，军队即使在国外驻扎几百天，国内不会对农事有片刻耽误，这是富国强兵一举两得的效果。我所说的用兵，不是全部发动尽数使用，而是研究清楚国内所能供给军队的车辆和马匹。下令秦国原有的民众去作战，新招来的民众供给饲料和粮食。天下诸侯国如果有不服从的，那么大王用这些军队在春天骚扰他们种地，夏天吃掉他们的粮食，秋天夺取他们收割的粮草，冬天使他们储存的粮食上冻，用《大武》来动摇他们的根本，用《广文》来安抚他们的后代。大王如果这样做，在十年之内，各诸侯国内将没有与秦国不一条心的民众，那么大王为什么还要吝惜爵位并且舍不得免除赋税呢？

［原文］

周军之胜①，华军之胜②，秦斩首而东之。东之无益，亦明矣，而吏犹以为大功，为其损敌也。今以草茅之地，徕三晋之民而使之事本，此其损敌也，与战胜同实。而秦得之以为粟，此反行两登之计也③。且周军之胜、华军之胜、长平之胜④，秦所亡民者几何？民客之兵不得事本者几何？臣窃以为不可数矣。假使王之群臣，有能用之，费此之半，弱晋强秦，若三战之胜者，王必加大赏焉。今臣之所言，民无一日之繇⑤，官无数钱之费，其弱晋强秦，有过三战之胜，而王犹以为不可，则臣愚不能知已。

白起

白起（？一前257），芈姓，白氏，名起，楚白公胜之后。白起是战国时著名秦将，也是“战国四将之一”。

［注释］

①周军之胜：指伊阙之战。前293年，秦国大将白起率军在伊阙（今河南洛阳龙门）大破魏国、韩国联军，夺取

魏城数座及韩国安邑以东大部分地区。

②华军之胜：指华阳之战。前 273 年，秦国大将白起在华阳（今河南新郑北）各个击破赵、魏联军，是秦国“示天下要（腰）断山东之脊”（《战国策·魏策》四）的一次成功尝试。

③反行：兼得。两登：两得、两成。

④长平之胜：指长平之战。前 260 年，秦国大将白起在长平（今山西高平西北）全歼赵军 45 万人，使赵国元气大伤，无力与秦国抗衡。

⑤繇：同“徭”，徭役。

[译文]

伊阙之战和华阳之战的胜利，秦国军队斩获很多并向东挺进。向东挺进没有什么好处，这是很明显的，然而官吏却认为能立大功，因为这样做能使敌国受损。如今我国凭借长满草的荒地招徕三晋的民众并使他们从事农业生产，这才是使敌国受损，其受损程度与战胜敌国的效果相同。但是秦国却得到了他们所种的粮食，这是让军事作战和农业生产这二者兼得的妙计。况且秦国在伊阙之战、华阳之战、长平之战中，损失多少人啊？民众因为在外征战而不能从事农业生产的人又有多少呢？我个人认为是数不胜数的。如果大王的臣子中，有能够运用这些兵力，且只用一半的兵力，来削弱三晋的实力而使秦国强大，取得像伊阙之战、华阳之战、长平之战那样胜利的人，大王一定会大大赏赐他。现在我所说的办法，民众不需服一天徭役，官府不需花费多少钱，就能削弱三晋的实力使秦国强大，并且所带来的效果大大超过那三次战役，然而大王却还是认为不可行，那么恕我愚笨，不能理解这一点。

[原文]

齐人有东郭敞者，犹多愿，愿有万金。其徒请赒(zhōu)①焉，不与，曰：“吾将以求封也。”其徒怒而去之宋②。曰：“此爱于无③也，故不如以先与之有④也。”今晋有民，而秦爱其复，此爱非其有以失其有也，岂异东郭敞之爱非其有以亡其徒乎？且古有尧、舜，当时而见称；中世有汤、武，在位而民服。此四王者万世之所称也，以为圣王也，然其道犹不能取用于后。今复之三世，而三晋之民可尽也。是非王贤立今时，而使后世为王用乎？然则非圣别说，而听圣

人难也。

［注释］

①赒：接济，救济。

②去：离开。之：前往。

③无：指没有到手的东西。

④有：指现有的东西。

［译文］

齐国有一个叫东郭敞的人，有很多愿望，希望自己拥有一万金。他的徒弟请求救济，他拒绝了，说："我打算用这些钱来换取爵位。"他的徒弟愤怒地离开，前往宋国。有人说："这个人舍不得没有得到的东西，不如先将已有的东西给予他的徒弟。"现在三晋拥有民众，而秦国舍不得免除赋税，这也是因为舍不得没有的东西而失去了已有的东西，这与东郭敞舍不得没有到手的爵位而失去徒弟有区别吗？并且上古有尧和舜，在当时被人们称颂；中古有商汤王和周武王，在位时民众都信服。这四位帝王世世代代都受到人们的称颂，被认为是圣王，但是他们的治国方法却不能被后世的统治者使用。如今免除三代的赋税，而能招徕三晋的所有民众。这不是以大王您今天贤明，而让三晋的后人替大王效力吗？那么，不是圣人的说法特别，而是很难听从圣人的教导。

刑约第十六

此篇已佚。

赏刑第十七

题解

赏刑，即奖赏与刑罚。在本篇中，作者提出了治理国家就要统一奖赏、统一刑罚、统一教化的观点。统一奖赏，就是指封赏只能出于战功，这样民众就会拼死作战，军队就会战无不胜；统一刑罚，就是指刑罚没有等级差别，不管谁违反了法度，都会受到处罚；统一教化，就是指摒弃儒家学说，在全国形成只能依仗农战才能求取富贵的风气。做到了以上三点，就能使民众专一于农战，最后达到治理国家无赏、无刑、无教的至高境界。

［原文］

圣人之为国也，壹赏，壹刑，壹教。壹赏，则兵无敌；壹刑，则令行；壹教，则下听上。夫明赏不费①，明刑不戮②，明教不变③，而民知于民务④，国无异俗。明赏之尤至于无赏也，明刑之尤至于无刑也，明教之尤至于无教也。

［注释］

①明赏不费：赏赐得当，就不浪费财物。

②明刑不戮：刑罚严明，人民就很少犯法被杀。

③明教不变：教令明确，让老百姓有所适从，便不会发生变乱。

④民务：民众承担的事务。

［译文］

圣人治理国家，统一奖赏，统一刑罚，统一教化。统一奖赏，那么军队就天下无敌；统一刑罚，那么君主的命令就得以执行；统一教化，那么民众就会听从君主的役使。得当的赏赐不浪费财物，严明的刑罚使民众很少犯法受刑，明确的教化让民众有所适从而不会发生变乱，而民众知道自己应该承担的事务，国家也没有异样的风俗。得当的奖赏的极致是达到不用奖赏的境界，严明的刑罚的极致是达到不用刑罚的境界，明确的教化的极致是达到不用教化的境界。

［原文］

所谓壹赏者，利禄官爵抟(zhuān)①出于兵，无有异施也。夫

固知zhì愚[2]、贵贱、勇怯、贤不肖，皆尽其胸臆之知，竭其股肱之力[3]，出死而为上用也。天下豪杰贤良从之如流水。是故兵无敌而令行于天下。万乘shèng之国不敢苏其兵中原[4]，千乘之国不敢捍城[5]。万乘之国，若有苏其兵中原者，战将覆其军；千乘之国，若有捍城者，攻将凌[6]其城。战必覆人之军，攻必凌人之城，尽城而有之，尽宾[7]而致之。虽厚庆赏[8]，何费匮之有矣?

[注释]

①抟：通“专”，专一。

②固：通“故”。知：同“智”，智慧。

③股肱之力：自己的所有力量。形容竭尽全力地做事。股，大腿，自胯至膝盖的部分。肱，胳膊由肘到肩的部分。

④苏：这里借为“傃”，向，向着。中原：原野之中。

⑤捍城：护卫城池。

⑥凌：升，登上。

⑦宾：服从，归顺。

⑧庆赏：赏赐。

[译文]

所说的统一奖赏，就是只能依靠战争中的功绩获得利禄和官爵，没有其他途径的恩惠。所以，无论聪明的还是愚笨的、富贵的还是低贱的、勇敢的还是胆怯的、贤良的还是无能的，都用尽全部智慧，用尽全部力量，拼死替君主效力。天下的英雄豪杰、贤良之士都追随君主如同流水一样。所以军队的实力天下无敌而君主的政令得以在天下施行。拥有万辆兵车的国家不敢在野外迎战他的军队，拥有千辆兵车的国家不敢守卫城池。拥有万辆兵车的国家，如果敢在野外迎战他的军队，只要战争一打起来

李牧

李牧（？—前229），嬴姓，李氏，名牧，战国时期赵国柏仁人（今邢台隆尧），战国时期的赵国将领，战国四大名将之一。李牧战功显赫，生平未尝一败仗。

就将全军覆没；拥有千辆兵车的国家，如果敢守卫城池，只要进攻就会把城池攻破。迎战就一定消灭别人的军队，进攻就一定攻破别人的城池，那么所有的城池都能占领，天下所有的诸侯都会归顺来朝。这样一来，即使给出丰厚的奖赏，怎么会出现财物不足的情况？

［原文］

昔汤封[1]于赞茅，文王封于岐周，方百里。汤与桀战于鸣条之野，武王与纣战于牧野之中，大破九军，卒裂土封诸侯。士卒坐陈(zhèn)[2]者，里有书社[3]。车休息不乘，从(zòng)[4]马华山之阳，从牛于农泽，从之老而不收。此汤、武之赏也。故曰：赞茅、岐周之粟，以赏天下之人，不人得一升；以其钱赏天下之人，不人得一钱。故曰：百里之君而封侯其臣，大其旧；自士卒坐陈者，里有书社。赏之所加，宽于牛马者，何也？善因天下之货，以赏天下之人。故曰：明赏不费。汤、武既破桀、纣，海内无害，天下大定。筑五库[5]，藏五兵[6]，偃武事[7]，行文教。倒载干戈[8]，搢(jìn)笏[9]，作为乐以申其德。当此时也，赏禄不行，而民整齐。故曰：明赏之犹至于无赏也。

［注释］

①封：帝王把土地或爵位给予亲属或臣僚。

②坐陈：临阵，参战。陈，同“阵”。

③书社：古制二十五家为一社，每社有户口及其土地的登记，故称书社。

④从：通“纵”，放。

⑤五库：指车库、兵库、祭器库、乐库和宴器库。

⑥五兵：五种兵器。所指不一。郑玄注引郑司农云：“五兵者，戈、殳、戟、酋矛、夷矛也。”意思是指车之五兵。步卒之五兵，则无夷矛而有弓矢。

⑦偃：停止。武事：与军队或战争有关的事情。

⑧倒载干戈：倒着放置兵器，表示不再打仗。

⑨搢笏：插笏。古代君臣朝见时均执笏，用以记事备忘，不用时插于腰带上。

[译文]

过去商汤王封在赞茅，周文王封在岐周，土地方圆百里。商汤与夏桀在鸣条的原野上决战，周武王与商纣王在牧野地区交战，他们都大败敌人强大的军队，最后都划分土地，分封诸侯。凡是参与作战的士兵，在家乡都拥有登记在册的土地。战车停放在一旁不再使用，将马放到华山的南坡，将牛放在农泽，直到老死都不收回来。这就是商汤王和周武王的奖赏。所以说：赞茅、岐周的粮食，如果用来奖赏天下人，不能让每个人得到一升；如果用赞茅、岐周的钱奖赏天下人，不能让每个人得到一文。因此说：拥有方圆百里之地的君主却能封自己的大臣为诸侯，受封的封地比他们原有的国土还大；参与作战的士兵，在家乡都拥有登记在册的土地。他们的奖赏所及，甚至还有牛和马，这是为什么呢？这是因为他们善于利用天下的财货，来奖赏天下人。所以说：得当的奖赏不浪费财物。商汤王和周武王既然打败了夏桀和商纣王，国内就没有什么危害了，天下十分安定。他们修筑了五库，将兵器都收藏起来，停止战争，施行文教。将兵器倒着放好，大臣在朝廷上朝见君主，创作音乐来彰显自己的功德。在这个时候，虽然没有实行奖赏，但是民众却都很规矩。所以说：得当的奖赏的最高境界是不用奖赏。

[原文]

所谓壹刑者，刑无等级，自卿相、将军以至大夫、庶人[1]，有不从王令、犯国禁、乱上制者，罪死不赦。有功于前，有败于后，不为损刑。有善于前，有过于后，不为亏法[2]。忠臣孝子有过，必以其数断。守法守职之吏有不行王法者，罪死不赦，刑及三族[3]。同官之人[4]，知而讦(jié)[5]之上者，自免于罪，无贵贱，尸袭其官长之官爵田禄[6]。故曰：重刑，连其罪，则民不敢试。民不敢试，故无刑也。夫先王之禁，刺杀，断人之足，黥(qíng)[7]人之面，非求伤民也，以禁奸止过也。故禁奸止过，莫若重刑。刑重而必得，则民不敢试，故国无刑民。国无刑民，故曰：明刑不戮。

[注释]

①庶人：泛指无官爵的平民。

②亏法：破坏法令。

③三族：三种亲属关系。一指父、子、孙。一指父族、母族、妻族。一指父母、兄弟、妻子。

④同官之人：在同一官署任职的人，同僚。

⑤讦：揭发别人的隐私或攻击别人的短处。

⑥尸袭：替代。尸，古代祭祀时，代表死者受祭的人。田禄：先秦卿大夫的俸给来自采地或公田，故称田禄。

⑦黥：古代在人脸上刺字并涂墨之刑。

［译文］

所说的统一刑罚，就是指刑罚没有等级差别，从卿相、将军直到大夫和普通百姓，有不遵从君主命令的、触犯国家禁令的、破坏君主制定的法令的，处以死罪，绝不宽赦。从前立下战功，但后来行动失败，不能因前面的功劳而从轻惩罚。从前做过好事，但后来犯了罪，不能因前面的行善而破坏法令。忠臣和孝子犯了罪，也一定根据他们所犯罪行的大小来定罪。执行法令的和相关的官吏不执行君主的法令，应处以死罪，绝不赦免，而且刑罚诛连到他们的父母、兄弟和妻子。在同一官署任职的人，知道同僚的罪过并向君主告发，自己可以免于受到惩罚，并且无论他地位高低，都继承被揭发的官吏的官爵和田禄。所以说：从重处罚，诛连他们的亲人，那么民众就不敢以身试法。民众不敢以身试法，所以就没有刑罚了。古代的君王制定的法令，或将人处死，或砍断犯人的脚，或在犯人脸上刺字，目的不是要伤害民众，而是要禁止奸邪、阻止犯罪。所以，要禁止奸邪、阻止犯罪，没有什么办法比使用重刑更加有效。刑罚严峻并且坚决执行，那么民众就不敢以身试法，所以国家就没有受刑罚的民众。国家没有受刑罚的民众，因此说：严明的刑罚使民众很少犯法被杀。

［原文］

晋文公将欲明刑以亲百姓，于是合诸卿大夫于侍千宫，颠颉（jié）[1]后至，吏请其罪，君曰："用事焉。"吏遂断颠颉之脊以殉[2]。晋国之士，稽（qǐ）[3]焉皆惧，曰："颠颉之有宠也，断以殉，况于我乎！"举兵伐曹、五鹿，又反（fān）郑之埤（pí）[4]，东卫之亩，胜荆[5]人于城濮。三军之士，止之如斩足，行之如流水。

三军之士，无敢犯禁者。故一假道重轻于颠颉之脊，而晋国治。昔者，周公旦杀管叔、流霍叔[6]，曰：“犯禁者也。”天下众皆曰：“亲昆弟[7]有过不违，而况疏远乎！”故天下知用刀锯于周庭，而海内治。故曰：明刑之犹至于无刑也。

晋文公

晋文公（前697—前628），初为公子，谦而好学，善交贤能智士。后因受迫害而离开晋国，游历诸侯。

[注释]

①颠颉：春秋时期晋国大夫。晋文公重耳出逃时，颠颉是随从之一。

②殉：示众。

③稽：古代的一种礼节，跪下叩头至地。

④反：通“翻”。覆，倾倒。埤：城上的矮墙。

⑤荆：战国时楚国的别称。

⑥周公旦杀管叔、流霍叔：周武王死后，周成王即位，由周公旦摄政。管叔、蔡叔和霍叔勾结商纣王之子武庚和徐、奄等东方夷族反叛。周公旦奉命平叛，杀死管叔，流放蔡叔，废黜霍叔。周公旦，姬姓，名旦，周文王姬昌第四子。因封地在周（今陕西宝鸡岐山北），故称周公或周公旦。他是西周初期杰出的政治家、军事家和思想家。管叔，姬姓，名鲜，周武王弟。封于管（今河南郑州），故称管叔。霍叔，姬姓，名处，周武王弟。

⑦昆弟：兄和弟。昆，兄。

[译文]

晋文公想要严明刑罚使百姓亲近他，于是把所有的卿大夫都召集到侍千宫，颠颉来晚了，官吏请求处罚他的罪过，晋文公说：“根据法令办。”执法官于是腰斩了颠颉并且示众。晋国的民众都惊惧地跪在地上叩头，说：“颠颉是国君宠爱的大臣，触犯了法令而被腰斩示众，何况我们！”晋文公发兵攻打曹国和卫国的五鹿，又攻破郑国的城墙，命令卫国的田垄全部改为东西方向，在城濮战胜了楚国。晋国的三军将士，命令他们停止前进，他们立即像被砍断了脚一样停止前进；命令他们前进，他们就像流水一样迅速。三军的将士，没有谁敢违反命令。所以晋文公只借助于颠颉犯了小罪却被重刑腰斩的事例，就使晋国得到了治理。过去，周公旦斩杀管叔，流放霍叔，说：“他们是触犯了法令的人。”天下人都说：“亲兄弟犯了罪都不能免除处罚，何况是关系远的人！”所以天下人都知道周公旦将刑法用在朝廷内，从而国内得到了治理。所以说：严明的刑罚的最高境界是不用刑罚。

［原文］

所谓壹教者，博闻、辩慧、信廉、礼乐、修行、群党、任誉、请谒[1]，不可以富贵，不可以辟(bì)[2]刑，不可独立私议以陈其上。坚者被，锐者挫。虽曰圣知[3]、巧佞[4]、厚朴[5]，则不能以非功罔上利[6]。然富贵之门，要存战而已矣。彼能战者，践富贵之门。强梗[7]焉，有常刑而不赦。是父兄、昆弟、知识[8]、婚姻[9]、合同[10]者，皆曰：“务之所加，存战而已矣。”夫故当壮者务于战，老弱者务于守，死者不悔，生者务劝，此臣之所谓壹教也。民之欲富贵也，共阖(hé)棺[11]而后止。而富贵之门必出于兵，是故民闻战而相贺也，起居饮食所歌谣者，战也。此臣之所谓明教之犹至于无教也。

［注释］

①请谒：请求，干求。

②辟：通“避”，逃避。

③圣知：聪明睿智，无所不通。

④巧佞：奸诈机巧，阿谀奉承。

⑤厚朴：忠厚朴实。

⑥非功：无功。罔：欺骗，蒙蔽。

⑦强梗：骄纵跋扈。

⑧知识：相识的人，朋友。

⑨婚姻：亲家，有婚姻关系的亲戚。

⑩合同：志同道合。

⑪阖棺：盖棺。指死亡。

[译文]

所说的统一教化，就是指见闻广博、聪明而有辩才、诚信廉洁、通晓礼制音乐、有道德修养、结成朋党、任侠而有声誉、请谒，不可以凭借这些变得富贵，不可以凭借这些逃避刑罚，不可以独自创立学说而凌驾于国家的法令之上。对于那些顽固派，要摧垮他们；对于那些锋芒毕露的人，要挫败他们。即使所谓的聪明睿智的人、奸诈机巧的人、忠厚朴实的人，也不能因为无功而蒙蔽君主获得益处。既然这样，那么富贵家族的人，也只能将希望放在战场上了。那些能积极作战的人，才能踏进富贵之门。那些骄纵跋扈的人，因为有一定的刑法，所以犯法后不能被赦免。这样一来，父亲叔伯、兄弟、朋友、儿女亲家、志同道合的人，都说："我们要加倍努力的地方，只是战场罢了。"所以那些年轻强壮的人都努力作战，年老体弱的人都努力从事防守，在战场上身死的人不后悔，活着的人互相勉励，这就是我所说的统一教化。民众想要得到富贵的念头只在死亡后才停止。但是富贵只能从战场上获得，所以民众听说要打仗就会互相庆贺，起居饮食时所唱的歌谣全都与战争相关。这就是我所说的明确的教化的最高境界是不用教化。

[原文]

此臣所谓参(sān)①教也。圣人非能通，知万物之要也。故其治国举要以致万物，故寡教而多功。圣人治国也，易知而难行也。是故圣人不必加，凡主不必废；杀人不为暴，赏人不为仁者，国法明也。圣人以功授官予爵，故贤者不忧。圣人不宥过②，不赦刑，故奸无起。圣人治国也，审壹而已矣。

[注释]

①参：通"叁"。

②宥过：宽恕别人的过错。

[译文]

这些就是我所说的三种教化。圣明的人也不能够通晓一切，而是懂得万物的要领。所以他治理国家会抓住要领并推及万物，所以就能用简单的教化获取卓越的功绩。圣明的人治理国家，明白道理容易，施行起来却很难。所以不必称赞圣明的君主，也不必废掉平凡的君主；杀人算不上残暴，奖赏人算不上仁爱，国家的法令自然会明辨。圣明的人根据功劳授予官职赐予爵位，所以贤能的人不必担忧。圣明的人不宽恕别人的过错，不赦免罪犯的刑罚，所以没有奸邪的事情发生。圣明的人治理国家，只是考虑统一奖赏、统一刑罚、统一教化罢了。

画策第十八

题解

画策，即谋划策略，这里主要指治国的方略。作者首先分析了昊英之世、黄帝之世、神农之世的时代特点以及相应的统治制度，指出统治制度应该根据时代的变化而变化。战国时期纷争的局面决定了成就王道的途径是征战，因而要确立赏罚制度，并严格执行，促使民众拼死作战。

［原文］

昔者昊英[1]之世，以伐木杀兽，人民少而木兽多。黄帝之世，不麛（mí）不卵[2]，官无供备[3]之民，死不得用椁（guǒ）[4]。事不同皆王者，时异也。神农之世，男耕而食，妇织而衣，刑政[5]不用而治，甲兵[6]不起而王（wàng）。神农既没，以强胜弱，以众暴寡[7]。故黄帝作为君臣上下之义，父子兄弟之礼，夫妇妃匹[8]之合。内行刀锯，外用甲兵，故时变也。由此观之，神农非高于黄帝也，然其名尊者，以适于时也。故以战去战，虽战可也；以杀去杀，虽杀可也；以刑去刑，虽重刑可也。

神 农

神农氏，又称为炎帝，三皇五帝之一，是远古传说中的太阳神。传说神农人身牛首，“三岁知稼穑”，长大后，身高八尺七寸，龙颜大唇。神农是传说中农业的发明者，医药之祖，有“神农尝百草”的传说。

［注释］

①昊英：传说中的古帝名。

②不麛不卵：不猎小兽，不取鸟卵。麛，幼鹿，这里泛指幼兽。

③供备：备办供给。

④椁：套在棺材外面的大棺材。

⑤刑政：刑法政令。

⑥甲兵：披甲的士兵。也指军队。

⑦以众暴寡：以人多势众的一方去

欺凌人少势弱的一方。

⑧妃匹：指婚配之事。

［译文］

过去昊英时代，允许人们砍伐树木、捕杀野兽，因为当时民众少而树木、野兽多。黄帝时代，不允许人们捕杀幼兽、取鸟蛋，官吏没有替自己备办供给所需的奴仆，死了不能用棺材埋葬。昊英和黄帝做事的方法不同却都能称王天下，是因为时代不同。神农时代，男人耕种而让人们有饭吃，女人织布而让人们有衣服穿，不使用刑罚和政令而天下安定，不动用军队而称王天下。神农死后，强壮的压制体弱的，人多势众的一方欺凌人少势弱的一方。所以黄帝制定了君臣和上下之间的行为规范，父子与兄弟之间的礼仪，夫妇之间的婚配原则。对内使用刑罚，对外派出军队，同样是因为时代变了。由此看来，神农并不比黄帝高明，但他的名声却更尊贵，是因为他顺应了时代的变化。因此用战争消灭战争，即使发动战争也是可行的；用杀戮杜绝杀戮，即使杀人也是可行的；用刑罚消除刑罚，即使加重刑罚也是可行的。

［原文］

昔之能制天下者，必先制其民者也；能胜强敌者，必先胜其民者也。故胜民之本在制民，若冶于金，陶于土也。本不坚，则民如飞鸟禽兽，其孰能制之？民本，法也。故善治者，塞①民以法，而名地作矣②。名尊地广以至王（wàng）者，何故？战胜者也。名卑地削以至于亡者，何故？战罢（pí）③者也。不胜而王，不败而亡者，自古及今，未尝有也。民勇者，战胜；民不勇者，战败。能壹民于战者，民勇；不能壹民于战者，民不勇。圣王见王之致于兵也，故举国而责之于兵。

［注释］

①塞：遏止，禁止。

②名地：名声和土地。作：兴起。

③罢：同“疲”。

[译文]

过去能够制服天下的人，一定先制服了他的民众；能够战胜强敌的人，一定先战胜了他的民众。所以战胜民众的根本在于制服民众，就像冶炼的工人对于金属，制陶的工人对于泥土。如果根本不坚固，那么民众就像飞鸟和野兽，有谁能制服他们呢？治理民众的根本，是法治。所以善于治理民众的人，用法度遏制民众，而名声和土地就都具备了。君主的名声尊贵，国家土地广阔，最后称王天下，这是什么原因呢？是因为总打胜仗。君主名声卑微，国家土地削减，最后灭亡，这是什么原因呢？是因为总打败仗。打胜仗而不能称王天下，打败仗却不灭亡的国家，从古到今，是从来没有过的。民众勇敢的国家，打仗就能获胜；民众胆怯的国家，打仗就会战败。能让民众专心作战的国家，它的民众就勇敢；不能让民众专心作战的国家，它的民众就胆怯。圣明的君主看见只能通过战争称王天下，所以要求全国的民众都参军。

[原文]

入其国，观其治，民用者强。奚以知民之见用者也？民之见战也，如饿狼之见肉，则民用矣。凡战者，民之所恶也。能使民乐战者，王(wàng)。强国之民，父遗(wèi)①其子，兄遗其弟，妻遗其夫，皆曰："不得，无返。"又曰："失法离②令，若③死我死，乡治之。行(háng)间④无所逃，迁徙无所入。"行间之治，连以五，辨之以章⑤，束之以令，拙(jué)⑥无所处，罢无所生。是以三军之众，从令如流⑦，死而不旋踵⑧。

[注释]

①遗：送。

②离：违反。

③若：你。

④行间：行伍之间，指军中。

⑤章：徽章，标记。

⑥拙：这里借为"趉"，逃走。

⑦从令如流：服从命令如流水就下。形容有令则行。

⑧旋踵：转身，这里指畏避退缩。

[译文]

进入一个国家，观察这个国家的治理情况，能够役使民众的国家就强大。如何得知民众被君主役使了呢？如果民众对待打仗，就像饿狼看到了肉，那么民众就被役使了。一般看来，战争是民众所厌恶的东西。能够让民众乐于去打仗的国家，一定能够称王天下。强国的民众，父亲送儿子去打仗，兄长送弟弟去打仗，妻子送丈夫去打仗，都说："不获胜，就不回来。"又说："不遵守法度，违反命令，你死，我也得死，乡里会治我们的罪。军中没有地方可逃，没有别的地方可以搬迁。"军队的治理方法，是将五个人编成一伍，用标记来区分他们，用军令来约束他们，让他们无处可逃，逃走了也没有地方可以生存。因此，三军的将士服从命令就像水往下流一样，即使战死也不退缩。

[原文]

国之乱也，非其法乱也，非法不用也。国皆有法，而无使法必行之法。国皆有禁奸邪刑盗贼之法，而无使奸邪盗贼必得之法。为奸邪盗贼者死刑，而奸邪盗贼不止者，不必得。必得，而尚有奸邪盗贼者，刑轻也。刑轻者，不得诛[1]也。必得者，刑者众也。故善治者，刑不善，而不赏善，故不刑而民善。不刑而民善，刑重也。刑重者，民不敢犯，故无刑也。而民莫敢为非，是一国皆善也。故不赏善而民善。赏善之不可也，犹赏不盗。故善治者，使跖[2]可信，而况伯夷[3]乎？不能治者，使伯夷可疑，而况跖乎？势不能为奸，虽跖可信也；势得为奸，虽伯夷可疑也。

国或重治[4]，或重乱[5]。明主在上，所举必贤，则法可在贤。法可在贤，则法在下，不肖不敢为非，是谓重治。不明主在上，所举必不肖。国无明法，不肖者敢为非，是谓重乱。兵或重强[6]，或重弱。民固欲战，又不得不战，是谓重强。民固不欲战，又得无战，是谓重弱。

［注释］

①诛：惩罚。

②跖：指盗跖。相传是奴隶起义的领袖，名跖，“盗”是当时统治者对他的贬称。

③伯夷：商末孤竹国君的儿子。周武王灭商后，他和弟弟叔齐不吃周朝的粮食，逃隐于首阳山，采集野菜而食，最后饿死，是忠信的典范。

④重治：大治。

⑤重乱：乱上加乱，大乱。

⑥重强：强上加强。

伯夷

伯夷是商末孤竹君之长子，姓墨胎氏。孤竹君想要立第三子叔齐为继承人，等到孤竹君死去，叔齐让位于伯夷。伯夷认为这有逆父命，于是逃走；而叔齐也不肯当继承人，也逃走了。

［译文］

国家混乱，不是因为它的法度混乱，也不是因为废弃法度不用。国家都有法度，却没有能使法度一定能执行的办法。国家都有禁止奸邪、惩罚盗贼的法令，却没有使奸邪之人、盗贼一定受到惩罚的办法。做奸邪之事、偷盗的人会被处死，但犯奸、偷盗的事情却不能杜绝，这是因为做了坏事不一定受到处罚。虽然受到了处罚，却仍然有犯奸、偷盗的事情发生，这是因为刑罚太轻。刑罚轻，就不能惩治他们。一定要惩治他们，受到刑罚惩处的人就会增加。所以善于治理国家的人，只处罚不守法的人，而不奖赏守法的人，因此不使用刑罚而民众也行善。不使用刑罚而民众也行善，是因为刑罚重。刑罚重，民众就不敢触犯法令，所以就没有刑罚。而民众没有谁敢做坏事，这时全国的民众都行善。所以不奖赏守法的人而民众都行善。不可以奖赏行善的人，就像不能奖赏盗贼一样。所以善于治理国家的人，能使像盗跖那样的人变得诚实可信，何况是像伯夷那样的人？不会治理国家的人，能让像伯夷那样的人变得可疑，何况是像盗跖那样的人？环境不允许人做坏事，即使是像盗跖那样的人也是值得信任的；环境允许人做坏事，即使是像伯夷那样的人也是值得怀疑的。

国家或者大治，或者大乱。英明的君主处于上位，他所选用的人一定贤能，那么法令就掌握在贤德之人的手中。法令掌握在贤德之人的手中，那么法令就能在下面执行，不贤的人就不敢做坏事，这就是大治。不英明的君主处于上位，他所选用的人一定都是不贤之人。国家没有严明的法令，不贤的人就敢做坏事，这就是大乱。军队或者是强上加强，或者是弱上加弱。民众本来想要打仗，又不得不去打仗，这就是强上加强。民众本来不愿意去打仗，又能不去打仗，这就是弱上加弱。

［原文］

明主不滥富贵其臣。所谓富者，非粟米珠玉也？所谓贵者，非爵位官职也？废法作私，爵禄之，富贵之，滥也。凡人主德行非出人也，知(zhì)[1]非出人也，勇力非过人也。然民虽有圣知，弗敢我谋；勇力，弗敢我杀；虽众，不敢胜其主；虽民至亿万之数，县(xuán)[2]重赏而民不敢争，行罚而民不敢怨者，法也。国乱者，民多私义[3]；兵弱者，民多私勇[4]。则削国之所以取爵禄者多涂[5]。亡国之俗，贱爵轻禄。不作而食，不战而荣，无爵而尊，无禄而富，无官而长，此之谓奸民。所谓“治主无忠臣，慈父无孝子”，欲无善言，皆以法相司(sì)[6]也，命相正也。不能独为非，而莫与人为非。所谓富者，入多而出寡。衣服有制，饮食有节，则出寡矣。女事尽于内，男事尽于外，则入多矣。

［注释］

①知：同“智”，智慧。

②县：同“悬”。

③私义：以私人关系为准则的个人道义。

④私勇：发泄私愤的斗勇。

⑤涂：同“途”，途径。

⑥相司：互相侦察。司，通“伺”。

［译文］

英明的君主不会向他的臣子滥施富贵。所谓的富，不是粮食、珠玉吗？所谓的贵，不是爵位、官职吗？废除法度，以个人的意志为主，给予臣子爵位和俸禄，使他们富贵，就是滥施富贵。一般说来，君主的品德、行为不高出别人，智慧不超出别人，勇气、力量不超过别人。然而民众即使聪

慧睿智，也不敢谋求君主的地位；即使有勇气和力量，也不敢弑杀君主；即使人数众多，也不敢凌驾在君主之上；即使民众的人数多达亿万，悬以重赏而不敢互相争抢，施行刑罚而不敢抱怨，这是因为有法度。国家治理混乱，民众多考虑个人道义；军队实力弱小的原因，是因为民众多追求发泄私愤。那么在实力削弱的国家也有很多获取爵位和俸禄的途径。使国家灭亡的风俗，是民众看不起爵位，轻视俸禄。不劳动而有饭吃，不打仗而能获得荣耀，没有爵位而地位尊贵，没有俸禄而生活富足，没有官职而高人一等，这就是所谓的奸民。所谓“善于治理国家的君主身边没有忠臣，慈爱的父亲身边没有孝子”，君主和父亲都不需要好言相劝，都凭借法令使他们互相监督，命令他们互相纠正。这样一来，臣民们就不能单独做坏事，也不能同别人一起做坏事。所谓富有，是收入的多而支出的少。穿衣服有限制，吃饭有节制，那么支出就少。妇女在家中尽力做事，男人在外面尽力做事，那么收入就多。

[原文]

所谓明者，无所不见，则群臣不敢为奸，百姓不敢为非。是以人主处匡床[1]之上，听丝竹[2]之声，而天下治。所谓明者，使众不得不为。所谓强者，天下胜。天下胜，是故合力[3]。是以勇强不敢为暴，圣知不敢为诈，而虑用。兼天下之众，莫敢不为其所好，而避其所恶。所谓强者，使勇力不得不为己用。其志足，天下益之；不足，天下说(yuè)[4]之。恃天下者，天下去之；自恃者，得天下。得天下者，先自得者也；能胜强敌者，先自胜者也。

[注释]

①匡床：安适的床。一说方正的床。

②丝竹：弦乐器与竹管乐器的总称。这里泛指音乐。

③合力：协力。

④说：同“悦”，高兴。

[译文]

所谓的君主的圣明，是指君主没有什么地方看不到，那么群臣就不敢做奸邪之事，民众不敢做犯法之事。因此君主坐在安适的床上，听着丝竹之声，却能将天下治理好。所谓的君主的圣明，它能使民众不得不去做事。所谓的君主的强大有力，是指天下人都被他制服了。天下人都被制服了，因此能够使天下人齐心合力。所以勇敢强悍的人不敢发动暴乱，聪慧睿智的人不敢欺诈，而是考虑如何被君主任用。全天下的人，没有谁不敢不做君主所喜欢的事情，回避君主所厌恶的事情。所谓的君主的强大，是指能使有勇气和力量的人不得不为自己所用。君主的理想能够实现，全天下人都受益；不能实现，全天下的人也都高兴。依靠天下的人，天下的人就会抛弃他；依靠自己，才能得到天下。得到天下的君主，先要得到自己；能够战胜强敌的人，先要战胜自己。

[原文]

圣人知必然之理，必为之时势。故为必治之政，战必勇之民，行必听之令。是以兵出而无敌，令行而天下服从。黄鹄(hú)①之飞，一举千里，有必飞之备也。蛩(qióng)蛩②巨丘，日行千里，有必走之势也。虎豹熊罴(pí)③，鸷(zhì)④而无敌，有必胜之理也。圣人见本然⑤之政，知必然之理，故其制民也，如以高下制水，如以燥湿⑥制火。故曰：仁者能仁于人，而不能使人仁；义者能爱于人，而不能使人爱。是以知仁义之不足以治天下也。圣人有必信之性，又有使天下不得不信之法。所谓义者，为人臣忠，为人子孝，少长有礼，男女有别。非其义也，饿不苟食，死不苟生。此乃有法之常也。圣王者，不贵义而贵法。法必明，令必行，则已矣。

罴

罴，熊的一种，也称为棕熊、马熊或人熊，古称罴。罴全身毛呈棕褐色，能爬树及游水。

[注释]

①黄鹄：鸟名。

②蛩蛩：传说中的一种异兽。

③熊罴：熊和罴。罴，熊的

一种，即棕熊，又叫马熊。

④鸷：凶猛。

⑤本然：本来如此。

⑥燥湿：干燥和潮湿。

［译文］

圣明的人懂得社会的发展一定要顺应时代的变化。因此制定出一定能把国家治理好的政策，打仗时选用一定能勇敢作战的民众，推行一定能使民众听从的政令。因此出动军队打仗就能无敌于天下，推行政令而天下的人都服从。黄鹄起飞，一飞就是上千里，这是因为它拥有能够飞翔千里的翅膀。蛩蛩和巨丘，一天能行千里，是因为它们拥有奔跑千里的本领。虎、豹、熊、罴，凶猛而无敌于天下，是因为它们有一定能战胜其他野兽的能力。圣明的人看到本来就有效的社会制度，知道社会发展的必然规律，所以他统治民众，就像利用高低控制水流，像利用干燥和潮湿控制火势一样。所以说：仁爱的人能够对别人仁爱，而不能使别人仁爱；有道义的人能爱护别人，而不能使别人爱护他人。因此明白仁义不足以治理好天下。圣明的人具有让天下人信任的品德，又具有使天下人不得不信任的办法。所谓义，是指作为臣子要忠诚，作为儿子要孝顺，长幼之间要有礼节，男女有别。如果不符合道义，即使饥饿也不能苟且吃饭，即使死也不能苟且偷生。这些只不过是有法度时的正常做法。圣明的君主，不重视道义而重视法度。法度一定要严明，命令一定要执行，那就可以了。

境内第十九

题解

境内，是取篇首句中二字为题，没有实际意义。本篇所讲述的是秦国的一些制度，主要是军事制度。这些制度主要包括：户籍制度、什役分配和服徭役制度、军队建设制度、军规、赏罚制度、核定军功的程序、攻城的办法等。本篇的内容虽然零散，但是却十分详实，可以使读者对秦国的刑罚有大致的了解。

[原文]

四境之内，丈夫女子皆有名于上，生者著，死者削。

其有爵者乞无爵者以为庶子[1]，级乞一人。其无役事也，其庶子役其大夫月六日。其役事也，随而养之军。

[注释]

①庶子：战国时秦国隶属于有爵者的服役之人。

[译文]

国境之内，男女都必须到官府登记名字，新生的就记录上去，死去的就注销掉。

有爵位的人可以讨要没有爵位的人做他的服役之人，每一级可以讨要一人。没有战事的时候，服役之人每月替他的主人服役六日。有战事的时候，随着主人到军中侍奉主人。

[原文]

爵自一级已下至小夫[1]，命曰校、徒、操，公士[2]。爵自二级已上至不更[3]，命曰卒。其战也，五人束簿为伍，一人兆而到其四人[4]，能人得一首则复[5]。五人一屯长[6]，百人一将。其战，百将、屯长不得首，斩；得三十三首以上，盈论[7]，百将、屯长赐爵一级。五百主，短兵[8]五十人。二五百主，将之主，短兵百。千石之令[9]短兵百人，八百之

令短兵八十人，七百之令短兵七十人，六百之令短兵六十人。国尉[10]，短兵千人。将，短兵四千人。战及死事，而到短兵。能一首则复。

［注释］

①小夫：秦时低级军爵。

②公士：武功爵名。战国时秦商鞅变法，制订二十等爵，“公士”是爵的最末等，仅高于士卒。

③不更：秦爵名，四等爵。

④兆：通“逃”。到：受刑。

⑤首：指敌人的首级。复：恢复，指免除之前的处罚。

⑥屯长：秦汉时军伍之长。

⑦盈论：按满额论功行赏。

⑧短兵：持刀剑的士兵。

⑨千石之令：俸禄为一千石粮食的长官。令，行政长官。

⑩国尉：武官名。掌管军权。

［译文］

爵从一级以下到小夫，称为校、徒、操，爵位是公士。爵从二级以上到不更，称为卒。打仗时，五人编成一个簿册为一伍，一人逃跑就处罚其余四人，如果谁能斩获敌人一颗首级就免除处罚。每五人设一屯长，每百人设一将。打仗时，将、屯长如果没有斩获敌人的首级，就斩杀；获得敌人的首级三十三颗以上，按满额论功行赏，将、屯长可以升爵一级。五百人的将领，有短兵五十人。统率两个五百的将，是将中的统领，有短兵一百人。俸禄为一千石粮食的长官有短兵一百人，俸禄为八百石粮食的长官有短兵八十人，俸禄为七百石粮食的长官有短兵七十人，俸禄为六百石粮食的长官有短兵六十人。国尉，有短兵千人。将，有短兵四千人。如果将官战死，他的短兵就要受到处罚。如果有人能斩获敌人一颗首级，就可以免除处罚。

［原文］

能攻城围邑斩首八千已上，则盈论；野战斩首二千，则盈论。吏自操及校以上大将尽赏。行间之吏也，故爵公士也，就为上造[1]也；故爵上造，就为簪（zān）袅[2]；故爵簪袅，

就为不更；故爵不更，就为大夫③。爵吏而为县尉④，则赐虏⑤六，加五千六百。爵大夫而为国尉，就为官大夫；故爵官大夫，就为公大夫；故爵公大夫，就为公乘⑥；故爵公乘，就为五大夫，则税邑⑦三百家。故爵五大夫，就为大庶长；故大庶长，就为左更⑧；故三更⑨也，就为大良造⑩。皆有赐邑三百家，有赐税三百家。爵五大夫，有税邑六百家者，受客。大将、御、参皆赐爵三级⑪。故客卿⑫相，盈论，就正卿⑬。

［注释］

①上造：爵位名。秦制定爵位二十级，第二级为“上造”。

②簪袅：爵位名。列为第三级。

③大夫：爵位名。大夫为第五级。后文中的官大夫为第六级，公大夫为第七级，五大夫为第九级。

④县尉：官名。秦汉县令、县长下置尉，掌一县治安。

⑤虏：奴役。

⑥公乘：爵位名。列为第八级。

⑦税邑：食邑。卿大夫的封地。

⑧左更：爵位名。列为第十二级。

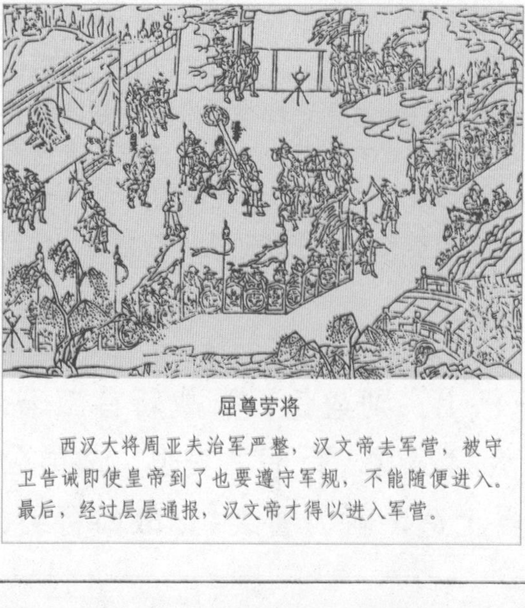

屈尊劳将

西汉大将周亚夫治军严整，汉文帝去军营，被守卫告诫即使皇帝到了也要遵守军规，不能随便进入。最后，经过层层通报，汉文帝才得以进入军营。

⑨三更：指左更、中更、右更，分别是爵位的第十二级、第十三级、第十四级。

⑩大良造：官名。战国初期为秦的最高官职，掌管军政大权。同时又为爵名，又叫大上造。自从秦惠王设立相国掌握军政大权后，主要用作爵名。

⑪御：驾驶车马的人。参：骖乘。古时乘车，尊者在左，御者在中，又一人在右，称车右或骖乘，负责警卫。

⑫客卿：官名。请其他诸

侯国的人来秦国做官，担任卿，而以客礼相待，故称客卿。

⑬正卿：上卿。春秋时诸侯国最高执政大臣，权力仅次于国君。

［译文］

能在围攻敌国的城邑时，斩首八千以上的，按满额论功行赏；在野外作战斩首二千的，按满额论功行赏。军士们从操、校到大将都可以得到奖赏。军中的官吏，旧爵是公士的，升为上造；旧爵是上造的，升为簪袅；旧爵是簪袅的，升为不更；旧爵是不更的，升为大夫。旧爵是小吏升为县尉的，赐六个奴役，另外增加五千六百俸禄。旧爵是大夫而担任国尉的，升为官大夫；旧爵是官大夫的，升为公大夫；旧爵是公大夫的，升为公乘；旧爵是公乘的，升为五大夫，并赏赐三百户食邑。旧爵是五大夫的，升为大庶长；旧爵是大庶长的，升为左更；旧爵是三更的，升为大良造。大庶长、三更及大良造都赏赐三百户封邑，并赏赐三百户食邑。爵位是五大夫，有了六百户封邑和食邑的，就可以接受门客。将军、车夫、骖乘都赏赐爵位三级。旧以客卿身份为相的，符合了朝廷的规定，可升为正卿。

［原文］

以战故，暴（pù）首①三日，乃校（jiào）②三日，将军以不疑致士大夫劳爵③。夫劳爵，其县过三日有不致士大夫劳爵，罢其县四尉，訾（zī）由丞尉④。

能得甲首⑤一者，赏爵一级，益田一顷，益宅九亩，除⑥庶子一人，乃得入兵官之吏。

其狱法，高爵訾（zī）下爵级。高爵罢，无给有爵人隶仆。爵自二级以上，有刑罪则贬。爵自一级以下，有刑罪则已；小夫死。

公士以上至大夫，其官级一等，其墓树⑦级一树。

［注释］

①暴首：陈列所得敌人首级。

②校：校验。

③劳爵：指因战功而得的爵位。

④訾：估量，限度。丞尉：县丞、县尉的合称。

⑤甲首：甲士的首级。

⑥除：给予。

⑦墓树：春秋战国时期的墓葬文化，在墓旁种树，级别越高种的树越多。

[译文]

停战之后，展示所得敌人首级，校验三天，将军认为没有疑问就按军功赏给将士和大夫爵位。因战功而得的爵位，县里过了三天还没有落实赏给将士和大夫的爵位，就罢免该县尉的职位，把评判的权力交给丞尉。

能够斩获甲士首级一颗，赏给爵位一级，增加田地一顷，增加宅地九亩，给予服役者一人，还可以担任军队或朝廷的官员。

刑罚规定，由爵位高的人审判比他爵位低一级的人。爵位高的人被罢免后，不再供给他有爵位的人所能享用的奴役。二级爵位以上的人，犯了罪就降低他的爵位。一级爵位以下的人犯罪，就剥夺他的爵位；小夫犯罪就处死。

公士以上直到大夫，死后爵位每高一级，他的墓旁种的树就多一棵。

[原文]

其攻城围邑也，国司空①訾(zǐ)其城之广厚之数。国尉分地，以校、徒分积尺②而攻之，为期，曰：“先已者当为最启③，后已者訾(zǐ)为最殿④。再訾则废。”穴通则积薪，积薪则燔(fán)⑤柱。陷队之士⑥，面十八人。陷队之士，知疾斗⑦，不得，斩首。队⑧五人，则陷队之士，人赐爵一级。死，则一人后⑨。不能死之，千人环规(kuī)⑩，黥劓(qíng yì)⑪于城下。国尉分地，以中卒⑫随之。将军为木台，与国正监、与王御史参望⑬之。其先入者举为最启；其后入者举为最殿。其陷队也，尽其几(jǐ)者⑭。几者不足，乃以欲级益之。

[注释]

①司空：官名。相传少昊时所置，周为六卿之一，掌管工程。

②积尺：指面积或体积的数量。

③最启：在最前头，最先进。

④訾：这里指贬斥、指责。最殿：在最后面，最落后。

⑤燔：焚烧。

⑥陷队之士：先秦时期的敢死队。

⑦疾斗：苦斗，极力战斗。

⑧队：同“坠”。

⑨一人后：指家族中可以有一人继承其爵位。

⑩环规：围观。规，通“窥”。

⑪劓：割鼻的酷刑。

⑫中卒：中军的兵卒。

⑬参望：观测。

⑭几者：自愿申请的人。几，通“冀”，希冀。

［译文］

在围攻敌国城邑的时候，国家的司空估量城墙的面积和厚度。国尉划分攻打的地点，派校、徒限定以体积掘取，制定期限，命令说：“最先完成的立头功，最后完成的斥为末等。两次被斥为末等的就罢免他的爵位。”洞穴挖通之后就堆积柴草，堆完柴草后就焚烧柱子。城墙的每一个方向分布十八个敢死队士兵。敢死队的士兵都知道极力战斗，不成功就要斩首。一个敢死队如果能抓获五个敌人，那么这个队的每个士兵都能获赐爵位一级。如果战死，那么他的族人中有一人可以继承他的爵位。如果不拼死作战，就在一千人的围观下，在城下遭受黥刑或劓刑。国尉划分攻打的地段，中军的士兵听从分派。将军搭建木台，与国家的正监、大王的御史一同观望。士兵中最先进城的立下头功；最后进城的评为末等。敢死队的士兵，尽量选用自愿申请的人。如果自愿申请的人不够，就用希望晋级的人补充。

弱民第二十

题解

弱民，即使民众弱，也就是使民众听从国家的政令，而不反抗国家。在本篇中，作者主要围绕民弱与国强的关系展开论证，论证了只有民众本分守法，服从国家调遣，国家才会强大。那么，如何让民众听从国家的政令呢？这又回到了法治的根本上。国君应该重视法度，用严明的赏罚制度鼓励农耕和作战，清除六种虱害。

［原文］

民弱国强；民强国弱。故有道之国务[1]在弱民。民朴则弱强，淫则强。弱则轨[2]，强则越志[3]。轨则有用，越志则乱。故曰：以强去强者，弱；以弱去强者，强。

民，善之则亲，利之用则和；用则有任，和则不匮；有任，乃富于政。上舍法，任民之所善，故奸多。民贫则力富，力富则淫，淫则有虱。故民富而不用，则使民以食出官爵，官爵必以其力，则农不偷。农不偷，六虱无萌。故国富而贫治，重强。

管仲

管仲（？—前645），名夷吾，谥敬，颍上（今属安徽）人，齐国上卿，史称管子。管仲改革注重经济，他主张改革以富国强兵，在全国划分政区，组织军事编制，设官吏管理。最终，辅佐齐桓公成为春秋第一位霸主。

［注释］

①国务：国家的政务。

②轨：依循，遵循。

③越志：放纵任性。

［译文］

民众弱国家就强；民众强国家就弱。

所以治理得法的国家致力于使民众弱。民众朴实就弱，民众放纵就强。民众弱就会守法，民众强就放纵任性。民众守法就能被役使，民众放纵任性就会生乱。所以说：采用强民政策消除强民的国家，力量弱；采用弱民政策消除强民的国家，力量强。

君主优待民众，民众就与君主亲近；君主合理地役使民众，民众就与君主同心；君主起用民众，民众就全力以赴；民众与君主同心，国家就不贫乏；民众全力工作，国家的政令就会取得好的效果。如果国君抛弃法度，放任民众为所欲为，那奸邪就多了。民众贫穷就会努力致富，致富就会放纵，放纵就会产生虱害。所以民众富裕了就不易役使，那就让他们用粮食换取爵位，爵位的取得必须依仗他们的实力，那样农民就不怠惰。农民不怠惰，六种虱害就不会产生。所以国家富强人民守法，就是强上加强。

［原文］

兵易弱难强；民乐生安佚①。死难，难正②。易之则强。事有羞③，多奸；寡赏④，无失。多奸疑⑤，敌失，必利。兵至强，威；事无羞，利。用兵久处利势，必王（wàng）。故兵行敌之所不敢行，强；事兴敌之所羞为，利。法有，民安其次⑥；主变，事能得齐（jì）⑦。国守安，主操权，利。故主贵多变，国贵少变。

利出一孔，则国多物；出十孔，则国少物。守一者治，守十者乱。治则强，乱则弱。强则物来，弱则物去。故国致物者强，去物者弱。

［注释］

①安佚：安乐舒适。

②正：期望。

③羞：羞战之心。

④寡赏：指“利出一孔”，即只能依靠农战一途获得赏赐。

⑤疑：安定，止息。

⑥次：秩序。

⑦齐：通“济”，成功。

[译文]

使国家的兵力衰弱很容易，使国家的兵力强大很困难；人们都爱惜生命，贪图安乐享受。拼死赴难，是很难期望做到的。如果让民众认为赴国难是容易做到的事情，兵力就一定会强大。民众如果有羞战之心，奸邪之事就会增加；国家的赏赐只出于农战一途，就没有差错。奸邪之事止息了，敌人有过失，一定有利。兵力强大，就会产生声威；作战不以任何手段为羞耻，就利于作战。作战长时间处于有利形势，一定能够称王天下。所以用兵时做敌人所不敢做的事情，兵力就一定强大；做敌人认为羞耻的事情，一定有利。法度有常，民众才能安于遵守秩序；君主随机应变，事情才能成功。国家有常法，君主执掌大权，一定有利。所以君主以机变为贵，国家以少变为贵。

利禄只出于一种途径，那么国家的物资就多；利禄出于十种途径，那么国家的物资就少。利禄只出于一种途径的国家就治理得好，利禄出于十种途径的国家就治理得混乱。国家治理得好就强大，国家治理得混乱就削弱。国家强大物资就会聚集，国家削弱物资就会流散。所以国家能使物资聚集就强大，使物资流散就削弱。

[原文]

民，辱则贵爵，弱则尊官，贫则重赏。以刑治民，则乐用；以赏战民，则轻死。故战事兵用曰强。民有私荣①，则贱列②卑官；富则轻赏。治民羞辱以刑，战则战。民畏死，事乱而战，故兵农怠而国弱。

农、商、官三者，国之常官也。农辟地，商致物，官治民。三官生虱六，曰“岁”，曰“食”；曰“美”，曰“好”；曰“志”，曰“行”。六者有朴，必削。农有余食，则薄燕于岁③。商有淫利，有美好，伤器。官设而不用，志、行为卒。六虱成俗，兵必大败。

[注释]

①私荣：私人的荣誉。

②列：指爵位。

③薄：发语词，无意。燕：同“宴”，安闲，安乐。

[译文]

民众，地位卑微就会崇尚爵位，怯弱就会尊重官吏，贫困就会重视奖赏。国家利用刑罚统治人民，民众就会乐于为国家所用；用奖赏来奖励战争，民众就会轻视死亡。因此临战严整而士兵全力以赴，就叫强。民众有私人的荣誉，就轻视爵位，鄙视官吏；民众富裕就轻视赏赐。治理民众，施用刑法使他们感到羞耻，战争时他们才会出战。民众贪生怕死，国家治理混乱，而去与别国交战，所以士兵和农民都会怠惰，国家力量就弱。

农民、商人、官吏，这三种人是国家正常的职业。农民耕种土地，商人贩卖货物，官吏治理人民。这三种职业会产生六种虱害：是“岁”虱、“食”虱、“美”虱、“好”虱、“志”虱、“行”虱。这六种虱害生了根，国家一定被削弱。农民有了剩余的粮食，于是整年都安逸享乐。商人获得了丰厚的利润，推崇华丽好玩的东西，于是对于日用物品产生了不良的影响。虽然设置了官吏，而不肯为国家出力，儒家的异志、高行为众人效仿。六种虱害形成风俗，打仗时一定大败。

[原文]

法枉治乱；任善言多。治众国乱；言多兵弱。法明治省[1]；任力言息。治省国治；言息兵强。故治大，国小；治小，国大。

政作民之所恶，民弱；政作民之所乐，民强。民弱国强；民强国弱。故民之所乐民强，民强而强之，兵重弱[2]。民之所乐民强，民强而弱之，兵重强[3]。故以强重弱，削；以弱重强，王(wàng)。以强攻强弱，强存；以弱攻弱强，强去。强存则弱；强去则王。故以强政弱，削；以弱攻强，王也。

[注释]

①省：精简。

②重弱：弱上加弱。

③重强：强上加强。

[译文]

法度偏斜，国家就被治理得混乱；任用贤良，空谈就要盛行。治国的方针纷繁，国家就混乱；空谈盛行，兵力就弱。法度明确，治理的方法就精简；

遵守旧章

秦孝公三年（前359），商鞅准备变法，但秦人不同意。商鞅对秦孝公说，对于普通百姓，不能和他们商议创业计划，只能与他们分享成功的利益。讲论至高道德的事，不符合凡夫俗子，成就大事业的人不能和过多的人商量。如果圣贤可以使国家强大，就不一定要拘泥于旧的法令。

任用力量，空谈就会停止。治理的方法精简，国家就政治清明；空谈停止，兵力就强。所以治理的方法繁杂，国家的实力就小；治理的方法精简，国家的实力就大。

政策制定的是民众所憎恶的东西，民众就弱；政策制定的是民众所喜欢的东西，民众就强。民众弱，国家就强；民众强，国家就弱。民众所喜欢的是民众强，如果民众强了，而政策又使他们更强，那么兵力就弱上加弱。民众所喜欢的是民众强，如果民众强了，而政策又使他们转弱，那么兵力就强上加强。所以，实行强民政策以致兵力弱上加弱，那么国家一定会被削弱；实行弱民政策以致兵力强上加强，就能成就称王天下的功业。用强民政策治理强民和弱民，强民仍然存在；用弱民政策治理弱民和强民，强民就会消失。强民存在，国家就弱；强民消失，就能成就称王天下的功业。可见，用强民政策统治弱民，国家就会被削弱；用弱民政策统治强民，就能成就称王天下的功业。

[原文]

明主之使其臣也，用必加于功，赏必尽其劳。人主使其民信此如日月，则无敌矣。今离娄见秋豪之末，不能以明目易人；乌获举千钧之重，不能以多力易人；圣贤在体性也，不能以相易也。今当世之用事者，皆欲为上圣，举法之谓也。背法而治，此任重道远而无马、牛，济大川而无舡（chuán）[1]楫也。今夫人众兵强，此帝王之大资也，苟非明法以守之也，与危亡为邻。故明主察法，境内之民无辟淫之心，

游处之士迫于战陈(zhèn)[2]，万民疾于耕战。有以知其然也。楚国之民齐疾而均[3]，速若飘风[4]。宛钜铁𫓧(shī)[5]，利若蜂虿(chài)[6]；胁鲛犀兕(sì)[7]，坚若金石。江、汉以为池[8]，汝、颍以为限[9]；隐以邓林，缘以方城。秦师至，鄢(yān)、郢(yǐng)举，若振槁[10]；唐蔑[11]死于垂涉，庄跻[12]发于内，楚分为五。地非不大也，民非不众也，甲兵财用非不多也；战不胜，守不固，此无法之所生也，释权衡而操轻重者。

［注释］

①舡：同“船”。

②战陈：同“战阵”，交战对阵。

③齐疾：迅捷。均：整齐。

④飘风：旋风。

⑤宛：楚国地名，今河南南阳。钜铁𫓧：大铁矛。

⑥蜂虿：蜂尾的刺。蜂和虿都是有毒刺的螫虫。

⑦胁鲛犀兕：身披鲨鱼、犀兕皮制的甲。胁，两膀。鲛，鲨鱼。犀兕，犀牛。兕，雌犀牛。

⑧池：护城河。

⑨限：险阻。

⑩振槁：击落枯叶。喻事极易成。

⑪唐蔑：一作唐昧，战国时楚国将领。楚怀王二十八年（前301），齐、魏、韩联兵伐楚，在垂涉（今河南唐河西南）大战，兵败被杀。

⑫庄跻：战国时期楚国农民起义领袖，与跖齐名。

［译文］

英明的君主任用他们的臣下，任命一定要充分体现他的功绩，奖赏一定要囊括他所有的功劳。国君使臣民相信这一点就像相信太阳和月亮一样，那样就能够无敌于天下了。离娄能看到秋天鸟兽的毫毛，而不能将他的好视力转给他人；乌获能举起千钧重的东西，而不能将他的力气转给他人；圣人自身所具备的特殊禀赋，也是不可以转给他人的。当今掌握政权的人如果想成为圣人，那就要实行法治。舍弃法度治理国家，好比负重远行而没有牛马，又如想渡过大河而没有船只。如今国家人口众多兵力强，是建

立帝王之业的大资本，但是如果不严明法令并且巩固它，那么危险就接近了。英明的君主修明法度，使国内的民众没有淫邪的念头，游客处士都迫于参加战斗，万民都努力于农耕和作战。国君要明白其中的道理。楚国的民众行动迅捷而整齐，快如旋风。手持宛地出产的大铁矛，如蜂和虿的刺一样锋利；身披鲛鱼、犀牛皮制的铠甲，像金石一样坚固。又有长江、汉水作为护城河，有汝水、颍水作为险阻，有邓林作为屏障，有方城作为要塞。可是秦兵到来，一举攻破鄢城、郢城如同击落枯叶；唐蔑在垂涉战死，庄跻在国内起义，楚国就一分为五。楚国土地不是不广阔，人口不是不多，兵甲财物不是不充足；而打仗却不能取胜，防守不能坚固，这就是不修明法度带来的结果，如同舍弃权衡去量轻重一样。

御盗第二十一

此篇已佚。

外内第二十二

题解

外内，即对外对内的政策。在本篇中，作者强调了对外重战、对内重农的重要性。作者认为农耕和作战是一个国家的立国之本，但民众却认为农耕是最劳苦的事情，认为作战是最恐惧的事情，因此民众不会心甘情愿地从事农耕和作战。要促使民众从事农耕和作战就必须使用重法，同时要堵塞私门，使防守边境的好处都归于战士，市场贸易的好处都归于农民。做到了这两点，就能够富国强兵。

［原文］

民之外事莫难于战，故轻法不可以使之。奚谓轻法？其赏少而威薄，淫道[1]不塞之谓也。奚谓淫道？为辩知[2]者贵，游宦[3]者任，文学[4]私名显之谓也。三者不塞，则民不战而事失矣。故其赏少，则听者无利也；威薄，则犯者无害也。故开淫道以诱之，而以轻法战之，是谓设鼠而饵以狸也，亦不几[5]乎？故欲战其民者，必以重法。赏则必多，威则必严，淫道必塞。为辩知者不贵，游宦者不任，文学私名不显。赏多威严，民见战赏之多则忘死，见不战之辱则苦生。赏使之忘死，而威使之苦生，而淫道又塞，以此遇敌，是以百石之弩[6]射飘叶也，何不陷[7]之有哉？

［注释］

①淫道：指邪道。

②辩知：善于论辩，能说会道。

③游宦：春秋战国时期士人离开本国到其他谋求官职。

④文学：这里指儒家学说。

⑤几：希望渺茫。

⑥百石之弩：强弩。石，重量单位，一百二十斤为一石。

⑦陷：攻破，占领。

[译文]

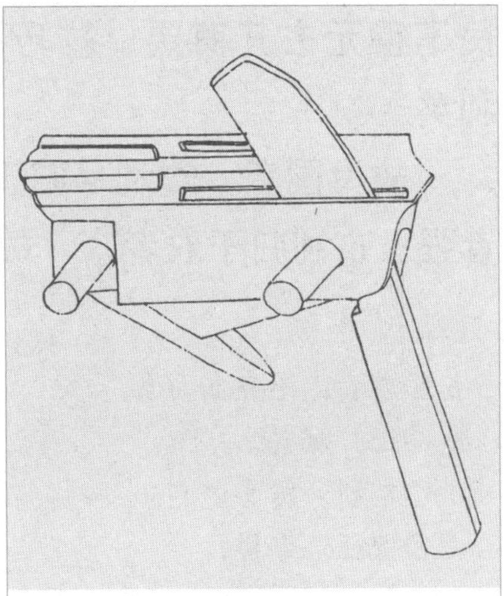

汉弩机

弩，也称作“窝弓”“十字弓”，是古代用来射箭的一种兵器。它是一种装有臂的弓，主要由弩臂、弩弓、弓弦和弩机等部分组成。

民众认为对外之事，没有比战争更危险的了，所以朝廷用轻法就不能役使他们去作战。什么叫轻法呢？即奖赏不多而刑罚不重，邪道没有堵住。什么是邪道呢？就是能说会道的人得到尊重，游走求官的人得到任用，儒家学说得到显扬。这三种途径如果不堵住，那么民众不肯出战，国家的战事就会失败。所以朝廷赏赐少，听从法令的人就得不到好处；刑罚轻，违反法令的人就不会受到损害。所以开启邪道来引诱百姓，并且用轻法去驱使百姓参战，如同诱捕老鼠却用狸猫作饵，不是希望非常渺茫吗？因此要想让百姓出战，必须用重法。赏赐必须丰厚而刑法必须严明，邪道必须堵塞。让能说会道的人得不到尊重，游走求官的人得不到任用，儒家学说得不到显扬。赏赐丰厚而刑罚严明，民众看到作战的赏赐丰厚就忘记了死亡的危险，看到不参加作战受到的侮辱就害怕痛苦地活着。丰厚的赏赐使他们忘记死亡的危险，严明的刑罚使他们害怕痛苦地活着，邪道又被阻塞，用这样的政策迎战敌人，好比用百石的强弩射飘摇的树叶，还有攻不破的吗？

[原文]

民之内事，莫苦于农，故轻治不可以使之。奚谓轻治？其农贫而商富，故其食贱者钱重，食贱则农贫，钱重则商富；末事不禁，则技巧之人利，而游食①者众之谓也。故农之用力最苦，而赢利少，不如商贾(gǔ)、技巧之人。苟能令商贾、技巧之人无繁，则欲国之无富，不可得也。故曰：欲农富其国者，境内之食必贵，而不农之征②必多，市利③之租必重。则民不得无田，无田不得不易其食，食贵则田者利，田者利则事者众。食贵，籴(dí)食不利，而又加重征④，则

民不得无去其商贾、技巧而事地利矣。故民之力尽在于地利矣。

故为国者，边利尽归于兵，市利尽归于农。边利归于兵者强；市利归于农者富。故出战而强，入休而富者，王也。

［注释］

①游食：不务农而食。

②征：赋税。

③市利：贸易之利。

④重征：重税。

［译文］

民众认为对内之事，没有比农事更加辛苦的了，所以国家采用轻治就不能役使他们。什么叫轻治？即农民贫穷而商人富足，所以粮食不值钱而钱则值钱，粮食不值钱农民就贫穷，钱值钱商人就富足；不限制工商业，那么手工业者就会获利，那么不务农而食的人也会增多。因此，农民出力最为辛苦，而获利最少，不如商人和手工业者。如果能使商人和手工业者不那么多，而国家想要不富，是不可能的。所以说：想要发展农业来使国家富裕，国内的粮价一定要高，而对不从事农业生产的人的赋税必须增加，贸易的利税必须加重。那么，民众不得不去种田，不种田就必须去买粮，粮价提高了种田的人就会获利，种田的人获利从事农业的人就会增多。粮食的价格贵，买粮就不划算，而又加重赋税，那么民众就不得不放弃商业和手工业而依靠种田获利。所以民众的力量都集中到农业上了。

所以治理国家，要把守卫边境的益处都给士兵，贸易的益处都给农民。边境的益处都给士兵的国家就强大；贸易的益处都给农民的国家就富足。所以在外征战而兵力强大，在内休养而国家富足，就能称王天下。

君臣第二十三

题解

君臣，指君主和臣子在治理国家中分别担任的角色和起到的作用。君臣上下的等级关系是社会的基本秩序，设立官位是为了辅助君主来管理国家，确立法度是为了禁止民众做坏事。君主受到尊崇，民众才会听从政令；官员清廉，社会才会安稳。要实现以上两点，必须确立严明的法度。作者认为君主对民众有引导作用，批评了君主违背法度的做法，主张君主谨言慎行，凡事以法度为准则。

[原文]

古者未有君臣上下之时，民乱而不治。是以圣人列贵贱，制爵位，立名号，以别君臣上下之义。地广，民众，万物多，故分五官①而守之。民众而奸邪生，故立法制、为度量②以禁之。是故有君臣之义、五官之分、法制之禁，不可不慎也。处君位而令不行，则危；五官分而无常，则乱；法制设，而私善③行，则民不畏刑。君尊，则令行；官修，则有常事；法制明，则民畏刑。法制不明，而求民之行令也，不可得也。民不从令，而求君之尊也，虽尧、舜之知(zhì)④，不能以治。明王之治天下也，缘法⑤而治，按功而赏。凡民之所疾战不避死者，以求爵禄也。明君之治国也，士有斩首、捕虏之功，必其爵足荣也，禄足食也。农不离廛(chán)⑥者，足以养二亲，治军事。故军士死节，而农民不偷也。

[注释]

①五官：殷周时分别掌管政事的五种高级官职。《礼记·曲礼下》：“天子之五官，曰司徒、司马、司空、司士、司寇，典司五众。”

②度量：用以计量长短、容积和轻重的标准。

③私善：私惠。不以法为标准而实行的恩惠。

④知：同“智”。

⑤缘法：因循法度。

⑥廛：古代城市平民的房地。

[译文]

古时没有区分君臣上下等级的时候，人民纷乱而不得治理。所以圣人划分贵贱，制定爵位，设立名号来区分君臣上下的等级关系。因为国土广阔，人口众多，物资丰富，所以分设五官来掌管。民众众多就会有奸邪之事发生，所以创立法度、制定度量衡的标准来限制奸邪产生。所以有君臣上下的等级关系、五官的分职、法律的限制，行事不可不慎重。处在君位而命令不得执行，那就危险了；五官已经分职却没有常规，那就乱套了；法度已经建立却不以法为标准实行恩惠，那么百姓就不惧怕刑罚了。国君有尊严，法令才能得以执行；官吏清明，政事才有常规；法度分明，百姓才惧怕刑罚。法度不明却要求百姓服从法令，那是不可能做到的。百姓不服从法令却希望国君有尊严，即使有尧和舜那样的智慧，也是做不到的。英明的国君治理天下，因循法度来处理政事，根据功劳行赏。一般来说，民众之所以奋勇作战而不畏死亡，是为了求取爵位和俸禄。英明的国君治理国家，战士有斩获敌首、抓获俘虏的功劳，一定让他的爵位足够荣耀，俸禄足够养活家人。农民不离开居住之地，足够奉养双亲，供给军需。所以士兵才肯殊死作战，农民才不怠惰。

[原文]

今世君不然，释法①而以知，背功而以誉。故军士不战而农民流徙。臣闻：道②民之门在上所先。故民，可令农战，可令游宦，可令学问，在上所与。上以功劳与，则民战；上以《诗》《书》与，则民学问。民之于利也，若水于下也，四旁③无择也。民徒④可以得利而为之者，上与之也。瞋目扼腕⑤而语勇者得，垂衣裳⑥而谈说者得，迟日旷久⑦积劳私门者得。尊向三者，无功而皆可以得，民去农战而为之。或谈议而索之，或事便辟⑧而请之，或以勇争之。故农战之民日寡，而游食者愈众。则国乱而地削，兵弱而主卑。此其所以然者，释法制而任名誉也。

故明主慎法制。言不中法⑨者不听也，行不中法者不高也，事不中法者不为也。言中法，则辩⑩之；行中法，则高之；事中法，则为之。故国治而地广，兵强而主尊。此治之至也，人君者不可不察也。

风尘三侠

“风尘三侠”是虬髯客、李靖及红拂女的合称，他们是隋末唐初三位有名的侠士。而古代许多侠士豪强，不农不工，常常扰乱社会秩序，损害君主与法度的威严。

[注释]

①释法：弃法不用。

②道：引导，疏导。

③四旁：指东西南北四方。

④民徒：民夫。

⑤瞋目扼腕：形容愤怒、勇敢的样子。

⑥垂衣裳：垂着手，形容无所事事的样子。

⑦迟日旷久：旷日持久。耗费时日，拖延很久。

⑧便辟：指君主左右受宠幸的小臣。

⑨中法：合法。

⑩辩：这里指言辞动听。

[译文]

现在的国君却不是这样，他们弃法不用而任人以智慧，不重视功劳而任人以声誉。所以将士不肯作战而农民外迁。我听说：引导百姓的关键在于国君的倡导。所以民众，可以使他们致力于农耕和作战，也可以使他们致力于游走求官，还可以使他们致力于学问，这些都在于国君在哪一方面行重赏。国君根据战功行赏，民众就奋勇作战；国君根据民众所读《诗经》《尚书》的水平赐予爵禄，民众就致力于做学问。民众对利益的追求，就像水向低处流一样，没有东南西北的选择。民众可以获利而乐于做的事情，就是国君的赏赐。气势汹汹地言谈勇武的人获得奖赏，游手好闲高谈阔论的人获得奖赏，成年累月依附权贵的人得到奖赏。尊崇以上三种人，他们没有建立功劳却得到奖赏，那么民众就会放弃农耕和作战而从事这些事情。他们或者用空谈去求得奖赏，或者依附权贵而获得好处，或者用悍勇去争

得利益。所以从事农耕和作战的人越来越少，不务农而食的人越来越多。那么国家就会混乱，国土就会被割削，军队弱而国君的地位卑微。导致这种结果的原因，是国君弃法不用而任人以虚名。

所以英明的国君重视法度，言论若不合法度就不听，行为若不合法度就不推崇，事情不合法度就不做。言论合乎法度，就认为动听；行为合乎法度，就认为高明；事情合乎法度，就去做。所以国家政治清明且土地广阔，兵力强大且国君地位尊崇。这就是政治清明的极致，国君不能不加以明察。

禁使第二十四

题解

禁使，即限制和驱使。在本篇中，作者主要阐明了势和数的重要性，认为“凡知道者，势、数也”，所以君主应该懂得如何借助“势”以及如何使用“数”的问题。作者进一步指出，君主所需的“势”并不是官吏众多，因为官员的利益一旦相同，就不可能互相监督，君主应该采用能够让官员和百姓互相制约的“数”。

［原文］

人主之所以禁使者，赏罚也。赏随功，罚随罪。故论功察罪，不可不审也。夫赏高罚下，而上无必知其道也，与无道同也。凡知道者，势、数也。故先王不恃其强而恃其势；不恃其信，而恃其数。今夫飞蓬①遇飘风而行千里，乘风之势也；探渊者知千仞(rèn)之深，县(xuán)②绳之数也。故托其势者，虽远必至；守其数者，虽深必得。今夫幽夜，山陵之大，而离娄不见；清朝日䵟(tuān)③，则上别飞鸟，下察秋豪。故目之见也，托日之势也。得势之至，不参④官而洁，陈数而物当。今恃多官众吏，官立丞、监。夫置丞立监者，且以禁人之为利也。而丞、监亦欲为利，则何以相禁？故恃丞、监而治者，仅存之治也。通数者不然也。别其势，难其道。故曰：其势难匿者，虽跖不为非焉。故先王贵势。

［注释］

①飞蓬：指枯后根断随风飞旋的蓬草。

②县：同“悬”。

③清朝：清晨。䵟：明亮。

④参：多。

［译文］

国君用来限制和役使臣下的手段，是赏赐和刑罚。赏赐依据功劳，刑

罚依据罪行。所以评判功劳、判定罪行不能不慎重。赏功罚罪，但国君不明确地知道其中的道理，这等同于没有法度。一般说来，懂得法度，就是懂得依仗权势和统治方法。所以古代帝王没有仗恃他的强悍而是倚仗客观形势；没有仗恃他的忠信而是依仗他的统治方法。就像飞蓬随着旋风飞行千里，是乘着风势的缘故；测量深潭的人可以测探八千尺的深度，是采用了悬绳测量法的缘故。所以依仗客观形势的，即使道路遥远，也一定能够到达；掌握了测量方法，即使很深，也一定能够测出来。如果现在是黑夜，即使像高山那么大的东西，离娄也看不见；清晨阳光明亮，那么他上能够辨别天上的飞鸟，下能够辨别秋季鸟兽的毫毛。所以眼睛能够看见东西，是依托太阳的光明这一客观形势。善于利用客观形势的君主，不需多设置官吏就能产生廉洁的效果，采用合适的方法政务就被办理妥当。现在治理国家，依靠多设置官吏，官吏中又设置负责监督的丞和监。设立丞和监是为了禁止官员们谋私利。但是丞和监也想谋私利，那么应该如何去禁止他们呢？因此依靠丞和监来治理国家，仅仅是使国家免于危亡的治国方法。通晓治国方法的国君不会这样。分析治国的客观形势，阻断谋私之道。所以说：客观形势难以隐瞒私利之时，即使像盗跖那样的人也不敢做坏事。所以古代君王重视对客观形势的运用。

[原文]

或曰："人主执虚后以应[1]，则物应稽验[2]，稽验则奸得。"臣以为不然。夫吏专制[3]决事于千里之外，十二月而计书[4]以定。事以一岁别计，而主以一听，见所疑焉，不可蔽[5]，员[6]不足。夫物至，则目不得不见；言薄[7]，则耳不得不闻。故物至则变[8]，言至则论。故治国之制，民不得避罪，如目不能以所见遁心[9]。今乱国不然，恃多官众吏。吏虽众，事同体一也。夫事同体一者，相监不可。且夫利异而害不同者，先王所以为保[10]也。故至治，夫妻交友不能相为弃恶盖非，而不害于亲，民人不能相为隐。上与吏也，事合而利异者也。今夫驺（zōu）虞[11]，以相监不可，事合而利同者也。若使马焉能言，则驺虞无所逃其恶矣，利异也。利合

而恶同者，父不能以问子，君不能以问臣。吏之与吏，利合而恶同也。夫事合而利异者，先王之所以为保也。民之蔽主，而不害于监，贤者不能益，不肖者不能损。故遗贤去智，治之数也。

［注释］

①虚：道家术语，指排出主观意念。后：道家术语，指退守。

②稽验：查验，检验。

③专制：独断专行。

④计书：古代州郡年终向朝廷汇报情况的簿书。

⑤蔽：断。

⑥员：物数。

⑦薄：迫近。

⑧变：通“辨”，明。

⑨遁心：逃避苟免之心。

⑩保：连坐。

⑪驺虞：天子囿中掌管饲养鸟兽的官。

［译文］

有人说：“如果君主持虚心、退守的态度对待一切，那么事物就能得到相应的查验，通过查验就能发现奸邪。”我却不这样认为。官吏在千里之外的地方处理政务独断专行，十二月按时将大小政务记录在簿书上。各类事物一年一计，而君主只处理一次，即使有所怀疑，也无法断定，因为物数不足。但是东西出现在眼前，眼睛就不会看不到；声音在耳边响起，耳朵就不会听不到。所以东西在眼前就能辨别清楚，言论出现才能论定。因此治理清明的国家的法制，百姓不能隐瞒他们的罪恶，就像眼睛不能使见到的一切逃避苟免之心。现在治理

听朝四辅

西周时，因周成王年幼即位，许多国事无法处理，朝廷专为他安排了周公、太公、召公和史佚等四贤帮助他执掌政权，为他解决国家政治、经济、军事等国家大事。每当周成王朝见群臣，这四贤就在他的前后左右进行辅导、帮助。

混乱的国家不是这样，只依仗官吏众多。官吏虽然众多，利益一致。官吏利益一致，就不可能互相监督。而利益不一致、损害也不相同，才是古代君主得以实行连坐的根据。所以好的政治，夫妻、朋友都不能互相包庇、掩盖罪行，这并不有损于亲情，而是周围的百姓不容他们隐瞒。君主与官吏之间的关系，就是事务相关而利益不同的关系。如果让马夫和马夫互相监督，那就不可行，因为他们的事务相关而利益一致。如果马会说话，马夫的罪行就无法隐藏了，因为马和马夫的利益是不一致的。利益一致、罪行相同的人，父亲不能责问儿子，君主不能责问臣下。官吏与官吏的关系，就是利益一致而罪行也相同。只有事务相关而利益不同，才是帝王实行连坐的根据。民众蒙蔽君主，而不受监督的妨碍，贤能的人不能增加，无能的人不能减少。所以，冷落贤能的人摒除智慧的人，是使政治清明的方法。

慎法第二十五

题解

慎法，即严格遵守法令。在本篇中，作者首先指出了现在的国君都在用乱国的方法治理国家。之所以出现这种情况，是因为他们任用所谓的贤者，而贤者的名声是从舆论而来。这就导致出现不重视农耕和作战的局面，滋生各种虱害。所以治理国家任用人才应该实行法治，使赏罚只出于战功。用严格的法令驱使民众专一于农耕和作战，就能达成国富民强、成就王业的功绩。

［原文］

凡世莫不以其所以乱者治，故小治而小乱，大治而大乱。人主莫能世治其民，世无不乱之国。奚谓以其所以乱者治？夫举贤能，世之所治也，而治之所以乱。世之所谓贤者，善正也。所以为善正也，党也。听其言也，则以为能；问其党，以为然。故贵之不待其有功；诛[1]之不待其有罪也。此其势正使污吏有资[2]而成其奸险，小人有资而施其巧诈。初假[3]吏民奸诈之本，而求端悫(què)[4]其末，禹不能以使十人之众，庸主安能以御一国之民？彼而党与人者，不待我而有成事者也。上举一与[5]民，民倍主位而向私交。民倍主位而向私交，则君弱而臣强。君人者不察也，非侵于诸侯，必劫于百姓。彼言说之势，愚智同学之，士学于言说之人，则民释实事而诵虚词。民释实事而诵虚词，则力少而非(fěi)[6]多。君人者不察也，以战必损其将；以守必卖[7]其城。

［注释］

①诛：处罚。

②资：凭借。

③假：借用，利用。

④端悫：正直诚谨。悫，诚实，谨慎。

⑤与：交好。

⑥非：通“诽”，诽谤。

⑦卖：背叛。这里指丢弃。

[译文]

现在的国君没有不用使国家混乱的方法去治理国家，所以他们管得少国家就小乱，他们管得多国家就大乱。因此，国君没有谁能够世世代代统治人民，而世上没有不混乱的国家。什么叫用使国家混乱的方法去治理国家呢？例如任用贤能的人，就是现在国君们所采用的统治方法，然而这正是采用使国家混乱的方法去治理国家。因为人们所谓的贤，是善良、正直。但善良正直的名声出于他们的党羽。国君听了他的言论，就认为他贤能；询问他的党羽，都称赞他贤能。所以对这样的人不等他立功，就使他尊贵；不等犯罪，就加以处罚。这种情况，正是使贪官污吏有了依仗去做奸邪之事，使小人有了依仗去施展他们的巧诈。既然一开始就给了官吏和民众欺诈的根本，而希望他们长出端正而诚实的枝叶，即使是大禹也不能借此统领十人的小团队，更何况是平庸的国君借此统治一国的臣民呢？那些结成党羽的人们，不等待国君发出命令就能达成自己的目的。国君从臣民中提拔这样一个人，臣民就背叛国君而倾向私交。臣民背叛国君而倾向私交，就会导致君主弱而大臣强。国君不能认识到这一点，不是要受到诸侯国的侵犯，就是要被百姓推翻。那些人谈说带来的影响，使愚昧的人和智慧的人都来效仿，民众向谈说的人学习，所以民众都放弃做实事而去诵读空洞的言论。民众都放弃做实事而去诵读空洞的言论，那么国家的实力就会减弱而流言蜚语就会增多。国君不能认识到这一点，用这样的臣民去征战，一定损兵折将；用这样的臣民去防守，一定丢弃城邑。

[原文]

故有明主忠臣产于今世，而欲领其国者，不可以须臾忘于法。破胜党任①，节②去言谈，任法而治矣。使吏非法无以守，则虽巧不得为奸。使民非战无以效其能，则虽险不得为诈。夫以法相治，以数相举。誉者不能相益，訾(zǐ)③者不能相损。民见相誉无益，习相爱不相阿(ē)④；见訾言无损，习相憎不相害也。夫爱人者，不阿；憎人者，不害。爱恶

各以其正，治之至也。臣故曰：法任而国治矣。

管仲问政

管仲病重，将不久于人世。齐桓公前去探望，管仲让齐桓公远离易牙、竖刁、常之巫、卫公子启方这些奸邪之人，但齐桓公被这些人忠诚的表象迷惑，没有听管仲的话。后来，易牙、竖刁、常之巫得势作乱，齐桓公惨死。

［注释］

①破胜：击破战胜。任：通“壬”。壬人，狡猾的人，巧言谄媚的人。

②节：节制。

③訾：诋毁。

④阿：偏袒，徇私。

［译文］

所以现在如果有英明的君主、忠实的臣子出现，想要统治他们的国家，不能片刻忘记法度。击破战胜党羽和奸巧的人，节制并取消虚妄之言，依照法度统治而政治自然就清明了。使官吏除了法度之外没有其他可依仗的东西，那么即使再奸巧也做不了坏事。使百姓除了战争之外没有其他可以施展能力的地方，那么即使再危险也不能做出坏事。依据法度来统治，依据规定来用人。赞誉不会给他人带来什么好处，诋毁不会对他人产生什么损害。百姓见相互称赞没有什么好处，就会形成互相爱护却不徇私的风气；见诋毁不会对他人产生什么损害，就会形成相互监督但不去损害他人的风气。喜爱某人，而不偏袒他；憎恶某人，而不贬损他。喜爱和憎恶都有正当的表现，这是统治的最高境界。所以我说：运用法度治理国家，国家就政治清明。

［原文］

千乘(shèng)能以守者，自存①也；万乘能以战者，自完②也。虽桀为主，不肯诎③半辞以下其敌。外不能战，内不能守，虽尧为主，不能以不臣谐所谓不若之国④。自此观之，国之所以重、主之所以尊者，力也。于此二者本于力，而世主莫能致力者，何也？使民之所苦者无耕，危者无战。二者，孝子难以为其亲，忠臣难以为其君。今欲敺⑤其众民，与之

孝子忠臣之所难，臣以为，非劫以刑而驱以赏莫可。而今，夫世俗治者，莫不释法度而任辩慧，后功力[6]而进仁义，民故不务耕战。彼民不归其力于耕，即食屈[7]于内；不归其节于战，则兵弱于外。入而食屈于内，出而兵弱于外，虽有地万里、带甲[8]百万，与独立平原一贯[9]也。且先王能令其民蹈白刃[10]，被矢石。其民之欲为之，非好学之，所以避害。故吾教令：民之欲利者，非耕不得；避害者，非战不免。境内之民莫不先务耕战，而后得其所乐。故地少粟多，民少兵强。能行二者于境内，则霸王之道毕矣。

[注释]

①自存：保全自己。

②自完：自保，自全。

③诎：屈服。

④谐：使和谐，这里指讲和。不若：不善，强暴。

⑤敺：“驱”的古字。

⑥功力：功业，功劳。

⑦屈：竭。

⑧带甲：披甲的将士。

⑨一贯：同样，一样。

⑩白刃：锋利的刀。

[译文]

有一千辆兵车用来防守的国家，可以保全自己；有一万辆兵车用来征战的国家，可以自全。即使桀为君主，也不肯说半句软话向敌人屈服。对外不能征战，对内不能防守，即使尧为君主，也不能不向强暴的国家讲和称臣。由此可见，国家之所以受到重视，国君之所以受到尊重，都在于自己的实力。提高国家和君主地位的根本在于提高实力，而世上的国君没有全力追求实力，为什么呢？使百姓感到劳苦的事情无外乎耕田，使百姓感到危险的事情无外乎战争。这两件事，孝子难以为了他的父亲而去做，忠臣难以为了他的国君而去做。现在想役使百姓，交给他们孝子忠臣都很难做到的事情，我认为，除非用刑罚来胁迫他们，用奖赏来驱使他们不可。但现在，世上的君主，没有不舍弃法度而任用巧言与智慧的人，把功劳置于后面而把仁义摆在前面，百姓因此不把力量集中在农耕和作战上。他的百姓不把力量集中在农耕上，国内的粮食就匮乏；不把节义放在战争中，对外兵力就薄弱。国内粮食匮乏，对外兵力薄弱，即使拥有万里国土、百万披甲的将士，情势同独自站在平原上一样。古代帝王能够让他的臣民面对锋利的刀，迎着飞箭和飞石。他的百姓之所以愿意这样做，不是因为他们喜欢这样做，而是为了免于刑罚。所以我们教令：百姓想获取利益，不耕田就得不到；想避免刑罚，不去打仗就不能免除。国内的民众没有不先致力于农耕和作战，然后才获得他们的安乐的。所以田地少而粮食多，民众少而兵力强。能够在国内实现这两点，那么成就霸业的道路就准备好了。

定分第二十六

题解

定分，即确定名分。在本篇中，作者论述了如何使法令得以迅速执行的问题。首先，法令制定后，要由对法令有深刻理解的人负责地方推广和解释。其次，法令要专门管理，不允许任何人擅自删改法令。再次，从天子到诸侯，每一级都要设立法官和法吏。最后，法令要简明易懂，能够被普通百姓理解。

[原文]

公问于公孙鞅曰：“法令以当时[1]立之者，明旦欲使天下之吏民皆明知而用之，如一而无私，奈何？”

公孙鞅曰：为法令，置官吏，朴足以知法令之谓者，以为天下正[2]，则奏天子。天子若[3]，则各主法令之。皆降，受命发官[4]，各主法令之。民敢忘行法令之所谓之名，各以其所忘之法令名罪之。主法令之吏有迁徙物故[5]，辄[6]使学读法令所谓。为之程序，使日数而知法令之所谓，不中程，为法令以罪之。有敢剟(duō)[7]定法令损益一字以上，罪死不赦。诸官吏及民，有问法令之所谓也于主法令之吏，皆各以其故所欲问之法令，明告之。各为尺六寸之符[8]，明书年、月、日、时、所问法令之名，以告吏民。主法令之吏不告，及之罪，而法令之所谓也，皆以吏民之所问法令之罪，各罪主法令之吏。即以左券[9]予吏之问法令者，主法令之吏谨藏其右券木柙[10]，以室藏之，封以法令之长印。即后有物故，以券书从事。

[注释]

①当时：这里指今天，与下文“明旦”相对。

②正：官长，君长。

③若：古同“诺”，许可。

④发官：上任。

⑤物故：亡故。

⑥辄：立即。

⑦剟：删除。这里指修改。

⑧符：符信，用来记载命令、公文等，盖有官府印信。

⑨左券：古代称契约为券，用竹做成，分左右两片，左片叫左券，是索取偿还的凭证。这里指符信的左片。

⑩木柙：木匣，木盒子。

［译文］

秦孝公问公孙鞅说：“今天制定法令，明天清晨就想让全国的官吏和百姓都明确地知道并且奉行，一致而不徇私，应该怎么做？”

公孙鞅说：制定法令，设置官吏。朴实足以使百姓知道法令的具体内容的人，可以让他担任长官，并上奏给天子。天子应允，就命令他们主管法令。他们都躬身受命，前往上任，各自主管各地的法令。百姓胆敢忘记遵守某项法令，就用他所忘记的法令规定惩罚他。主管法令的官吏，如果有升迁调动或亡故，就立刻命人学习法令的内容。为他做出规划，令他在几日内就通晓法令的内容，完成情况不合乎规划，就用法令惩罚他。如果有胆敢修改法令而增减一个字以上的，就处以死罪，绝不赦免。众官吏和百姓如果向主管法令的官吏询问法令的具体内容，主管法令的官吏必须针对他们的问题给以明确的答复。而且要制定一个长一尺六寸的符信，符信上写明年、月、日、时辰、所问法令的内容，并向官吏和民众宣告。如果主管法令的官吏不宣告，等到有一天询问的民众所犯的罪，正是他们所询问的那一条，就按民众所询问的那条罪状来惩罚主管法令的官吏。写好符信后，就把符信的左片给询问法令的人，主管法令的官吏则仔细地将右片装入木匣，收藏在一个屋子中，用法令长官的印封上。即使以后主管法令的官吏亡故了，也依照符信办事。

［原文］

法令皆副[1]，置一副天子之殿中，为法令为禁室，有键钥[2]，为禁[3]而以封之，内(nà)[4]藏法令一副禁室中，封以禁印。有擅发禁室印，及入禁室视禁法令，及剟(duō)禁一字以上，罪

皆死不赦。一岁受[5]法令以禁令。

天子置三法官：殿中置一法官，御史置一法官及吏，丞相置一法官。诸侯、郡、县皆各为置一法官及吏，皆比秦一法官。郡、县、诸侯一受赍（jī）来之法令，学并问所谓。吏民欲知法令者，皆问法官。故天下之吏民，无不知法者。吏明知民知法令也，故吏不敢以非法遇[6]民，民不敢犯法以干法官也。遇民不修法，则问法官，法官即以法之罪告之，民即以法官之言正告[7]之吏。吏知其如此，故吏不敢以非法遇民，民又不敢犯法。如此，天下之吏民虽有贤良辩慧，不能开一言以枉法；虽有千金[8]，不能以用一铢。故知、诈、贤能者皆作而为善，皆务自治奉公。民愚则易治也，此所生于法明白易知而必行。

五牛分商鞅

商鞅之法过于刻薄寡恩，他设连坐之法，制定严厉的法律，尤其是军功爵制度，造成秦国贵族多怨。前338年，秦孝公驾崩，秦惠文王即位，公子虔告商鞅谋反，商鞅逃亡，各方都不愿收留。后来商鞅回到商邑，发邑兵北出击郑国，秦国发兵讨伐，商鞅最后被秦惠王处“车裂之刑”于彤地，灭商君之族。

［注释］

①副：副本。

②键钥：锁钥。

③禁：封禁，相当于今天的封条。

④内：古同“纳”，收藏。

⑤受：通“授”，授予。

⑥遇：对待。

⑦正告：严正地告知。

⑧金：古代货币单位。

［译文］

法令都有副本，将一份副本放在天子的殿中，在殿中给法令辟一禁室，有锁钥，制作专门的封条封起来，把法令的副本藏入其中，用禁印封上。有擅自启开禁室封印的，进入禁室偷看禁室中的法令，以及修改禁室中的法令一个字以上的，都处以死罪，不可赦免。每年一次，将禁室中的法令颁布给主管法令的官吏。

天子设置三个法官：宫殿中设置一个法官，御史设置一个法官，丞相设置一个法官。诸侯、郡县也为他们各自设置一个法官和法吏，都比照秦都的法官。诸侯和郡县一旦接到送来的法令，就要学习和询问法令的内容。官吏和百姓想要了解法令的，都可以去询问法官。所以天下官吏和百姓没有谁不了解法令。官吏明知百姓了解法令，所以官吏不敢用非法的手段来对待百姓，百姓也不敢违反法令来触犯法官。官吏对待百姓不遵循法令，百姓就可以向法官询问，法官就把法令所规定的罪名告诉给他们，百姓就把法官的话郑重地告诉官吏。官吏知道事情会变成这样，就不敢用非法的手段对待百姓，百姓也不敢违反法令。这样一来，国内的官吏和百姓中即使有贤良、善辩和狡猾的人，也不敢说一句违反法令的话；即使拥有千金，也不能使用一铢违法的钱。于是智慧、巧诈、贤能的人都发生改变而去做好事，都追求自治，主动服从国家的法令。百姓愚昧就容易统治，这是由于法令明白易懂，所以一定会遵从。

［原文］

法令者，民之命也，为治之本也，所以备民[1]也。为治而去法令，犹欲无饥而去食也，欲无寒而去衣也，欲东而西行也，其不几亦明矣。一兔走，百人逐之，非以兔为可分以为百，由名分之未定也。夫卖兔者满市，而盗不敢取，由名分已定也。故名分未定，尧、舜、禹、汤且皆如骛[2]焉而逐之；名分已定，贪盗不取。今法令不明，其名不定，天下之人得议之。其议，人异而无定。人主为法于上，下民议之于下，是法令不定，以下为上也。此所谓名分之不定也。夫名分不定，尧、舜犹将皆折而奸之，而况众人乎？此令奸恶大起，人主夺威势，亡国灭社稷之道也。今先圣人为书而传之后世，必师受[3]之，乃知所谓之名；不师受之，而人以其心意议之，至死不能知其名与其意。故圣人必为

法令置官也，置吏也，为天下师，所以定名分也。名分定，则大诈贞信，巨盗愿悫（què）④，而各自治也。故夫名分定，势治之道也；名分不定，势乱之道也。故势治者不可乱，势乱者不可治。夫势乱而治之，愈乱；势治而治之，则治。故圣王治治，不治乱。

[注释]

①备民：保民。

②骛：同“骛”，疾驰。

③受：通“授”，教授。

④愿悫：朴实，诚实。

[译文]

法令，就是百姓的生命，治国的根本，是用来保护百姓的。治理国家却弃法不用，好比希望不挨饿却抛弃粮食，希望不受冻却抛弃衣服，希望到东方却向西走一样，无法达成所愿是非常明显的。一只兔子跑了，一百个人追赶兔子，并不是因为可以将兔子分成一百份而每个人各得一份，而是因为兔子的所有权没有确定。市场上有很多卖兔子的，盗贼却不敢去偷，是因为市场上兔子的所有权已经确定了。所以，在名分没有确定之前，尧、舜、禹、成汤也像骏马疾驰一样追逐；在名分确定以后，贪婪的盗贼也不敢夺取。现在法令不明确，条目不固定，天下百姓都会评议。天下百姓都在评议，却因人而异没有定说。国君在上制定法令，百姓在下议论纷纷，因此导致法令不能确定，以下为上。这就是所说的名分不定的情形。名分不定，尧、舜尚且都会改变道路去违法，何况普通百姓？这样就使奸恶成风，国君失掉权威，这是使国家灭亡的道路。如今古代圣人著书流传于后世，必须由老师传授，才能了解到具体内容；如不由老师传授，人人都凭借自己的想法来解读，至死都不能知道书中文字的具体意义。所以，圣人一定替法令设置法官、法吏，做天下人的老师，目的是为了确定名分。名分确定了，大奸之人可以变得诚实有信，大盗可以变得朴实谨慎，而且都能自治。所以确定名分，是社会形势得到治理的办法；名分不确定，是使社会形势混乱的办法。社会形势得到治理国家就不会混乱，社会形势混乱国家就不会得到治理。社会形势混乱再加以治理，就会更加混乱；社会形势得到治理再加以治理，才会安定大治。所以圣明的君主在社会形势得到治理时来治

理国家，而不在社会形势混乱时来治理国家。

［原文］

夫微妙意志之言，上知之所难也。夫不待法令绳墨[1]，而无不正者，千万之一也。故圣人以千万治天下，故夫知者而后能知之，不可以为法，民不尽知。贤者而后知之，不可以为法，民不尽贤。故圣人为法必使之明白易知，名正，愚知遍能知之。为置法官，置主法之吏，以为天下师，令万民无陷于险危。故圣人立，天下而无刑死者，非不刑杀也，行法令明白易知，为置法官吏为之师，以道(dǎo)[2]之知。万民皆知所避就[3]，避祸就福，而皆以自治也。故明主因治而终治之，故天下大治也。

［注释］

①绳墨：木工打直线的墨线，比喻规矩、准则。

②道：通“导”，引导。

③避就：避开与趋就。

［译文］

微妙地表达思想的言论，上等才智的人也不容易理解。不需要法令作为准则而行为都是正确的，这样的人在千万人中只有一个。所以圣人针对千万人来治理天下，所以只有智者理解后别人才能理解的东西，不能用来作为法令，因为并不是每个普通百姓都是智者。只有贤能的人理解后别人才能理解的东西，不能用来作为法令，因为并不是每个普通百姓都贤能。所以圣人制定法令一定使它明白易懂，确定名分，愚人和智者都能理解。为百姓设置法官，设置法吏，作为百姓的老师，使万民不致陷入犯法的危险境地。所以圣人掌管政权，使天下没有因受刑而死的人，并不是因为他不使用刑罚杀人，而是因为他推行的法令更明白易懂，又给百姓设置法官和法吏，作他们的老师，引导他们理解法令。万民都知道应该躲避什么、趋就什么，躲避祸患、趋向幸福，就能自治。所以英明的君主在百姓自治的基础上来完成治理国家，天下就大治了。

附录二：尉缭子

天官第一

题解

天官，天文星象的总称。作为先秦兵家四大流派之一的兵阴阳家，其基本特点是“顺时而发，推刑德，随斗击，因五胜，假鬼神而为助”。本篇针对这种观点展开批评，论述决定战争胜败最根本的原因，就是充分发挥人的作用，而不是当时兵阴阳家所宣扬的“天官、时日、阴阳、向背”等等迷信的说法。明确地指出了“先神先鬼，先稽我智。谓之天官，人事而已”的主张。

[原文]

梁惠王[①]问尉缭子曰：“黄帝刑德[②]，可以百胜，有之乎？”

尉缭子对曰：“刑以伐之，德以守之，非所谓天官[③]、时日[④]、阴阳[⑤]、向背[⑥]也。黄帝者，人事[⑦]而已矣。何者？今有城，东西攻不能取，南北攻不能取，四方岂无顺时乘之者邪？然不能取者，城高池[⑧]深，兵器备具，财谷多积，豪士一谋者也。若城下，池浅，守弱，则取之矣。由是观之，天官时日，不若人事也。

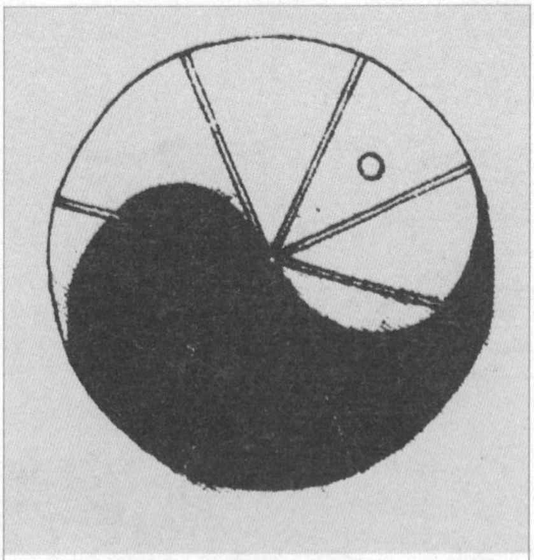

阴阳

阴阳是古代哲学的概念。古代朴素的唯物主义思想家把矛盾运动中的万事万物概括为“阴”“阳”两个对立的范畴，并以双方变化的原理来说明物质世界的运动变化。

[注释]

①梁惠王：魏惠王，战国初期魏国国君，姬姓，魏氏，名罃。

②黄帝：古代传说中部落联盟的首领。刑：指刑杀征伐。德：指奖赏安抚。

③天官：天文，即日月星辰等天体的分布、运行与变化。古人认为天体变化与人间百事有对应关系。

④时日：指年、四季、月、日、时辰。古人认为时日与人事相关。

⑤阴阳：中国古代哲学范畴，指万

事万物对立统一的两个方面。迷信家以德为阳，以刑为阴。

⑥向背：指切合与不切合。

⑦人事：指人为作用。

⑧池：护城河。

［译文］

梁惠王问尉缭子说："据说黄帝的刑德之术可以百战百胜，有这样的事情吗？"

尉缭子回答道："刑是用来杀伐的，德是用来守成的，并不是指天官、时日、阴阳、向背之类的东西。黄帝的刑德之术，只是强调人的作用而已。为什么这么说呢？假如现在有一座城池，从东、西两面进攻不能夺取，从南、北两面进攻也不能夺取，难道东、西、南、北四个方向都没有顺应天时的机会可以利用吗？城池不能被攻克的原因，在于城墙高峻，护城河又深又宽，城中武器齐备，财货、粮食储备充足，豪杰之士同心同德。如果城墙低矮，护城河浅窄，防守薄弱，那么就可以将其攻取。由此看来，天官、时日之类的条件不及人的作用重要。

［原文］

"按《天官》曰[1]：'背水陈(zhèn)[2]为绝地，向阪陈为废军[3]。'武王伐纣[4]，背济水[5]向山阪而陈，以二万二千五百人击纣之亿[6]万而灭商，岂纣不得天官之陈哉！楚将公子心[7]与齐人战，时有彗星出，柄[8]在齐。柄所在胜，不可击。公子心曰：'彗星何知？以彗[9]斗者，固倒而胜焉。'明日与齐战，大破之。黄帝曰：'先神先鬼[10]，先稽[11]我智。'谓之天官[12]，人事而已。"

［注释］

①按：指按语，也称"案语"，是作者或编者为正文附加的说明性文字。《天官》：古代书名，应属《汉书·艺文志》收录的"兵阴阳家"一类。

②陈：通"阵"。

③阪：山坡。废军：无用之军，败亡之军。

④武王：指周武王，周朝开国君主，姬姓，名发。纣：商朝末代君主，子姓，名受。

⑤济水：发源于今河南济源王屋山，下游曾多次变迁，商朝末年曾流经牧野（今河南新乡北部）一带。此“济水”疑为“清水”之误。清水，即今天的卫河，发源于山西太行山，流经牧野。

⑥亿：古代指十万。

⑦公子心：楚国将军，生平不详。

⑧柄：指彗尾呈柄状的部分。

⑨彗：这里指扫帚。

⑩先神先鬼：先去求神问鬼。

⑪稽：考察。

⑫天官：这里指人天生的器官。

[译文]

“按《天官》中说：‘背水列阵，就是自处绝地；向山列阵，就是白白葬送军队。’当初周武王讨伐商纣王，背靠济水，面向山坡排兵布阵，以二万二千五百人击败了纣王的数十万军队，从而灭掉商朝，这难道是因为商纣王没有按照《天官》所说的布阵占据有利位置吗？楚国将领公子心与齐国军队交战，当时天上出现了彗星，其柄部指向齐人一方。按照当时的观念，彗柄所指的一方能够取胜，不宜对其发动攻击。公子心说：‘彗星知道什么？用扫帚打斗，本应该将扫帚倒过来用其柄击打对方，这样才能取胜。’次日，楚军与齐军交战，最终大败齐军。黄帝说：‘先去求神问鬼，不如先考量一下自己的智慧。’这就是说，所谓天官，实际上是指发挥人的作用。”

兵谈第二

题解

兵谈，即谈兵。本篇主要论述了作战的指导思想，将帅的地位作用以及军事与经济的关系等。本篇谈论的是建城与立国的根据，要求做到“建城称地，以地称人，以人称粟”，也就是说建城要与本国的经济条件相适应。用兵作战应该“见胜则兴，不见胜则止”。要根据战争规模的大小，做好充分的准备，速战速决，不要拖得太长。要用磅礴的气势压倒对方，进而消灭他。

［原文］

量土地肥墝(qiāo)①而立邑。建城称②地，以城称人，以人称粟。三相称，则内可以固守，外可以战胜。战胜于外，备主于内。胜备相应，犹合符节③，无异故也。

治兵者，若秘于地，若邃(suì)④于天，生于无⑤。故开之，大不窕(yáo)⑥，小不恢⑦。

［注释］

①墝：同“硗”，土地贫瘠而坚硬。

②称：相称。

③符节：古代朝廷用来传达命令、调遣军队或供使者通行的凭证，多用玉石、金属、竹木制造。符节作为信物通常剖为两半，双方各执一半，相合以验真假。

④邃：深邃。

⑤生于无：产生于无形。这里指治兵之法并不在于军事本身，而在于政治、经济等方面的策略。

⑥窕：轻佻，放荡不羁。

⑦恢：局促。

［译文］

根据土地的肥沃、贫瘠情况来设立城邑。城邑的修建应当与土地面积大小相称；城邑的规模应当与人口的多少相称；人口的多少应当与粮食的供应量相称。三者相称，对内就可以稳固地防守，对外就可以战胜敌人。对外战胜敌人，关键在于内部的准备。外部取胜和内部备战相适应的情况，就如同两半符节一样吻合，这正是没有任何偏差的缘故。

治兵之道，要像藏于地下一样隐秘，要像处于天空一样深邃悠远，产生于无形之中。所以一旦开战，大规模用兵不会肆意放荡，小规模用兵也不会显得局促窘迫。

［原文］

明乎禁舍开塞①，民流者②亲之，地不任③者任之。夫土广而任则国富，民众而治则国治。富治者，民不发轫（rèn）④，甲不暴出⑤，而威制天下。故曰：兵胜于朝廷⑥。不暴（pù）甲⑦而胜者，主胜也；陈而胜者，将胜也。

［注释］

①禁舍：以刑罚的手段禁止犯罪，以奖赏的手段来鼓励立功。禁，禁止。舍，开放。开塞：与“禁舍”意思相近。开，开放。塞，堵塞，禁止。

②流者：流离失所的人。

③任：利用。

④发轫：抽去轫，使车前进。这里指发动、动员。轫，阻止车轮转动的木头。

⑤暴出：应作“出橐”，意为取出甲胄，出兵作战。橐，盛放盔甲的套子。

⑥兵胜于朝廷：军事上的胜利来自于朝廷上的决策。

⑦暴甲：暴露铠甲，意为出兵。暴，晒，暴露。

过蒲赞政

子路当了蒲宰，孔子到蒲地后，再三称赞，子贡很奇怪。孔子说，一入蒲地，田地沟渠治理得好，说明子路为政恭敬，讲信用，这样人民才会尽力；进了城，房屋坚固，树木茂盛，说明子路忠恕待人，人民安居乐业；到了官衙，庭院清净，说明官吏尽职，施政不侵扰人民。

［译文］

要明白哪些事情需要禁止，哪些事情需要提倡。人民流离失所，要对其加以亲近、安抚；土地荒芜闲置，要对其加以开发利用。土地广阔并且能够充分利用，

国家就会富足；人口众多而又治理有序，国家就会安定。在一个富足而又安定的国家中，百姓不必动员，军队不必出动，却能以威势制服天下。所以说：军事上的胜利源于君主和将领在朝廷上的决策。不出兵却能够取胜，是君主的胜利；通过布阵、交战而取胜，是将领的胜利。

［原文］

兵起，非可以忿也。见胜则兴，不见胜则止。患在百里之内，不起一日之师[1]；患在千里之内，不起一月之师；患在四海之内[2]，不起一岁之师。

将者，上不制[3]于天，下不制于地，中不制于人[4]。宽不可激而怒，清不可事以财。夫心狂、目盲、耳聋，以三悖[5]率人者难矣。

［注释］

①不起一日之师：不可只作一天的战斗准备。

②四海之内：古人认为中原地区被大海所环绕，故以“四海之内”代指中原地区，亦有天下之意。

③制：制约。

④人：指能够对将领用兵产生影响的人，包括本国君主以及前方敌人等。

⑤悖：悖论，引申为毛病。

［译文］

发动战争，不可凭一时的愤怒。能够预见胜利就可以兴兵，不能预见胜利就要停止行动。祸患发生在百里之内，就不能只作一天的战斗准备；祸患发生在千里之内，就不能只作一个月的战斗准备；祸患发生在四海之内，就不能只作一年的战斗准备。

身为将领，上不受制于天，下不受制于地，中不受制于人。心胸宽广，不可因一时刺激而发怒；清正廉洁，不可因贪财而收受贿赂。心思狂乱、视觉不明、听觉不灵，如果任用有这三种缺陷的人统领军队，那么取胜就变得十分困难了。

［原文］

兵之所及，羊肠[1]亦胜，锯齿[2]亦胜；缘[3]山亦胜，入谷亦胜；方[4]亦胜，圆[5]亦胜。重者如山如林，如江如河；轻

者如炮(páo)如燔(fán)⑥，如漏如溃⑦。如垣⑧压之，如云覆之。令之聚不得以散，散不得以聚；左不得以右，右不得以左。兵如总木⑨，弩如羊角，人人无不腾陵张胆，绝乎疑虑，堂堂⑩决而去。

［注释］

①羊肠：指狭窄曲折的羊肠小道。

②锯齿：指曲折不平的险要地形。

③缘：攀爬，攀登。

④方：方形军阵。

⑤圆：圆形军阵。

⑥炮：用泥包裹食物放到火中煨烤。燔：把食物直接放到火上烤。

⑦如漏如溃：本句原无，据《太平御览》卷二百七十补。

⑧垣：矮墙。这里泛指墙。

⑨总木：一作“楤木”，一种带刺的落叶灌木或乔木。

⑩堂堂：强盛的样子。

［译文］

军队所到之处，在羊肠小道也能取胜，在曲折的山路也能取胜；攀爬山峰也能取胜，进入山谷也能取胜；使用方阵也能取胜，使用圆阵也能取胜。军队沉稳持重之时，就像山林、江河一样；军队轻捷灵动之时，就像煨烤食物的火焰、渗泄的流水一样。像坍塌的墙壁压下来一样迅猛，像云雾弥漫开来一样铺天盖地。使聚集的敌军不能分散，使分散的敌军不能聚集；使敌军左边顾不到右边，右边顾不到左边。兵器如同丛生的灌木，弓弩如同群羊的犄角；士卒无不踊跃向前，放开胆量，断绝一切疑虑，勇往直前地一决胜负。

制谈第三

题解

制谈，即讨论军制。本篇论述了国家的政治和军事两方面的制度对于战争胜利的保证作用。作者明确地指出了“制必先定”。所谓的“制”也就是制度，它包括以下几个方面：编制、纪律，以及文中所提到的修号令、明赏罚、举贤能等等，其目的就是为了“使天下非农无所得食，非战无所得爵，使民扬臂争出农战，而天下无敌矣”。除此之外，作者还强调：在战争状态下，一定要依靠自己的力量，不能把希望寄托在他人的援助上。

［原文］

凡兵，制[1]必先定。制先定，则士不乱；士不乱，则刑乃明。金鼓[2]所指，则百人尽斗，陷行[3]乱陈；则千人尽斗，覆军杀将；则万人齐刃[4]，天下莫能当[5]其战矣。

古者，士有什伍[6]，车有偏列[7]。鼓鸣旗麾[8]，先登者，未尝非多力国士也[9]；先死者，亦未尝非多力国士也。

［注释］

①制：军队编制。

②金鼓：古代战争以敲击金鼓来指挥作战、传递信号。金，即钲，一种金属乐器，形状似钟。古代作战，鸣金则止，击鼓则进。

③行：军阵的行列。

④刃：用作动词，砍杀。

⑤当：抵挡，阻挡。

⑥什伍：古代军队编制，五人为一伍，十人为一什。

⑦偏列：古代军中战车的编制单位，一般五偏为列，二十五乘为偏。

⑧麾：主帅的令旗。这里同“挥”，挥动。

⑨多力：大力。国士：国中优秀的勇士。

［译文］

但凡治军，一定要先确定编制。先将编制确定好，士卒就不会混乱；

士卒不混乱，刑罚就会彰明。在这样的前提下，金鼓所指，百人全力战斗，可以击垮敌军阵列；千人全力战斗，可以消灭敌军，斩杀敌将；万人协力砍杀，天下就没有人能够阻挡其进攻了。

在古代，士卒有什伍的编制，战车有偏列的编制。击鼓挥旗发动进攻，率先登上敌军城头的未尝不是国中勇猛强悍之士；最先战死者也未尝不是国中勇猛强悍的勇士。

［原文］

损敌一人而损我百人，此资①敌而伤我甚焉，世将②不能禁。征役分军而逃归③，或临战自北④，则逃伤甚焉，世将不能禁。杀人于百步之外者，弓矢也；杀人于五十步之内者，矛戟也。将已鼓而士卒相嚣⑤，拗（ǎo）矢、折矛、抱（pāo）戟⑥，利后发。战有此数者，内自败也，世将不能禁。士失什伍，车失偏列，奇兵捐将而走⑦，大众亦走，世将不能禁。夫将能禁此四者，则高山陵⑧之，深水绝⑨之，坚陈犯之；不能禁此四者，犹亡舟楫⑩，绝江河，不可得也。

舟楫

如果发生了士兵脱离了什伍编制，战车脱离了偏列编制，奇兵遗弃将领逃跑，大部队也随之逃散这四种情况，那么将领指挥作战就如同在没有船只和船桨的情况下横渡江河，难以取得胜利。

［注释］

①资：资助，帮助。

②世将：这里指世上一般的将领。

③征役：百姓应征服役。分军：分别编入军中。

④北：败北。

⑤嚣：喧哗。

⑥拗：用手折断。抱：通“抛”，丢弃。

⑦奇兵：指与负责正面作战的常规

部队相对的侧翼部队。捐：丢弃。

⑧陵：登上。

⑨绝：横渡。

⑩楫：划船工具。

［译文］

使敌军损失一人而我军损失百人，这等于是帮助敌人而重伤我军，一般的将领对此难以制止。百姓应征服役，刚刚被编入军中就逃回家中，或者临战之时自行败走，这样逃亡造成的损失就十分严重了，一般的将领对此难以制止。在百步之外杀死敌人的是弓箭，在五十步以内杀死敌人的是矛和戟。将领已经击鼓，发出了进攻命令，而士卒却一片喧哗，折断弓，毁掉矛，丢掉戟，以落在后面为有利。作战之时如果出现这几种情况，就可以说军队已经从内部溃败了，一般的将领对此无法制止。士卒脱离了什伍编制，战车脱离了偏列编制，奇兵遗弃将领逃跑，大部队也随之逃散，一般的将领对此无法制止。将领如果能够杜绝这四种情况发生，那么他指挥的军队就可以攀越高山，横渡深水，攻克敌人坚固的阵地；如果不能杜绝这四种情况发生，那么他指挥作战就如同在没有船只、船桨的情况下横渡江河一样，是无法取得胜利的。

［原文］

民非乐死而恶生也，号令明，法制审①，故能使之前。明赏于前，决罚于后，是以发能中利，动则有功。

今百人一卒②，千人一司马③，万人一将。以少诛④众，以弱诛强。试听臣言其术，足使三军⑤之众，诛一人无失刑⑥。父不敢舍⑦子，子不敢舍父，况国人乎！

［注释］

①审：周详。

②卒：古代军队编制，百人为一卒。这里指一卒之长。

③司马：古代军队官职，不同时期其职权范围也不相同。这里指千人之长。

④诛：这里指管辖。

⑤三军：指上中下三军或前中后三军。泛指全军。

⑥失刑：错罚。

⑦舍：通“赦”，赦免，庇护。

［译文］

民众并非喜欢死亡而厌恶生存，只是因为号令严明，法度周详，所以将领才能驱使他们冒死向前。用明确的奖赏措施在前面吸引，用严酷的处罚措施在后面督促，所以出兵就能取得胜利，行动就能取得成功。

如今，百人设一名卒长，千人设一名司马，万人设一名将军。这是以少数人管辖多数人，以弱的一方管辖强的一方。如果君上听从我所说的方法，就足以使全军上下不错罚一人。父亲不敢包庇儿子，儿子不敢包庇父亲，更何况民众之间呢！

［原文］

一贼仗剑击于市，万人无不避之者，臣谓非一人之独勇，万人皆不肖[1]也。何则？必死与必生，固不侔(móu)[2]也。听臣之术，足使三军之众为一死贼[3]，莫当其前，莫随其后，而能独出独入焉。独出独入者，王霸(bó)之兵也[4]。

［注释］

①不肖：无才无德。

②侔：相等。

③死贼：舍命拼死的贼人。这里引申为敢死的勇士。

④王：原指天子。战国时期多指能够统一天下之人。霸：通“伯”，原指一方诸侯之长，后泛指诸侯中的称霸者。

［译文］

一个贼人手持利剑在集市上行凶，众人无不躲避。我认为，这并不是因为只有他一个人勇敢，而是因为众人都怯懦无能。这是为什么呢？因为不躲避贼人就一定会丧命，躲避贼人就一定可以生存，二者本来就不等同。君上如果听从臣下的办法，就足以使全军将士像一个不怕死的勇士一样，没有人敢在前面阻拦，也没有人敢在后面尾随，这样就可以独往独来。能够独往独来而无所阻碍的军队，才是能够统一天下、称霸诸侯的军队。

［原文］

有提[1]十万之众而天下莫当者，谁？曰桓公[2]也。有提七万之众而天下莫当者，谁？曰吴起[3]也。有提三万之众而天下莫当者，谁？曰武子[4]也。今天下诸国士[5]，所率无

不及二十万之众者，然不能济功名者，不明乎禁舍开塞也。明其制，一人胜之，则十人亦以胜之也；十人胜之，则百千万人亦以胜之也。故曰：便⑥吾器用，养吾武勇，发之如鸟击，如赴千仞(rèn)之谿⑦。

［注释］

①提：率领。

②桓公：齐桓公，姜姓，名小白，春秋时期齐国国君，“春秋五霸”之首。

③吴起：战国初期军事家，卫国人，后为魏将，受到魏文侯重用。

④武子：孙武，字长卿，春秋末期军事家。原为齐国人，后为吴将，帮助吴王称霸一时。

⑤国士：这里指各国军队的将领。

⑥便：改善，改进。

⑦仞：古代长度单位，周代八尺或七尺为一仞。谿：山谷。

［译文］

有率领十万军队而天下无人能够抵挡的是谁？是齐桓公。有率领七万军队而天下无人能够抵挡的是谁？是吴起。有率领三万军队而天下无人能够抵挡是谁？是孙武。如今天下各国将领率领的军队都不少于二十万，然而却不能成就功名，这是因为他们不明白什么事情应该禁止、什么事情应该提倡。如果能够彰明军中制度，那么一个人去夺取胜利，十个人就会跟着去夺取胜利；十个人去夺取胜利，百人、千人、万人也都会跟着去夺取胜利。所以说：改善我军的装备，培养我军的英勇作风，这样，军队一旦发起进攻，就如同鹰击长空一般凌厉，就如同水落千仞深谷一样势不可挡。

［原文］

今国被①患者，以重宝出聘②，以爱子出质③，以地界出割，得天下助卒，名为十万，其实不过数万尔。其兵来者，无不谓其将曰：“无为天④下先战。”其实不可得而战也。

量⑤吾境内之民，无伍莫能正(zhēng)矣⑥。经制⑦十万之众，而王必能使之衣吾衣⑧，食吾食⑨，战不胜，守不固者，非吾民之罪，内自致也。天下诸国助我战，犹良骥騄(lù)耳之驶⑩，

彼驽(nú)马鬐(qí)兴角逐⑪，何能绍⑫吾气哉？

[注释]

①被：遭受。

②聘：指各诸侯国之间遣使访问。

③质：人质。战国时期，诸侯国之间为了相互取得信任，常将国君的子侄作为人质派往他国。

④天：一作“人”。

⑤量：衡量，统计。这里有治理的意思。

⑥伍：指古代居民编制单位，五家为一伍。正：通“征”，征发。

⑦经制：经营，节制。

⑧衣吾衣：穿我们发放的衣服。

⑨食吾食：吃我们供应的粮食。

⑩骥：千里马。騄耳：古代良马名。

⑪驽马：劣马。鬐：马鬃。角逐：较量追逐。

⑫绍：助长，续补。

[译文]

如今诸侯国遭受祸患之时，就让使者携带大量珍宝出访他国，将自己的爱子作为人质送往他国，把本国的土地割让给他国，以换取其他国家的援兵。这些援兵名义上有十万之多，但实际上不过数万而已。各国援兵出发之时，国君无不告诫将领说：“不要在别人之前出战。”援兵相互观望，也就根本不能用以作战了。

骥

骥，好马，一种能一日行千里的良马。常用来比喻贤能。

治理境内的百姓，如果没有伍的编制，就不能征发兵役。管理十万大军，君王就一定要让他们穿上我们发放的衣服，让他们吃我们供应的粮食。如果出战没有取胜，防守不够坚固，这就不是我们百姓的罪过，而是军队内部缺乏有效制度的缘故。天下各国出兵帮助我们作战，但是敌人就好像千里马一样驰骋，而援军却像劣马一样站在原地、竖起鬃毛与之较量，这又怎么能激励我军士气呢?

［原文］

吾用天下之用为用，吾制天下之制为制，修[1]吾号令，明吾刑赏，使天下非农无所得食，非战无所得爵。使民扬臂争出农战，而天下无敌矣。故曰：发号出令，信行国内。民言有可以胜敌者，毋许其空言[2]，必试其能战也。

视[3]人之地而有之，分人之民而蓄[4]之，必能内有其贤者也。不能内有其贤而欲有天下，必覆军杀将。如此，虽战胜而国益弱，得地而国益贫，由国中之制弊矣。

［注释］

①修：整饬。

②毋：不要，不可。许：相信。

③视：收纳，收取。

④蓄：蓄养。这里引申为管理、教化百姓。

［译文］

我用天下一切可用之物为我所用，我效法天下一切可以效法的制度作为我的制度；整饬我的号令，彰明我的赏罚原则。使天下百姓不从事农业生产就得不到食物，不从军参战就得不到爵位。这样就会使百姓个个摩拳擦掌、争先恐后地从事农耕和征战，从而使我们天下无敌。所以说：号令一经发布，就可以取信于民，通行全国。百姓说有可以战胜敌人的方法，不要轻信那些空话，一定要试验一下，看他究竟有没有作战能力。

吞并别国的土地而占有它，瓜分别国的百姓而治理他们，其前提是国内一定要有贤人辅政。如果国内没有贤人辅政，而又想拥有天下，那么一定会兵败将亡。在这种情况下，即使打了胜仗，国家也会更加衰弱；即使夺取了土地，国家也会更加贫困，这是由国内制度的弊端决定的。

战威第四

题解

战威，就是作战的力量，也就是我们今天常说的战斗力。本篇论述了构成战斗力的精神因素，也涉及提高战斗力的物质因素。作者认为：要想提高战斗力，首先要充分发挥出人的作用，强调士气的高低是决定战争胜负的一个重要因素。所以本篇首先详细地论述了如何提高士气，其次论述了如何正确使用一定的物质条件来获得胜利。

[原文]

凡兵，有以道①胜，有以威②胜，有以力胜。讲③武料敌，使敌之气失而师散，虽形④全而不为之用，此道胜也。审法制，明赏罚，便器用，使民有必战之心，此威胜也。破军杀将，乘闉(yīn)发机⑤，溃众夺地，成功乃返，此力胜也。王侯⑥知此，所以三胜者毕矣。

[注释]

①道：指谋略。

②威：指威势。

③讲：研究。

④形：军队的阵形。

⑤闉：指城楼。机：弩机，弩上用来发射箭矢的机关。

⑥王侯：这里指诸侯国君。战国时期，诸侯纷纷称王。

[译文]

但凡用兵，有以谋略取胜的，有以威势取胜的，有以武力取胜的。研究武器装备，分析敌情，使敌人士气尽失而军队溃散，虽然阵形完整却不能为其所用，这就是以谋略取胜。严密地施行法制，彰明赏罚原则，改善武器装备，使百姓有勇于战斗的决心，这就是以威势取胜。击垮敌军，斩杀敌将，登上敌人的城楼，扣动弩机，击溃敌众，夺取土地，成功以后班师回朝，这就是以武力取胜。诸侯如果了解这些，那么三种取胜的诀窍也就全部掌握了。

［原文］

夫将之所以战者，民也；民之所以战者，气也。气实则斗，气夺则走[1]。刑未加[2]，兵未接，而所以夺敌者五：一曰庙胜[3]之论，二曰受命[4]之论，三曰逾垠之论[5]，四曰深沟高垒[6]之论，五曰举陈加刑[7]之论。此五者，先料敌而后动，是以击虚夺之也。善用兵者，能夺人而不夺于人。夺者，心之机[8]也。

［注释］

①走：指逃跑。

②刑：通“形”，指军队。加：相遇，交战。

③庙胜：指朝廷预先制定的克敌制胜的谋略。庙，这里指朝廷。古时国家凡遇战事，都要在宗庙里举行告祭仪式，后逐渐演变为战前会议。

④受命：指出征之前军队统帅接受君命的仪式。

⑤逾垠之论：指将领在外作战时所拥有的独自决断的权力。逾，超越，越过。垠，国界。

⑥深沟高垒：挖掘深沟，修筑高垒。指修建坚固的防御工事。

⑦加刑：向敌军发起进攻。刑，通“形”，指敌军阵地。

⑧机：事物发生的枢纽，关键。

［译文］

将军作战所依赖的是士兵，士兵作战所依赖的是士气。士气充足则士兵勇于战斗，士气衰弱则士兵就会逃跑。两军没有相遇，兵器没有交接，这时先声夺人的要诀有五点：一是朝廷的战前谋划要正确；二是任用的将领要得力，将领接受君命的仪式要庄重；三是将领出境作战要有独自决断的魄力；四是修筑防御工事要坚实牢固；五是列阵进攻要方法得当。以上五点，关键是要先分析敌情，然后再采取行动，这样才能击中敌人的弱点而取得胜利。善于用兵的人，能够挫伤敌人的士气，而不被敌人挫伤士气。挫伤士气，关键在于将领的机智。

［原文］

令者，一众[1]心也。众不审则数变，数变则令虽出，众不信矣。故令之法，小过无更，小疑无申[2]。故上无疑令，

戒酒防微

大禹之时，有一位擅于酿酒的人，叫仪狄，他将酒献给大禹。大禹喝过后，觉得酒甘美异常，于是说："后世之人，必有放纵于酒以致亡国者。"因此，大禹疏远了仪狄，不许他再来觐见。事物的发展由小变大，小错改起来容易，到大错时改起来就很难，所以才要防微杜渐。

则众不二听；动无疑事，则众不二志。

古率民者③，未有不信其心而能得其力者，未有不得其力而能致④其死战者也。故国必有礼信亲爱之义，则可以饥易饱；国必有孝慈廉耻之俗，则可以死易生。古者率民，必先礼信而后爵禄，先廉耻而后刑罚，先亲爱而后律⑤其身。

[注释]

①众：这里指一般的将领。

②申：重新申述。

③古率民者：此四字原无，据《群书治要》补。

④致：这里意为求得。

⑤律：按律处罚。

[译文]

号令，是用来统一士卒意志的。一般的将领不精于此道，号令就会屡次变更。号令如果屡次变更，那么即使发出命令，士卒也不会信服。所以，发布号令的原则在于，有小的差错就不必更改，有小的疑点就不必重新申述。所以，上级没有模棱两可的号令，士卒就不会无所适从；行动没有犹豫、疑惑之处，士卒就不会三心二意。

古时治理百姓的人，没有不取得百姓信任却能使他们自愿效力的，也没有不取得他们自愿效力却要求他们拼死战斗的。所以，国家一定要有尊礼守信、相亲相爱的风气，这样才可以克服饥饿而获得温饱；国家一定要有孝敬慈爱、明廉知耻的习俗，这样才可以摆脱死亡而获得生存。古代君主治理百姓，必定先讲求礼义忠信，然后才赏赐爵位、俸禄；先讲求廉洁知耻，然后才施加刑罚；先讲求相亲相爱，然后才用法律约束。

［原文］

故战者，必本乎率身以励众士，如心之使四支[1]也。志不励，则士不死节[2]；士不死节，则众不战。励士之道，民之所生不可不厚也；爵列之等，死丧之礼[3]，民之所营，不可不显也。必也因民所生而制之，因民所营而显之。田禄[4]之实，饮食之粮[5]，乡里相劝[6]，死丧相救，兵役相从，此民之所励也。

［注释］

①四支：指“四肢”。支，通“肢”。

②死节：为守节而死，意即为国捐躯。

③礼：原作“亲”，据《群书治要》改。

④田禄：爵禄、官禄。古代以谷物作为俸禄，谷物出自田中，故称“田禄”。

⑤粮：原作“亲”，据《群书治要》改。

⑥乡里：古代地方行政单位，乡下辖里。这里指同乡同里之人。劝：鼓励，勉励。

［译文］

所以，领兵作战的人一定要以自身的表率来激励士卒，这样才能像头脑支配四肢一样调遣自如。没有激发斗志，士卒就不愿以死报国；士卒不愿以死报国，全军就无法作战。激励士卒的方法是：应该使百姓的生活丰厚、富裕；对于爵位等级、丧葬礼仪这些百姓所追求的东西，应该使其显赫。一定要根据百姓的生计需要来确立制度，以百姓所追求的东西为依据，使其显赫。田禄的实惠，粮食的满足，同乡同里之人的相互劝勉，生老病死的相互帮助，参军服役的相互跟随，这些都是激励民众斗志的具体内容。

［原文］

使什伍如亲戚，卒伯[1]如朋友，止如堵墙[2]，动如风雨，车不结辙[3]，士不旋踵[4]，此本战之道也。

地所以养民也，城所以守地也，战所以守城也。故务

耕者民不饥，务守者地不危，务战者城不围。三者，先王之本务也，本务者，兵最急。故先王专于兵有五焉：委积[5]不多，则士不行；赏禄不厚，则民不劝；武士不选，则众不强；备用不便，则力不壮；刑赏不中[6]，则众不畏。务此五者，静能守其所固，动能成其所欲。

[注释]

①卒伯：古代军队编制，这里指同卒同伯之人。卒，这里指二十五人的编制单位，不同于一般的百人之卒。伯，指百人之长，也指百人的编制单位。

②堵墙：墙壁，这里形容军阵坚实如墙。堵，土墙。

③结辙：战车往返而使车辙交错。这里指战车返还。

④旋踵：掉转脚跟逃跑。踵，脚跟。

⑤委积：军需物资的储备。

⑥中：公正准确。

[译文]

使同什同伍的人的关系如同亲戚，使同卒同伯之人的关系如同朋友；军队驻扎时就要像墙壁一般坚固，行动时就要像风雨一般迅捷；战车不往回行驶，士卒不掉转脚跟逃跑，以上这些，就是作战最根本的道理。

土地是用来蓄养百姓的，城池是用来守卫土地的，战斗是用来守卫城池的。所以，致力于农业生产，百姓就不会饥饿；致力于军事防御，就没有土地沦陷的危险；致力于对敌作战，城池就不会被围困。这三件事，是古代先王的根本任务，在诸多根本任务之中，军事问题是最为紧要的。所以古代先王专注于军事问题，其中包括五个方面内容：军需物资储备不多，士卒就无法行动；奖赏与俸禄不够丰厚，民众就得不到激励；武士不经过严格选拔，组建的军队就不会有强大的战斗力；武器装备不够便利，战斗力就得不到增强；赏罚不公正严明，士卒就不会畏服。专注于这五个方面，按兵不动时就能固守阵地，行动起来就能实现目标。

[原文]

夫以居攻出[1]，则居欲重，阵欲坚，发欲毕[2]，斗欲齐。王国富民，霸国富士[3]，仅存之国富大夫，亡国富仓府。

所谓上满下漏[4]，患无所救。

故曰：举贤任能，不时日[5]而事利；明法审令，不卜筮[6]而事吉；贵功养劳，不祷祠[7]而得福。又曰：天时不如地利，地利不如人和。圣人所贵，人事而已。

[注释]

①以居攻出：从防御中展开进攻。居，停止，驻扎。

②毕：尽全力。

③士：这里指周代最低一级的贵族阶层。

④上满：上层社会财富满溢。下漏：下层社会财富枯竭。漏，泄漏，枯竭。

⑤时日：这里用作动词，指选择吉利的日子。

⑥卜筮：古代占卜预测手段。卜，是先在牛胛骨或龟甲上钻凿，然后用火烧灼，根据产生的裂纹来预测吉凶。筮，是用若干蓍草按一定程序得出卦爻，根据卦象来预测吉凶。

⑦祷祠：举行祭祀活动，以祈求福佑。

举贤贡能

周武王平定殷纣后，问太公，现在百姓及官吏都未安定，贤人也未选定，该怎么办呢？太公说，没有新旧之分，如天地无偏无私，把得到的殷朝财货与殷朝民众共同享受，那样可使商人照常买卖，农民有田地耕种，各自安居乐业。一只眼睛看不清，一只耳朵听不清，一只脚迈步无法行走。选贤任能以辅佐自己，官民就会各得其所。

[译文]

由防御转为进攻，防御要稳重，军阵要坚固，出击要全力以赴，战斗要协调一致。

成就王业的国家，总会使百姓富足；称霸诸侯的国家，总会使士人富足；勉强存活于世的国家，只能使大夫阶层富足；濒临灭亡的国家，通常只是使国库富足。这就是说，如果上层社会财富满溢，而下层社会财富枯竭，那么这个国家的祸患就无法挽救了。

所以说：举荐贤士，任用能人，不必选择良辰吉日，事情也会顺利；彰明法度，严密地发布号令，不必通过卜筮手段预

测，事情也会吉利；尊崇战功，优待劳作，不必祈祷就可以得到福祉。又有这样一种说法：天象有利不如地理条件优越，地理条件优越不如人事和谐。圣人所看重的，不过人事而已。

［原文］

夫勤劳之师，将必先己。暑不张盖①，寒不重衣，险必下步，军井成而后饮，军食熟而后饭，军垒②成而后舍，劳佚③必以身同之。如此，师虽久而不老不弊。

［注释］

①盖：古时遮挡阳光的工具，与伞类似。

②垒：营垒。这里指宿营所用帐篷之类。

③佚：通“逸”，安逸。

［译文］

在一支勤勉辛劳的军队中，将领一定要身先士卒。酷暑时节，不独自张设伞盖遮阳；严寒时节，不独自添置衣物御寒；道路险恶，一定要率先下马步行；军井挖好，然后才能喝水；军食烧熟，然后才能进餐；扎好营寨，然后才能休息；无论劳苦还是安逸，将领都要与士卒相同。这样，军队即使持久作战，也不会出现士气低落、疲惫衰竭的情况。

攻权第五

题解

攻权，指攻打城池的原则和方法。本篇主要论述的是攻城的原则。作者认为攻城有三个重要原则：一是把力量集中起来，决心要坚定。二是军队一定要有严格的纪律，将帅应该恩威并用，树立自己的威信，让军队在行动的时候能齐心协力。三是一定要有完全的把握才能进攻、战斗。最后作者谈到了具体的攻城行动：要迅速地把兵力集中起来，出其不意地深入敌人内部，阻断交通，孤立对方的城池，让敌人措手不及，乘机攻克它。

[原文]

兵以静①胜，以专②胜。力分者弱，心疑者背③。夫力弱，故进退不豪④，纵敌不禽⑤。将吏士卒，动静一身，心既疑背，则计决而不动，动决而不禁。异口虚言，将无修容⑥，卒无常试⑦，发攻必衄(nǜ)⑧。是谓疾陵⑨之兵，无足与斗。

[注释]

①静：沉着冷静。

②专：团结一致。

③背：背离。

④豪：气势豪迈。

⑤禽：通“擒”。

⑥修容：美好的仪容。这里指将领仪容庄严而有节度。

⑦常试：常规，常法。试，通“式”。

⑧衄：挫伤。

⑨疾陵：迅速溃败，意即一触击溃。陵，衰颓。

[译文]

军队依靠沉着冷静取胜，依靠团结一致取胜。力量分散，战斗力就会被削弱；心中犹疑，斗志就不会统一。力量薄弱，所以军队进退气势不足，放走敌军而不能将其擒获。将官士卒的一举一动，就如同人的身体一样，如果心存疑虑，斗志必然不能统一，这样，即便制定了计划也无法付诸行

动，即便付诸行动也无法控制。众说纷纭，空话连篇，将领没有端庄的仪容，士卒的行为没有常法可依。这样的军队发起进攻，必然会遭受挫折。这就叫作一触即溃的军队，是不足以参与战斗的。

［原文］

将帅者，心也；群下者，支节也[1]。其心动以诚[2]，则支节必力；其心动以疑，则支节必背。夫将不心制[3]，卒不节动，虽胜，幸[4]胜也，非攻权[5]也。

［注释］

①支：通“肢”，四肢。节：关节。

②诚：专一。

③制：决断。

④幸：侥幸。

⑤权：权变，权谋。

［译文］

将帅，就好像人的心脏；部众，就好像四肢、关节。内心运筹专一，那么四肢、关节的动作也必然会坚决有力；内心疑惑不定，那么四肢、关节的动作也必然迟疑。如果将领不能像心脏一样决断，士卒不能像关节那样运动，那么即便取胜，也不过是侥幸而已，并不是掌握了攻战的要诀。

［原文］

夫民无两畏也。畏我侮[1]敌，畏敌侮我。见[2]侮者败，立威者胜。凡将能[3]其道者，吏畏其将也；吏畏其将者，民畏其吏也；民畏其吏者，敌畏其民也。是故知胜败之道者，必先知畏侮之权。

［注释］

①侮：轻慢，轻视。

②见：被。

③能：精通，擅长。

[译文]

百姓没有同时畏服敌我双方的。畏服我方，则轻视敌方；畏服敌方，则轻视我方。被轻视的一方必然失败，树立威信的一方必然取胜。凡是将领，如果精于此道，下级官吏就会对他表示畏服；下级官吏畏服将领，百姓就会畏服官吏；百姓畏服官吏，敌人就会畏服这些百姓。所以，要想掌握胜败的规律，就一定要先明白畏服与轻视之间的关系。

[原文]

夫不爱说（yuè）①其心者，不我用也；不严畏其心者，不我举②也。爱在下顺，威在上立，爱故不二③，威故不犯。故善将者，爱与威而已。

战不必胜，不可以言战；攻不必拔④，不可以言攻。不然，虽刑赏不足信也。信在期⑤前，事在未兆⑥。故众已聚不虚散，兵已出不徒归。求敌若求亡子，击敌若救溺⑦人。

[注释]

①说：同“悦”。

②举：举事，有“用”的意思。

③二：二心。

④拔：攻取。

⑤期：这里指战期。

⑥兆：征兆，预兆。

⑦溺：淹没，溺水。

[译文]

如果不能爱抚部下而使其心悦诚服，士卒就不能为我所用；如果不能从严格治军而使部下畏服，士卒就不能为我所用。向部下施以爱抚，士卒就会顺从；将领树立威信，才能在军队上层立足。爱抚士卒，士卒就会忠心不二；威震全军，士卒就不会违反将令。所以，善于治军的将领，只要懂得爱抚部下和树立威信这两种手段就可以了。

如果作战不一定能够取胜，就不要轻易提出作战；攻城如果不一定能够攻克，就不要轻易提出攻城。否则，即使施行赏罚，也不足以取信于全军。信誉要在作战之前建立起来，事情要在出现征兆之前预见。所以，兵

众已经聚集起来，就不要让他们白白散去；军队已经出发，就不要无功而返。寻求敌人就像寻找丢失的孩子一样志在必得，打击敌人就像援救落水之人那样快速果断。

[原文]

分险[1]者无战心，挑战者无全气[2]，斗[3]战者无胜兵。

凡挟[4]义而战者，贵从我起；争私结怨，应不得已。怨结难[5]起，待之贵后。故争必当待之，息必当备之。

兵有胜于朝廷，有胜于原野[6]，有胜于市井[7]。斗则得，服则失，幸以不败，此不意彼惊惧而曲[8]胜之也。曲胜，言非全也。非全胜者，无权名。

[注释]

①分险：分兵守险。

②全气：饱满的士气。

③斗：指军队内部发生争执。

④挟：挟持，倚仗。

⑤难：原作“虽”，意为祸难。

⑥胜于原野：意谓推行农耕政策，使国家富庶，从而为克敌制胜提供物质基础。

⑦胜于市井：意谓加强市场管理，保障军需物资供应，从而取得胜利。

⑧曲：局部。

[译文]

分兵守险的军队缺乏战斗意志，轻率地发出挑战的军队没有饱满的士气，争执吵闹着出兵作战的不是能够取胜的军队。

凡是倚仗正义而作战的，贵在主动发起进攻；为争夺私立而结下怨仇的，贵在不得已而应战。因结下怨仇而兴起祸难，这时应该等待时机，贵在后发制人。所以，战争兴起以后，一定要等待时机；战争平息以后，一定要严加戒备。

用兵打仗，有的胜在朝廷的谋划，有的胜在农耕的发展，有的胜在市场的经营。勇于战斗才有取胜的可能，屈服于敌人则会导致失败。即使侥幸不败，也是由于敌人意外地出现惊惧而使自己勉强取得了局部胜利。局部胜利，就是说并非全面胜利。不是全面胜利，也就谈不上有什么深谋远虑的名声。

[原文]

故明主战攻日，合鼓合角①，节以兵刃，不求胜而胜也。兵有去备彻②威而胜者，以其有法故也，有器用之早定也。其应敌也周，其总率也极③。故五人而伍，十人而什，百人而卒，千人而率，万人而将，已周已极。其朝死则朝代，暮死则暮代。

[注释]

①角：千人之帅的令鼓，这里泛指战鼓。

②彻：通“撤”，撤去。

③总率：指军中各级将领。极：完备。

曹操官渡战袁绍

建安四年（199），袁绍挑选十万精兵，战马万匹，南下进攻许昌。袁绍、曹操双方军队在官渡对峙。袁绍兵力远胜于曹操，但曹操声东击西，分散其兵力，同时集中兵力，分别击破，大败袁绍。

[译文]

所以，英明的君主在作战之日，会让全军的行动合乎战鼓的指挥，兵器的使用符合规定的标准，这样，虽然没有强求胜利，最终却能克敌制胜。军队有故意解除戒备、消除军威而取胜的，这是因为平素治军有方，而且武器装备早已准备好。将领临战应敌之时的谋划周全严密，手下各级军官配置齐全。所以，军中五人设置一名伍长，十人设置一名什长，百人设置一名卒长，千人设置一名率长，万人设置一名大将，这样的编制可谓周全、完备到了极点。全军各级将领中如果有人早上伤亡，那么早上就会有人接替；如果有人晚上伤亡，那么晚上就会有人接替。

[原文]

权敌审将，而后举兵。故凡集兵，千里者旬日①，百里者一日，必集敌境。卒聚将至，深入其地，错绝②其道，

栖[3]其大城大邑，使之登城逼[4]危，男女数重[5]，各逼地形而攻要塞。据一城邑而数道绝，从而攻之。敌将帅不能信，吏卒不能和，刑有所不从者，则我败之矣。敌救未至，而一城已降。

［注释］

①旬日：十日。

②错绝：切断。

③栖：这里指逼近。

④逼：局促，窘迫。

⑤男女数重：将城中男女老少组织起来，编为若干层次的队伍，各司其职。重，层。

［译文］

认真分析敌情，慎重选择将领，然后才能出兵。所以，凡是集结军队，千里路程需要十天时间，百里路程需要一天时间，届时一定要同时集结到敌国边境。士卒聚齐，将领到位，然后便深入敌境，切断敌军要道，逼近敌国的重要城市，迫使敌人登上城楼，陷入窘境，将城中的男女老少组织起来；这时，我军就可以分兵逼近敌人的战略要地，攻打军事要塞。敌人困守孤城，交通要道又大都被我军切断，在这种情况下就可以向敌军发动进攻。敌军将领不能树立威信，官吏和士卒又不能团结和睦，即便施行严刑峻法也不能使部下服从，在这种情况下，我军就可以击败敌军了。敌人的救兵还未赶到，整座城池就已经归降了。

［原文］

津梁未发[1]，要塞未修，城险未设，渠答[2]未张，则虽有城无守矣。远堡[3]未入，戍客[4]未归，则虽有人无人矣。六畜[5]未聚，五谷[6]未收，财用未敛，则虽有资无资矣。夫城邑空虚而资尽者，我因其虚而攻之。《法》[7]曰：“独出独入，敌不接刃而致之。”此之谓也。

［注释］

①津：渡口。梁：桥梁。发：这里指拆毁。

②渠答：铁蒺藜，守城御敌的战具。

③远堡：指设置在郊野，用于警戒的小土城。

④戍客：戍守边防的军队。

⑤六畜：指马、牛、羊、猪、狗、鸡。这里泛指家养禽畜。

⑥五谷：指五种谷物，但说法不一。《周礼》郑玄注：麻、黍、稷、麦、豆;《孟子·滕文公上》赵岐注：稻、黍、稷、麦、菽。这里泛指各种农作物。

⑦《法》：应为古代兵书名。

[译文]

敌军渡口的桥梁没有拆毁，要塞工事没有修筑，城池关卡没有设置，障碍物没有铺设，在这种情况下，敌军即便占据了城池，也如同没有设防一般。郊野的堡垒没有军队进驻，戍守边防的军队没有返还，那么敌军即使有人，也如同无人一般。禽畜没有集中起来，谷物没有收割，财货没有征收，那么敌军即便物资丰富，也如同没有一般。对于那些守备空虚而物资耗尽的城邑，我军就可以乘其空虚，对其发起进攻。《兵法》上说："独往独来的军队，敌人不待与之交锋，就已经被制服了。"说的就是这种情况。

守权第六

题解

守权，就是守护城池的原则和方法。本篇主要论述的是守城的三大原则和方法：一是在守城的时候要守住城郊以外的要地，也就是文中所说的“进不郭圉，退不亭障，以御战，非善者也”。二是保卫城池的方法，即“守者，不失险者也”，“城一丈，十人守之”，“出者不守，守者不出”。三是强调“有必救之军者，则有必守之城，无必救之军者，则无必守之城”，“救必开之，守必出之”，对单纯防御表示反对。

[原文]

凡守者，进不郭圉（yǔ）①，退不亭障②，以御战，非善者也。豪杰雄俊，坚甲利兵，劲弩强矢，尽在郭中，乃收窖廪③，毁折而入保④，令客⑤气十百倍，而主之气不半焉⑥，敌攻者，伤之甚也。然而世将弗能知。

[注释]

①郭：外城，古时在城的外围加筑的城墙。圉：边疆。

②亭障：边境要塞设置的城堡一类防御工事。

③窖：地窖。廪：粮仓。

④保：通“堡”，小城。

⑤客：军事术语，指离开本土进入敌境的一方。

⑥主：军事术语，指在本土作战的一方。不半：不到一半。

[译文]

但凡防守，前进不能出城越境，后退不能固守亭障之类的据点，都算不上好的防守。英雄豪杰、精锐部队以及强弩利箭全都集中在城郭之中，同时尽取城外地窖、粮仓里的粮食物资，并拆毁民房，让百姓进入城中。这种消极防御的办法会使来犯之敌的气势增加百倍，而防守一方的气势则衰退过半，如果敌军发动进攻，守军就会伤亡惨重。然而，一般的将领认识不到这一点。

[原文]

夫守者，不失险者也。守法：城一丈，十人守之，工

食不与焉[1]。出者[2]不守，守者不出。一而当十，十而当百，百而当千，千而当万。故为城郭者，非妄费于民聚土壤也，诚为守也。千丈之城，则万人之守。池深而广，城坚而厚，士民备，薪[3]食给，弩坚矢强，矛戟称之。此守法也。

[注释]

①工：工匠。食：指炊事人员。

②出者：指负责出击的人员。

③薪：柴草。

[译文]

防守的一方，不能轻易舍弃险要地形。守城的方法是：城墙上每一丈距离要有十人防守，工匠和炊事人员不计算在内。担任出击任务的人员不参与防守，担任防守任务的人员不参与出击。防守作战，一个人可以抵挡十个人，十个人可以抵挡上百人，百人可以抵挡上千人，千人可以抵挡上万人。所以，修筑城郭并不是随意耗费百姓的财力来堆积土壤，而确实是为了加强防守。长达千丈的城墙，需要上万人守卫。护城河要挖得又深又宽，城墙要修得坚实厚重，军民齐备，柴草、粮食供给充足，弓弩、箭矢精良，矛、戟适用。这就是守城的方法。

姜维祁山战邓艾

256 年，蜀国大将军姜维出兵祁山（今甘肃东南），闻邓艾有备，于是改从董亭（今甘肃武山）攻打南安（今甘肃陇西）。邓艾则率军抢占武城山（今甘肃武山西南）据险据守，与之相持。姜维见地利已失，强攻不克改为渡渭水东进，沿山路进取上邽。最后两军交战于段谷（今甘肃天水），蜀军大败。

[原文]

攻者不下十余万之众，其有必救之军者，则有必守之城；无必救之军者，则无必守之城。若彼城坚而救诚，则愚夫蠢妇，无不蔽[1]城尽资血城者。期年之

城②，守余于攻者，救余于守者。若彼城坚而救不诚，则愚夫蠢妇，无不守陴③而泣下，此人之常情也。遂发其窖廪救抚，则亦不能止矣。

[注释]

①蔽：保卫。

②期年之城：这里指能够长期坚守的城池。期年，周年，一年。

③陴：城墙上的矮墙，也称“女墙”。

[译文]

攻城的敌人不下十余万，如果有援军前来救援，那么守军就必定守住城池；如果没有前来救援的军队，那么就没有一定可以守住的城池。如果城池坚固而救兵可靠，那么即便是小民百姓，也都甘愿竭尽财力与鲜血保卫城池。能够长期坚守的城池，其防御力量一定要大于进攻力量，救援力量一定要大于防御力量。如果城池坚固但救兵不可靠，那么即便是小民百姓，也都会守着墙垛哭泣，这是人之常情。一旦出现这种情况，即使立刻打开地窖、粮仓，发放粮食物资来救济、安抚他们，也无法抑制这种悲观情绪。

[原文]

必鼓其豪杰雄俊，坚甲利兵，劲弩强矢并于前，幺么毁瘠者并于后①。十万之军顿②于城下，救必开之，守必出之。出据要塞，但救其后，无绝其粮道，中外相应。此救而示之不诚，则倒③敌而待之者也。后其壮，前其老，彼敌无前，守不得而止矣。此守权之谓也。

[注释]

①幺：幼小。么：细小。毁瘠：因哀伤过度而消瘦。这里指年老体弱之人。

②顿：屯驻。

③倒：颠倒，扰乱。

[译文]

守卫城池，一定要鼓动英雄豪杰，动用精锐部队，使用强弓利箭等精

良的武器在前方奋战，老幼病弱则承担后方支援任务。十万敌军驻扎城下，救兵一定要打开包围圈，守军一定要主动出击。守军出击抢占要塞，援军只负责救援守军的后方，保证运粮通道不被切断，这样城内城外便可以相互接应。这是制造救援不积极的假象以蒙蔽敌人,从而扰乱敌人的战斗部署，守军便可以等待合适的时机发动进攻。敌军把精锐部队放在后面对付援军，把老弱部队放在前面攻打城池。在这种情况下，敌军没有精锐的前锋，守军也就不必固守，可以出城反击了。这里说的就是防守的谋略。

十二陵第七

题解

陵，即磨砺，可以理解成修养、磨炼的意思。这一篇主要讨论的是将帅的修养。作者从正反两个方面提出了十二种经验以及与之相对的教训，作为将帅在实战中的自励与警惕。指出将帅应做到“不变”“因时”“应事”“治气”“意表”“外饰”“度数”“豫备”“畏小”“治大”“敢断”“下人”,避免“任疑”“屠戮”“多私”“恶闻己过”“竭民财”“受间”“轻发”“离贤”“好利”“亲小人”“无所守”“无号令”。

[原文]

威在于不变①；惠②在于因时；机③在于应事；战在于治气；攻在于意表④；守在于外饰⑤；无过在于度数⑥；无困在于豫⑦备；慎在于畏小⑧；智在于治大⑨；除害在于敢断；得众在于下人⑩。

[注释]

①威：树立威信。不变：指号令不轻易变更。

②惠：布施恩惠。

③机：机巧，机变。

④意表：出人意料。

⑤外饰：做好外部防御工作。饰，通“饬”，整饬。

⑥度数：考虑周详。

⑦豫：同“预”。

⑧畏小：警惕小事。

⑨治大：处理好大事。

⑩下人：甘为人下，待人谦恭。

[译文]

树立威信，在于不轻易变更号令；布施恩惠，在于利用最佳时机；灵活机变，在于因事制宜；对敌作战，在于把握敌我双方的士气；攻击敌人，在于出其不意；守卫阵地，在于加强外部防御；没有过失，在于考虑周详；不陷入困境，在于预先准备；行事谨慎，在于警惕小事；聪明睿智，在于

处理好重大事务；消除祸患，在于果敢决断；赢得人心，在于谦恭待人。

［原文］

悔在于任疑①；孽②在于屠戮；偏在于多私③；不详在于恶闻己过④；不度⑤在于竭民财；不明在于受间⑥；不实在于轻发⑦；固陋⑧在于离贤；祸在于好利；害在于亲小人；亡⑨在于无所守；危在于无号令。

［注释］

①任疑：信任可疑之人。

②孽：罪孽。

③偏：偏邪不正。多私：私欲太多。

④详：通“祥”，吉祥。恶：厌恶。

⑤不度：没有节制。

⑥间：离间。

⑦不实：徒劳无功。轻发：轻易发动。

⑧固陋：固执浅陋。

⑨亡：亡国。

［译文］

悔恨的产生，在于信任奸细；罪孽的产生，在于大肆屠杀；偏邪不正，在于私欲过多；不了解详情，在于讨厌听别人指出自己的过错；没有节制，在于耗尽民财；昏庸不明，在于受人离间；徒劳无功，在于轻率行动；固执浅陋，在于远离贤人；产生祸患，在于贪图小利；发生灾难，在于亲近小人；国家灭亡，在于缺乏防守；出现危机，在于缺乏严明的号令。

武议第八

题解

武议，即对用武之道的议论。本篇主要论述的是战争的目的和性质，战争和经济之间的关系，以及将帅在战争中的作用。作者主张和支持进行正义的战争，反对和谴责不义之战。然后又指出了国家的经济和军事的关系，说明军事依赖于经济，没有擅长管理经济的人才，失去了雄厚的经济基础，是无法获得战争的胜利的。最后，作者谈到了将领在战争过程中的作用，作者认为在战争中，将帅决定了国家的安危，认为将帅既要有卓越的才能，又要有随机应变的指挥权。

[原文]

凡兵，不攻无过之城，不杀无罪之人。夫杀人之父兄，利①人之货财，臣妾②人之子女，此皆盗也。故兵者，所以诛暴乱，禁不义也。兵之所加者，农不离其田业，贾(gǔ)不离其肆宅③，士大夫④不离其官府，由其武议⑤，在于一人。故兵不血刃而天下亲焉。

任用三杰

张良精通谋略，能运筹帷幄，决胜千里；萧何精通管理，能镇守国家、安抚百姓；韩信精通兵法，能统领百万大军，战无不胜，攻无不克。刘邦的才能在于能任用这三杰，因而最终打败项羽。

[注释]

①利：用作动词，贪图，掠夺。

②臣妾：周代男奴称臣，女奴称妾。这里为使动用法。

③贾：商人。肆宅：店铺。

④士大夫：指政府机构的任职人员。

⑤武议：军事谋略。

[译文]

但凡用兵，不能攻打没有过错的城邑，不能屠杀没有过错的人。杀害别人的父兄，掠夺别人的财货，使别人的子女沦为自己的奴仆，这些都是强盗所为。所以，用兵的目的是为了诛灭暴乱，禁止不义。军队所到之处，要使农民不离开自己的田地，商人不离开自己的店铺，官员不离开自己的府衙，这是因为军事谋略所决定的，只在于惩罚那罪大恶极的暴君一人。所以，军队的武器不必见血，天下人就都会来亲附。

[原文]

万乘①农战，千乘救守②，百乘事养③。农战不外索权④，救守不外索助，事养不外索资⑤。

夫出不足战，入不足守者，治之以市。市者，所以给战守也。万乘无千乘之助，必有百乘之市⑥。

[注释]

①万乘：指拥有万辆兵车的大诸侯国。以下“千乘”指拥有千辆兵车的中等诸侯国，“百乘”指拥有百辆兵车的小诸侯国。

②救守：自救防守。

③事养：上事父母，下养妻小。

④外索权：对外索求强权。

⑤资：财货。

⑥百乘之市：收入相当于百乘军赋的市场。

[译文]

万乘之国应当致力于农耕征战，千乘之国应当致力于自救防守，百乘之国应当致力于养育家小。致力于农耕征战，大国就不必对外索求强权；致力于自救防守，中等国家就不必对外索求帮助；致力于养育家小，小国就不必对外索求财源。

财力匮乏，出兵不足以支撑作战，收兵不足以支撑防守的国家，应当经营好市场贸易。市场贸易的收入，是用来为出战、防守提供物质保障的。万乘之国可以没有千乘之国的帮助，但一定要有收入相当于百乘军赋的市场。

[原文]

凡诛者，所以明武也。杀一人而三军震者，杀之；赏

一人而万人喜者，赏之。杀之贵大，赏之贵小。当杀而虽贵重必杀之，是刑上究也；赏及牛童马圉（yǔ）者①，是赏下流②也。夫能刑上究，赏下流，此将之武也。故人主重将。

［注释］

①牛童：放牛的牧童。马圉：养马的奴仆。

②流：流及，惠及。

［译文］

凡是实施刑罚，都是为了彰明军威。如果杀掉一个人能使全军震动，就杀掉他；如果奖赏一个人能使万人欢喜，就奖赏他。杀戮贵在触及大人物，奖赏贵在惠及小人物。如果按罪当杀，即使此人位高权重也一定要处决，这是刑罚追究到了上层；给有功的放牛童、养马人施以赏赐，这是奖赏惠及了下层。能够做到刑罚追究到上层、奖赏惠及下层，这就是将领的威武。所以，君主应当重视将领的作用。

［原文］

夫将提鼓挥枹（fú）①，临难决战，接兵角刃②，鼓之而当，则赏功立名；鼓之而不当，则身死国亡。是存亡安危，在于枹端，奈何无重将也！夫提鼓挥枹，接兵角刃者，此将军也③。君以武事成功者，臣以为非难也。

［注释］

①枹：鼓槌。

②角刃：兵刃交接，两军交锋。

③者，此将军也：此五字原无，据《北堂书钞》卷一一五引补。

［译文］

将领挥槌击鼓指挥军队，面临危难与敌人决战，兵刃相接，全力搏杀。如果将领指挥得当，就会建立功业；如果指挥不当，就会身死国亡。这意味着国家的存亡安危就在于将领手中的鼓槌上，怎么能不重视将领的作用呢？挥槌击鼓指挥军队，与敌人交兵，这就是将领的职责。君主依靠武力成就功业，臣下认为并不困难，关键在于选择将领。

［原文］

古人曰：“无蒙冲[1]而攻，无渠答[2]而守。”是为无善之军。视无见，听无闻，由国无市也。夫市也者，百货之官[3]也。市[4]贱卖贵，以限[5]士人。人食粟[6]一斗，马食菽[7]三斗，人有饥色，马有瘠[8]形，何也？市有所出而官无主[9]也。夫提天下之节制[10]，而无百货之官，无谓其能战也。

［注释］

①蒙冲：一种用兽皮等坚韧材料蒙起来的战车，用于攻城。

②渠答：铁蒺藜。守城御敌的战具。

③官：场所。

④市：这里用作动词，买进。

⑤限：艰难，窘迫。

⑥粟：原指谷子，这里泛指粮食。

⑦菽：大豆，这里指豆料。

⑧瘠：瘦弱。

⑨主：主管机构。

⑩节制：调度，管理。

［译文］

古人说：“没有蒙冲却要贸然进攻，没有渠答却要实施防守。”这里所说的都是不善于作战的军队。士卒饿得眼睛看不见东西，耳朵听不到声音，是因为国都中没有由政府管理的市场。市场，是各种货物集散交易之所。商人将货物低价买进高价售出，就使士卒和百姓陷入窘境。按照规定，每人每天有一斗口粮，每匹马每天有三斗豆料，尽管如此，人们还是面带饥色，马匹还是外形瘦弱，这是为什么呢？因为市场上虽然有粮食卖出，但是却没有设置管理机构。统辖全国的军队，而没有设置管理市场的机构，这就算不得善于作战。

［原文］

起兵，直使[1]甲胄生虮者，必为吾所效用也。鸷(zhì)鸟[2]逐雀，有袭[3]人之怀、入人之室者，非出生(xìng)[4]也，后有惮[5]也。

[注释]

①直使：犹“即使”。

②鸷鸟：指猛禽。

③袭：这里意为窜入。

④生：通“性”，本性。

⑤惮：忌惮，畏惧。

[译文]

起兵出战，士兵即使甲胄生出虱子，也必定能够为我效命。这就如同猛禽追逐雀鸟，有的雀鸟窜入人的怀中，有的雀鸟飞入屋子里，这并非出自它们的本性，而是因为惧怕身后追来的猛禽才慌不择路。

[原文]

太公望①年七十，屠牛朝歌②，卖食盟津③，过七年余而主不听，人人之谓之狂夫也。及遇文王④，则提三万之众，一战而天下定，非武议安得此合⑤也？故曰：良马有策⑥，远道可致⑦；贤士有合，大道可明。

[注释]

①太公望：吕尚。

②朝歌：商末国都，在今河南淇县。

③盟津：也称孟津，古代黄河津渡名，位于今河南孟津东北。

④文王：周文王，姬姓，名昌，商末西方诸侯之长，故又称西伯侯。

⑤合：会合，机遇。

⑥策：马鞭。

⑦致：到达。

[译文]

太公望七十岁的时候，曾在朝歌以宰牛为生，曾在盟津以卖饭为业。这样过了七年多，他还是没有得到君主的重用，人人都称他为狂人；等到遇见了周文王，他便率领三万人马，经过一场战斗便使天下安定。如果没有军事谋略，他又怎么能够得到这样的机会呢？所以说：良马得到鞭策，才可以到达遥远的地方；贤士得到机遇，才可以彰明大道。

[原文]

武王伐纣，师渡盟津，右旄左钺（yuè）①，死士②三百，战士

三万；纣之陈亿万，飞廉、恶来[3]，身先戟斧，陈开百里[4]。武王不罢(pí)[5]士民，兵不血刃而克商诛纣，无祥异[6]也，人事修不修而然也。今世将考孤虚[7]，占咸池[8]，合龟兆[9]，视吉凶，观星辰风云之变。欲以成胜立功，臣以为难。

[注释]

①旄：指帅旗。钺：一种与斧类似的兵器，常用作礼器，象征权力与刑法。

②死士：敢死之士。

③飞廉：亦称“蜚廉”，嬴姓，别号处父，商纣王手下大臣，擅长奔跑。恶来：飞廉之子，名革，为商纣王手下大将，在牧野之战中被周武王军队杀死。

④陈开百里：军阵列开百里之长。

⑤罢：通“疲”，疲劳。这里是使动用法。

⑥祥异：祥瑞与灾异。

⑦孤虚：古代方术用语。以十天干与十二地支依次相配为一旬，天干为日，地支为辰。时日不全则为孤虚，举事难成。

⑧咸池：星名。星术家认为此星与军事行动有关。

⑨合龟兆：验合龟甲烧灼后所产生的裂纹。

[译文]

当初周武王讨伐商纣王，率领军队渡过盟津。他右手拿着帅旗，左手拿着钺，手下有敢死之士三百人，善战的士卒三万人；商纣王陈兵数十万，他手下的大将飞廉和恶来手持戟斧冲在前面，军阵开列百里。周武王没有使士卒和百姓劳累，也没有经过激烈的流血战争，就一举灭掉了商朝，杀死了纣王，这并不是由于上天降下吉祥或者灾祸，而是由于人事治理得好坏造成的。如今，世上的一般将领只知道研究时日的好坏，判断星象的顺逆，验合龟卜的预兆，审视吉凶祸福，观察星辰、风云的变化。如果想凭借这些手段建功立业，臣下认为难以如愿。

飞 廉

飞廉，亦作“蜚廉”，商代人。飞廉是商纣王的大臣。他是个飞毛腿，行走特别快，于是当了商纣王的通讯员。

[原文]

夫将者，上不制于天，下不制于地，中不制于人。故兵者，凶器也；争者，逆德也；将者，死官也。故不得已而用之①。无天于上②，无地于下③，无主于后，无敌于前④。一人之兵⑤，如狼如虎，如风如雨，如雷如霆，震震冥冥⑥，天下皆惊。

[注释]

①故兵者，凶器也；争者，逆德也；将者，死官也。故不得已而用之：此数句疑为错简，当移置篇首“此皆盗也”之后。

②无天于上：意思同“上不制于天”。

③无地于下：意思同“下不制于地”。

④无主于后，无敌于前：意思同“中不制于人”。

⑤一人之兵：整支军队都服从将领的统一指挥，行动起来就像一个人一样。

⑥震震：声势浩大的样子。冥冥：幽深难测的样子。

[译文]

身为将领，应当上不受制于天，下不受制于地，中不受制于人。军队，是凶险之器；战争，是违逆道德的行为；将领，是使人丧命的官职。所以，只有到了迫不得已的时候，才能动用军队。用兵之时，将领就应该上不受制于天，下不受制于地，中不受制于后方的君主和前方的敌人。整支军队都绝对服从将领一个人，行动时如虎狼般凶猛，如风雨般迅捷，如雷霆般猛烈、突然，声势浩大而又幽深难测，令天下人为之震惊。

[原文]

胜兵似水。夫水至柔弱也，然所触丘陵，必为之崩，无异也，性专而触诚也。今以莫邪(yé)①之利，犀兕(sì)②之坚，三军之众，有所奇正③，则天下莫当其战矣。故曰：举贤用能，不时日而事利；明法审令，不卜筮而获吉；贵功养劳，不祷祠而得福。又曰：天时不如地利，地利不如人和。古之圣人，谨人事而已。

[注释]

①莫邪：传说中古宝剑名，为春秋时期吴人干将与妻子莫邪所铸。

②犀兕：这里指犀牛皮。兕，犀牛一类动物。或谓雌犀牛。

③奇正：古代军事术语。奇，指出其不意、变化万端的作战方法。正，指常规作战方法。

[译文]

取胜的军队就像流水一样。水是天下最为柔弱的东西，然而在它的冲击下，大山也必然会崩溃，这没有其他特殊原因，只是因为水流专一并且冲击持久。现在如果使用莫邪那样锋利的宝剑，身穿犀牛皮制成的坚固铠甲，全军将士又能巧妙地运用奇正之术，那么天下就没有人能够抵挡这支军队了。所以说：举荐贤士，任用能人，不必选择良辰吉日，事情也会顺利；彰明法度，严密地发布号令，不必通过卜筮手段预测，事情也会吉利；尊崇战功，优待劳作，不必祈祷就可以得到福祉。又有这样一种说法：天象有利不如地理条件优越，地理条件优越不如人事和谐。圣人所看重的，不过人事而已。

[原文]

吴起与秦战，舍不平陇亩①，朴樕(sù)②盖之，以蔽③霜露。如此何也？不自高人故也。乞人之死不索尊④，竭人之力不责礼⑤。故古者甲胄之士不拜，示人无已烦也。夫烦人而欲乞其死，竭其力，自古至今，未尝闻矣。

[注释]

①舍：安置营舍。陇：通“垄”，田埂。亩：垄上，指田埂高处。

②朴樕：树名，一种落叶乔木。这里泛指小树。

③蔽：遮蔽。

④索尊：要求别人尊重自己。

⑤责礼：要求别人对自己行礼。

[译文]

吴起与秦军交战，宿营时不铲平田埂，只是用小树盖顶以遮挡霜露。为什么要这样做呢？这是为了表示他从不自视高人一等的缘故。要求别人献身就不要苛求别人对自己恭敬，要求别人尽力就不要苛求别人对自己彬彬有礼。所以，古代身穿甲胄的将士不行跪拜之礼，是为了向人表示不要因为自己是主将而给全军造成麻烦。麻烦别人的同时又要求别人为自己献身，为自己竭尽全力，这样的事从古至今都没听说过。

［原文］

将受命之日忘其家，张军宿野忘其亲①，援枹(fú)而鼓忘其身。吴起临战，左右进剑。起曰：“将专主旗鼓尔！临难决疑，挥兵指刃，此将事也；一剑之任②，非将事也。”

三军成行，一舍而后成三舍③，三舍之余，如决川源。望敌在前，因其所长④而用之，敌白者垩(è)⑤之，赤者赭(zhě)⑥之。

［注释］

①张军：布置军阵。亲：指父母双亲。

②一剑之任：手持一柄宝剑执行拼杀任务。这里指普通士卒的战斗任务。

③一舍而后成三舍：三军出发，每天出发一军，前进三十里，三天之后三军尽出，就排成了长达九十里的阵营。舍，古代距离单位，一舍为三十里。

④长：特长。

⑤垩：白色土。

⑥赭：红色土。

［译文］

将领接受君命之日，要忘掉自己的家室；列阵宿营之时，要忘掉自己的父母；挥槌击鼓之时，要忘掉自身的安危。吴起临战之时，身边侍从递过来一把宝剑。吴起说：“将帅专门负责掌管旗鼓，指挥作战。遇到危险疑难问题，做出决断，指挥军队行动，这是将帅的职责，拿着一把宝剑上阵拼杀，不是将帅应该承担的任务。”

三军列阵整齐之后，每天出发一军，前进三十里；三天之后，三军已全部出发，这时就形成了前后长达九十里的阵营。长达九十里的阵营排好之后，全军就像河川源头决口那样势不可挡。观察前方的敌人，根据对方的特点而采取相应的策略；如果敌人用白色标记，我军也用白色标记；如果敌人用红色标记，我军也用红色标记，这样就能够以假乱真迷惑他们。

［原文］

吴起与秦战，未合，一夫不胜①其勇，前获双首②而还。

吴起立斩之。军吏③谏曰：“此材士④也，不可斩。”起曰：“材士则是矣，非⑤吾令也。”斩之。

[注释]

①胜：克制。

②首：敌人的首级。

③军吏：指军中的执法官吏。

④材士：武艺超群的士卒。

⑤非：违反。

[译文]

吴起率领军队与秦军交战，还未交锋，就有一个人自恃其勇，独自上前斩获两个敌军首级，然后返回军阵。吴起当即下令将他斩杀。军中的执法官吏劝谏道：“这是个武艺超群的勇士，不宜斩杀。”吴起回答道：“他固然是一位勇武之士，但是他违反了我的命令。”于是下令将其斩杀。

吮卒病疽

吴起统率魏军攻打中山国时，有一名士兵身上长了毒疮，辗转呻吟，痛苦不堪。吴起巡营时发现后，毫不犹豫地跪下身子，把这位士兵身上毒疮中的脓血一口一口地吸吮出来，解除了他的痛苦。

将理第九

题解

理，指的是刑狱的事物；理官，跟现代的法官类似。古代的兵刑合一，指的是将领应该兼管判案断狱的事情。因此篇首说道：“凡将，理官也。”然后作者接着指出，执法一定要公正廉明，不能徇私舞弊，滥用酷刑，株连无辜等都是危害国家和人民的行为，必须采取措施加以彻底纠正。

［原文］

凡将，理官①也，万物②之主也，不私于一人。夫能无私于一人，故万物至而制之，万物至而命③之。

［注释］

①理官：负责司法、刑狱的官员。

②物：事务。

③命：通“名”，这里意为处理。

［译文］

凡是将领，都担当着刑法官员的责任，是各种事务的主宰，不应对任何一个人有所偏私。如果能够做到不对任何人有所偏私，那么各种事务到了他那里都能够得到有效裁决，各种事务到了他那里都能够得到有效处理。

［原文］

君子不救囚于五步之外①，虽钩矢射之，弗追也②。故善审囚之情③，不待箠（chuí）楚④，而囚之情可毕⑤矣。笞（chī）⑥人之背，灼人之胁⑦，束人之指⑧，而讯囚之情，虽国士⑨有不胜其酷而自诬矣。

［注释］

①君子不救囚于五步之外：君子不在五步之外解决囚犯。意谓君子若想解救囚犯应当在五步之内，当面审讯，仔细核查，不能草率行事。

②虽钩矢射之，弗追也：指齐桓公被管仲射中带钩之事。春秋时期，

齐襄公死后，身在国外的公子小白和公子纠为了争夺君位加紧赶回国内。途中，两路人马相遇，辅佐公子纠的管仲一箭射中了公子小白的腰带扣。后来公子小白夺取君位，成为齐桓公。在鲍叔牙的劝说下，齐桓公尽弃前嫌，提拔了管仲。

③情：案情。

④箠楚：指刑杖。箠，同“棰”，木棍。楚，荆杖。

⑤毕：尽，完全。

⑥笞：鞭打，杖击。

⑦胁：指从腋下到肋骨尽处的部位。

⑧束人之指：古代一种夹人手指的刑罚。方法是用绳穿五根小木棍，套入手指，用力收紧。

⑨国士：指英雄豪杰。

［译文］

君子不会在没有当面审讯的情况下轻率地判决囚徒，同时也不公报私仇，就像齐桓公对待管仲那样，即使对方一箭射中自己的带钩，也不会去追究。所以，善于审理囚犯案情的人，不必等待用刑，囚犯的案情就可完全弄清。如果依靠鞭打囚犯的背脊、烫烧囚犯的胁部、夹囚犯的手指等手段获知囚犯的案情，那么即使是英雄豪杰也会因为忍受不了酷刑而屈打成招了。

［原文］

今世谚云：“千金不死，百金不刑。”试听臣之言，行臣之术，虽有尧舜之智[1]，不能关一言；虽有万金，不能用一铢[2]。

［注释］

①尧：传说中古代部落联盟的首领，陶唐氏，名放勋，又称唐尧。舜：传说中尧的继任者，有虞氏，名重华，又称虞舜。

②铢：古代重量单位，一铢等于一两的二十四分之一。

［译文］

如今世上有这样一句谚语：“千金可以免死，百金可以免刑。”如果听从臣下的建议，采用臣下的方法，即使有唐尧、虞舜那样的智慧，也不能为囚犯说一句通融的话；即使有万金资财，也不能动用一铢去行贿。

［原文］

今夫系者①，小圄(yǔ)②不下十数，中圄不下百数，大圄不下千数。十人联百人之事，百人联千人之事，千人联万人之事。所联之者，亲戚③兄弟也，其次婚姻④也，其次知识⑤故人也。是农无不离其田业，贾(gǔ)无不离其肆宅，士大夫无不离其官府。如此关联良民，皆囚之情也。《兵法》曰：“十万之师出，日费千金。”今良民十万，而联于囹圄。上不能省(xǐng)⑥，臣以为危也。

［注释］

①系者：被拴缚的囚犯。原作“决狱”，据银雀山汉墓竹简本改。

②圄：囹圄，监狱。

③亲戚：这里指父母。

④婚姻：这里指亲家。

⑤知识：相知相识之人。

⑥省：省悟，明察。

［译文］

如今在押的囚犯，小监狱里关押的不下十数人，中等监狱关押的不下百数人，大监狱关押的不下千数人。十个人牵连到一百个人的事，一百个人牵连到一千个人的事，一千个人牵连到上万人的事。所牵连的对象，首先是父母、兄弟，其次是联姻的亲家，再次是熟人、故交。这样一来，受到牵连的农民无不离开田地，受到牵连的商人无不离开商铺，受到牵连的官吏无不离开府衙。像这样株连良民，完全是刑拘的真实情况。《兵法》中说：“十万大军出发，每天要用掉千金军费。”如今十万良民都因为受到株连而身陷牢狱，统治者却不能明察此事，臣下认为这是非常危险的。

原官第十

题解

这一篇的中心内容是论述国家设官立制。首先讨论的是官职的分设，只有各司其职才能保证国家机器的正常运转。然后阐述了君臣的职权分工以及施政的方针，作者特意指出:“审开塞,守一道,为政之要也。”这些都与历史的发展规律相符合。最后，作者为我们展示了他理想中的“官无事治，上无庆赏，民无狱讼，国无商贾”的完美世界。

[原文]

官者，事之所主，为治之本也。制者，职分四民[1]，治之分也。贵爵富禄，必称，尊卑之体也。好善罚恶，正比法[2]，会计[3]民之具也。均地分[4]，节赋敛[5]，取与之度也。程工人[6]，备器用，匠工[7]之功也。分地塞要，殄(tiǎn)怪禁淫[8]之事也。

铁匠

铁匠是匠工的一种，古代的军用器材大多是经铁匠之手打造出来的。

[注释]

①四民：指士、农、工、商四种阶层的人。这里的士泛指官吏。

②比法：古时核查人口、财产的法令。

③会计：统计。

④均地分：使土地平均分配。

⑤赋敛：农民向政府缴纳的军赋和田租。

⑥程：考核。工人：指由官府控制的手工业者。

⑦匠工：指熟练的技工，承担着向一般技工传授技术的任务。

⑧殄怪禁淫：消灭、禁止各种怪异迷乱的事物。殄，灭绝。

［译文］

设置官员作为各项事务的主宰，是治国的根本方法。建立官制，根据职责分管士、农、工、商四类人，这是治国分工的需要。高贵的爵位、优厚的俸禄必须同本人的政绩相称，这是确定尊卑的基础。奖励善行，惩罚恶行，整饬比法，这是统计民情的工具。平均分配土地，控制赋税的征收，这是经济收支的尺度。考核工人，制备各种器物，这是熟练工匠的作用。划分地域，设置关卡，这是禁绝怪异、迷乱事物的措施。

［原文］

守法稽断①，臣下之节也。明法稽验②，主上之操也。明主守，等轻重③，臣主之权也。明赏赉④，严诛责，止奸之术也。审开塞，守一道⑤，为政之要也。下达上通，至聪⑥之听也。

［注释］

①稽：考核，考查。断：决断。

②验：检查，验证。

③等轻重：这里指统一赏罚的轻重标准。

④赉：赏赐。

⑤一道：这里指专一致力于耕战的国策。

⑥聪：听觉灵敏。

［译文］

遵守法度，考查决断，这是臣下的职责。彰明法度，核查执行情况，这是君主操持的事务。明确自己主管的事务，统一赏罚标准，这是臣子和君主都应该具备的权谋。彰明奖赏制度，严格执行惩罚措施，这是抑制奸邪的方法。研究并申明鼓励和禁止的事情，坚守专一的耕战方针，这是执政的要务。上情下达，下情上通，这是君主获知消息最敏捷的方法。

［原文］

知国有无之数，用其仂(lè)①也。知彼弱者，强之体也。知彼动者，静之决也。官分文武②，惟③王之二术也。

［注释］

①仂：零数，余数。或谓十分之一。

②官分文武：官员分为文官和武官两类。春秋时期，各国卿大夫兼管行政和军务。到了战国时期，逐渐出现文武分职。

③惟：是。

［译文］

掌握国中财产的多少，只用其中零余的部分。掌握敌人的弱点，是确保自身强大的基础。掌握敌人的动向，是我军沉着应战的先决条件。官职区分文臣与武将，是君王治国的两种手段。

［原文］

俎(zǔ)豆①同制，天子之会②也。游说③间谍无自入，正议之术也。诸侯有谨天子之礼，君民继世④，承王之命也。更号易常⑤，违王明德，故礼得以伐也。官无事治，上无庆赏，民无狱讼，国无商贾(gǔ)⑥，成王至正也。明举上达，成王至德也。

［注释］

①俎豆：二者皆为古代祭祀、宴饮时所用的礼器。俎，盛装牛羊等祭品的礼器。豆，盛装食物的器皿。

②会：朝会。

③游说：指游说之士。

④君民：做百姓的君主。继世：继承先世。指父亲死后，子嗣继承君位。

⑤常：常法。

⑥国无商贾：国度中没有商业活动。

［译文］

俎豆等礼器有相同的规格，是天子朝会诸侯的需要。杜绝游说之士和间谍进入朝堂，这是保证谋划正确无误的方法。诸侯要谨遵天子规定的礼制，如果诸侯中有立为国主、父死子袭者，都要接受天子的策命。变更名号，改变常法，违反天子的圣明之德，这就可以按照礼制进行讨伐。官府没有需要处理的事务，君主没有需要颁发的奖赏，百姓没有诉讼纠纷，国都没有商业活动，这是成就王政的最高理想。臣下将这些事情明明白白地陈述给君上，是为了帮助君上成就至善至美的德政。

治本第十一

题解

治本，即治国的根本。作者认为治理国家应该从物质和精神两个方面着手，其基本理念是“反本缘理，出乎一道”。在物资方面，反对铺张浪费，主张发展耕织。在精神方面，必须“使民无私”。而要“使民无私”，则必须“禁必以武”，“赏必以文”，即使用法治和道德教育两种手段，并以道德教育为主。最后作者指出治理国家的理想境界是“太上神化，其次因物，其下在于无夺民时，无损民财”。

[原文]

夫治人者何？曰：非五谷无以充饥，非丝麻无以盖形①。故充饥有粒②，盖形有缕③。夫在芸耨(nòu)④，妻在机杼(zhù)⑤，民无二事，则有储蓄。夫无雕文刻镂⑥之事，女无绣饰纂(zuǎn)组⑦之作。

[注释]

①形：指身体。

②粒：谷粒，这里泛指粮食。

③缕：线，这里泛指布帛。

④芸耨：除草松土。芸，通“耘”。耨，锄草的农具。

⑤机：指织布机。杼：织布所用的梭子。

⑥雕文刻镂：彩绘雕刻。

⑦纂组：精美的织锦。

[译文]

治理百姓应该注意什么呢？回答是：没有五谷就不能充饥，没有丝麻就不能蔽体。所以首先应该注意，充饥一定要有粮食，蔽体一定要有布帛。丈夫在田间耕耘，妻子在织布机前织布，除此之外百姓不再从事别的工作，就会有一定的积蓄。所以，男子不要去做绘画雕琢的事，女子不要去做刺绣织锦的事。

[原文]

木器液[1]，金器腥[2]，圣人饮于土，食于土，故埏埴(shān zhí)[3]以为器，天下无费。今也金木之性不寒，而衣绣饰；马牛之性食草饮水，而给菽粟。是治失其本而宜设之制也。

[注释]

①液：渗透，浸渍。

②金器腥：古人认为金属的气味是腥的。

③埏埴：和泥制成陶器。埏，以水和土。埴，黏土。

[译文]

木制器具容易渗漏，金属器具有腥味；古代圣人喝的水来源于土中，吃的食物也来源于土中，故而用水调和黏土制成陶器，这样一来天下就没有什么东西会被浪费掉了。如今，金属器具和木制器具的本性并不知道寒冷，却披上了锦绣；牛马本性是吃草喝水，却给它们提供豆料。这样治国就失去了立国之本，对此，应该建立必要的制度。

练

练，指将丝麻、布帛煮熟，使其柔软洁白。

[原文]

春夏夫出于南亩[1]，秋冬女练[2]于布帛，则民不困。今裋(shù)褐[3]不蔽形，糟糠[4]不充腹，失其治也。古者土无肥垸，人无勤惰，古人何得，而今人何失邪？耕有不终亩，织有日断机，而奈何寒饥！盖古治之行，今治之止也。

[注释]

①南亩：朝南的田亩。古时田亩通常南北向开辟，这样可以更充分地利用日照。后泛指农田。

②练：把丝麻、布帛煮熟，使之柔软洁白。

③裋褐：指粗陋的服装。裋，粗布衣服。褐，用粗布制成的衣服。

④糟：做酒剩下的渣子。糠：谷物脱粒后剩下的外壳。

［译文］

春夏两季，男子到田间耕作；秋冬两季，女子在家中从事纺织工作；这样，百姓就不会贫困。如今，百姓身上的粗陋衣服不能蔽体，吃酒糟、谷糠填不饱肚子，这是因为统治者丧失了治国之道。古时土地的肥沃与贫瘠跟今天相比并没有什么差别，百姓的勤劳与懒惰跟现在人相比也没有什么不同，可是为什么古人丰衣足食，而今人却难求温饱呢？如今，男人耕种，却没能耕完土地；女人纺织，却时常停下织机，像这样劳作，又怎能不忍饥受冻！这都是因为正确的治国之道在古代得以施行，在今天却中止而不能施行的缘故。

［原文］

夫谓治者，使民无私也。民无私则天下为一家，而无私耕私织，共寒其寒，共饥其饥。故如有子十人不加一饭，有子一人不损一饭，焉有喧呼酖（dān）酒以败善类乎①？民相轻佻②，则欲心兴，争夺之患起矣。横生于一夫③，则民私饭有储食，私用有储财。民一犯禁而拘以刑治，乌④有以为人上也？

［注释］

①酖：同“耽”，沉溺，入迷。善类：良善之人。

②轻佻：轻浮放荡。

③横：横逆，暴虐。一夫：指暴君。

④乌：犹“何”“怎么”。

［译文］

所谓的治国之道，是使百姓不谋私利。百姓不谋私利，天下人就会像一家人一样，不再自家耕种、自家纺织。人们都把别人的寒冷当成自己的寒冷，把别人的饥饿当成自己的饥饿。所以，即使一户人家有十个孩子，也不会给父母增加一顿饭的负担；一户人家只有一个孩子，也不会给父母减少一顿饭的负担；这样的话，哪里还会有人喧哗吵闹、酗酒作乐来败坏良善的人呢？百姓轻薄放荡，就会产生贪欲，相互争夺的祸患也会随之而来。

如果违反无私的做法源于暴君，那么百姓就要为了使自己能够吃上饭而私自储备粮食，为了使自己有足够的生活费用而私自储备财货。可是，百姓一旦违反禁令，就要被拘捕，并受到刑罚处治。这样的君主，哪里有高高在上统治百姓的资格呢？

［原文］

善政执其制，使民无私。为下不敢私，则无为非者矣。反本缘理[1]，出乎一道，则欲心去，争夺止，囹圄（líng yǔ）空，野充粟多，安民怀远[2]。外无天下之难，内无暴乱之事，治之至也。

苍苍[3]之天，莫知其极。帝王之君[4]，谁为法则？往世不可及，来世不可待，求己者也。

［注释］

①反：通“返”。本：指农业。

②怀远：怀柔远方之人。

③苍苍：深蓝色。这里指天空的颜色。

④帝王之君：指古代的圣明帝王，即五帝三王。五帝一般指黄帝、颛顼、帝喾、尧、舜；三王指夏、商、周三代的开国君主，即夏禹、商汤、周武王。

［译文］

良好的政治在于执行法制，使百姓不谋私利。下层民众不敢谋求私利，就不会有那么多为非作歹的人了。回归农耕本业，遵循无私的道理，粮食、财产只能从耕织中获取。这样，贪欲就会消除，争夺就会停止，监狱就会空闲。田野里长满庄稼，粮食充足。安抚治下的百姓，怀柔远方的民众。境外没有邻国骚扰之患，境内没有叛乱暴动之事，这就是治国的最高境界。

苍茫的天空，没有人知道它的尽头。古代那些圣明的帝王，有谁能够作为可以效法的楷模？过去的时代已经无法追回，未来的时代不能只靠等待，唯有凭借自己的努力去开创事业。

［原文］

所谓天子者四焉：一曰神明[1]，二曰垂光[2]，三曰洪叙[3]，四曰无敌。此天子之事也。

野物不为牺牲[4]，杂学不为通儒[5]。

今说者曰："百里之海，不能饮一夫；三尺之泉，足止三军渴。"臣谓欲生于无度⑥，邪生于无禁。

太上神化⑦，其次因物⑧，其下在于无夺民时，无损民财。夫禁必以武⑨而成，赏必以文⑩而成。

［注释］

①神明：神圣英明。

②垂光：光芒俯射，比喻普降恩惠。

③洪叙：根据等级次序予以奖赏、晋升。

④野物：野生动物。牺牲：指祭祀用的牲畜，色纯者为"牺"，体全者为"牲"。

⑤通儒：指通晓古今、学术纯正的学者。

⑥度：节制。

⑦太上：最高境界。神化：指用无形的精神力量去感化人。

⑧因物：根据现有的事物，因势利导。

⑨武：武力，暴力。

⑩文：文德，德政。

［译文］

所谓的天子要具备四个条件：一是神圣英明；二是普降恩惠；三是等级有序，赏罚分明；四是英武无敌。这正是天子应该做到的事情。

野生动物不能作为祭品，学术杂糅之人不能算作真才实学的人。

如今有人说："百里宽的大海，不够一个贪得无厌的人饮用；三尺深的泉水，却足以让全军将士解渴。"臣下认为，贪欲源于没有节制，邪恶源于没有禁令。

最高境界的政治是用精神力量感化民众；其次是凭借已有的事物，因势利导；下一层的策略是不误农时，不耗损民财。禁令一定要依靠武力才能奏效，奖赏一定要依靠文德才能完成。

战权第十二

题解

战权，指的是根据战场上的实际情况，灵活高效地运用作战原则。在这一篇中，作者指出，在兵力少的时候可以使用谋略来获得胜利，在兵力多的时候可以使用强力获胜。作者的主张是先发制人，进攻速胜；避实就虚，真假参半。最后，作者指出：在行军打仗时，行动要严格保守秘密，要有节制地采取作战行动，战场上的纪律应该严格整肃，朝廷的决策要明智，选择将帅的时候尤其要慎重，如果要进入敌人的国境之内，动作应该迅速而突然，这样才有可能达到“不战而屈人之兵”的目的了。

［原文］

《兵法》曰：“千人而成权①，万人而成武②。”权先加人者，敌不力交；武先加人者，敌无威接。故兵贵先③。胜于此，则胜彼④矣；弗胜于此，则弗胜彼矣。

凡我往则彼来⑤，彼来则我往，相为胜败，此战之理然也。

赤壁纵火

建安十三年（208），周瑜听从黄盖计谋，选蒙冲斗舰数十艘，里面装满柴草，浇上油脂，外面用帐幕包裹，插上牙旗，做好火攻的准备。黄盖诈降，小船行至曹操船边，同时点火，曹军船只首尾相连，无法逃离，损失惨重。

［注释］

①千人而成权：意谓在兵力较少的情况下，可以凭借谋略取胜。“千人”与下文的“万人”相对，指兵力较少。

②万人而成武：意谓在兵力较多的情况下，可以凭借武力取胜。

③先：先发制人。

④彼：指敌人。

⑤往：指进攻。来：指迎战。

[译文]

《兵法》上说：“千人的军队可以形成以权谋取胜的态势，万人的军队可以形成以武力取胜的态势。”抢先运用权谋攻击敌人，敌人就无法施展力量与之交锋；抢先使用武力攻击敌人，敌人就没有勇气来迎战。所以，用兵贵在先发制人。精于此道，就可战胜敌人；不精于此道，就无法克敌制胜。

凡是我军前去进攻，敌军必然前来迎战；敌军前来进攻，我军必然前去迎战。敌我双方互为胜败，这就是战争的规律。

[原文]

夫精诚①在乎神明，战权在乎道之所极。有者无之，无者有之，安所信之。先王之所传闻者，任正去诈，存其慈顺②，决无留刑③。故知道者，必先图不知止之败④，恶在乎必往有功。轻进而求战，敌复图止，我往而敌制胜矣。故《兵法》曰：“求而从之，见而加之，主人不敢当而陵⑤之，必丧其权。”

[注释]

①精诚：专一至诚。这里指用兵沉着冷静，精神专注。

②存：安抚。慈顺：指善良之人。

③决：判决。留：滞留。

④图：图谋，估量。止：适可而止。

⑤陵：攻击。

[译文]

指挥作战专一而又冷静，在于明察敌我双方的情况；作战善用权谋，在于洞彻用兵之道。有的伪装成没有，没有的伪装成有，敌人又如何来摸清我方的真实情况呢。古代圣王之所以被后人所传颂，是因为他们任用正直的君子，摒除奸诈的小人，安抚善良之人，惩处邪恶毫不迟疑。所以，通晓用兵之道的人一定会事先预料因不懂得适可而止所导致的失败，忌讳那些只知道一味出兵而求取成功的行为。轻率地进攻求战，敌人就会反过来设法实施阻击；我军贸然前往，敌军就会取胜了。所以《兵法》上说：“如果敌军求战就立即应战，见到敌军就发起进攻，看到防守一方示弱不敢抵

挡就进行攻击，这样势必会丧失战争的主动权。”

［原文］

凡夺者①无气，恐者不守，可败者无人，兵无道也。意往而不疑则从之，夺敌②而无败则加之，明视而高居则威之，兵道极矣。

其言无谨，偷③矣；其陵犯无节，破矣。水溃雷击，三军乱矣。必安其危，去其患，以智决之。高之以廊庙之论，重之以受命之论，锐之以逾垠之论，则敌国可不战而服。

［注释］

①夺者：指丧失战争主动权的一方。

②夺敌：夺取敌人的士气。

③偷：苟且偷安。

［译文］

凡是丧失战争主动权的一方都缺乏士气，心中恐惧的一方都无法坚守阵地，被击败的一方就相当于无人抵抗，这都是用兵无道的结果。决意出击并且没有任何疑虑，就应该穷追不舍；夺去敌人的士气并且能使自己不败，就要坚决发动进攻；明察秋毫并且如居高临下般拥有明显优势，就要以威势震慑敌人；能够做到这几点，就算是洞彻用兵之道了。

如果将领言语不慎，就会显示出苟且偷安之心；如果将领发动进攻而没有节制，就容易被敌军击破。这样一来，军队就会像被洪水冲溃、被雷击中一样乱作一团。如果一定要转危为安，消除祸患，就要靠智慧来解决了。朝廷的决策应当高明而正确，让将领的受命仪式庄严隆重，让出境作战的军队锐不可当。这样，就可以不经过作战而使敌国降服。

重刑令第十三

题 解

这一篇论述的主要内容是用很重的刑罚来维护战场上的纪律，确保军队战斗力发挥的问题。作者主张对于那些战败、投降、临阵脱逃的行为都要从重处罚，这样才能达到“刑重则内畏，内畏则外坚”的效果。

[原文]

将自千人以上，有战而北，守而降，离地逃众，命曰国贼。身戮家残①，去其籍②，发其坟墓，暴其骨③于市，男女公于官④。自百人已⑤上，有战而北，守而降，离地逃众，命曰军贼。身死家残，男女公于官。使民⑥内畏重刑，则外轻敌。故先王明制度于前，重威刑于后。刑重则内畏，内畏则外坚矣。

[注释]

①残：抄灭。

②去其籍：剥夺原有的身份。籍，户籍，名籍。

③暴其骨：把尸骨暴露在光天化日之下。暴，同“曝”，暴露。

④公于官：没收为官府奴隶。

⑤已：通“以”。

⑥民：战国时期兵民合一。这里泛指士兵。

[译文]

带兵超过千人的将领，有作战而败逃，防守时投降，擅自离开阵地抛弃军队逃跑的，称为“国贼”。对于这样的人，应当处决其本人，抄灭全家，削掉户籍，挖掘他的坟墓，将其尸骨暴露于街市之上，家中男女老少一概充为官奴。带兵百人以上的将领，有作战而败逃，防守时投降，擅自离开阵地抛弃军队逃跑的，称为“军贼”。对于这样的人，应当处决其本人，抄灭全家，家中男女老少一概充为官奴。这样，才能使士兵对内畏惧重刑，对外轻视敌人。所以，前代圣王首先会彰明各项制度，然后施行严酷的刑罚。刑罚严酷，就会使人们畏惧国内的刑法；人们畏惧国内刑法，在对外作战时就会坚强勇敢。

伍制令第十四

题解

伍制令，即军队内部有关什伍连坐制度的法令。本篇论述的主要内容是古代军队以伍为基础的联保制度，这也是当时的统治阶级所采用的一种有效的控制军队的手段。

[原文]

军中之制，五人为伍，伍相保①也；十人为什，什相保也；五十为属，属相保也；百人为闾，闾相保也。伍有干②令犯禁者，揭之，免于罪；知而弗揭，全伍有诛。什有干令犯禁者，揭之，免于罪；知而弗揭，全什有诛。属有干令犯禁者，揭之，免于罪；知而弗揭，全属有诛。闾有干令犯禁者，揭之，免于罪；知而弗揭，全闾有诛。

[注释]

①保：担保。

②干：违反，冒犯。

[译文]

按照军中的编制，五人为一伍，同伍之人相互担保；十人为一什，同什之人相互担保；五十人为一属，同属之人相互担保；百人为一闾，同闾之人相互担保。一伍之中有违反禁令的，同伍之人揭发，可以免罪；知情而不揭发，全伍之人都要受到严惩。一什之中有违反禁令的，同什之人揭发，可以免罪；知情而不揭发，全什之人都要受到严惩。一属之中有违反禁令的，同属之人揭发，可以免罪；知情而不揭发，全属之人都要受到严惩。一闾之中有违反禁令的，同闾之人揭发，可以免罪；知情而不揭发，全闾之人都要受到严惩。

[原文]

吏自什长已上①，至左右将②，上下皆相保也。有干令

三军

我国古代的三军是指前、中、后三军。前军一般是先锋，负责开路、侦察、进行小规模的战斗，携带部分军需物资。中军负责统帅所处的大军，主要是骑兵与步兵。后军主要负责运送全军的主要军用物资等。

犯禁者，揭之，免于罪；知而弗揭者，皆与同罪。

夫什伍相结，上下相联，无有不得之奸，无有不揭之罪。父不得以私③其子，兄不得以私其弟，而况国人聚舍同食④，乌能以干令相私者哉！

［注释］

①吏：指军中各级将官。什长：一什之长。

②左右将：指军中地位略低于主将的左将军和右将军。

③私：包庇，袒护。

④聚舍同食：吃住在一起。

［译文］

军中各级将官，从什长以上到左将军、右将军，上下级之间都要相互担保。如果有人违反禁令，只要揭发，就可以免罪；如果知情而不揭发，全都要与违令者同罪。

同什同伍的士卒相互具结担保，上下级之间相互牵连，这样就没有抓不到的奸人，没有不被揭发的罪行。父亲不能包庇儿子，兄长不能包庇弟弟，更何况只是编在一起同吃同住的平民百姓，他们又怎么能冒着触犯法令的危险相互包庇呢？

分塞令第十五

题解

分塞令，即军队营区划分和日常管理的有关法令。作者认为：在战争状态下，各部队都要按规定划分营区，加强营区管理，维护营区秩序。同时还要注意营区警戒，防止敌军奸细混入营区刺探军情。对于违反禁令的，要给以严厉的惩罚。

［原文］

中军，左、右、前、后军，皆有分地①，方(páng)之以行垣②，而无通其交往。将③有分地，帅④有分地，伯⑤有分地，皆营⑥其沟域，而明其塞⑦令。使非百人⑧无得通。非其百人而入者，伯诛之；伯不诛，与之同罪。

［注释］

①分地：划分的地域，即部队规定的营区。原作“地分”。

②方：通“旁”，指四周。行垣：军营周围的藩篱。

③将：指统率万人的将领。

④帅：指统率千人的将领。

⑤伯：伯长，即百人之长。

⑥营：营建。

⑦塞：堵塞，禁止。

⑧百人：指同闾之人。

［译文］

中军、左军、右军、前军、后军都有规定的营区，四周围以藩篱，使各营区之间不得随意往来。万人之将有规定的营区，千人之帅有规定的营区，掌管百人的伯长也有规定的营区。各个营区之间都要修建界沟，同时要彰明营区禁令。如果不是本闾的人，就不得通行。凡是本闾以外的人擅自进入营区，伯长都要予以严惩；伯长如果没有对其加以惩治，就要承担与犯禁者相同的罪责。

［原文］

军中纵横之道，百有二十步而立一府柱[1]，量人与地。柱道相望，禁行清道。非将吏之符节，不得通行。采薪刍（chú）牧者[2]，皆成行伍；不成伍者，不得通行。吏属[3]无节，士无伍者，横门[4]诛之。逾分干地者，诛之。故内无干令犯禁，则外无不获之奸。

［注释］

①府柱：作为标记的旗杆。

②采薪刍牧者：指军中负责打柴、养牲畜的后勤人员。

③吏属：军中各级将领的下属官吏。

④横门：横木为门，也就是栅栏门。这里指营门。

［译文］

军营内纵横交错的道路上，每隔一百二十步就要立一根旗杆，以此来计量兵员的数量和营地的距离。旗杆与道路相对，限制行人往来，肃清道路。没有将领发放的符节，不得通行。打柴、喂养牲口的勤杂人员，都要排列队伍；如果没有排队，就不得通行。各级将领的属官若没有符节，士卒若没有列队，在营门前一经发现就要加以惩处。越过自己的营区而进入别人的地界，都要加以严惩。所以，军队内部没有违反禁令的，外部就没有破获不了的奸细。

束伍令第十六

题解

束伍令，即约束部队的有关法规条令。本篇详细地阐述了战争过程中的赏罚制度以及各级将士的惩罚权力，作者主张用重赏和重罚来约束部队，鼓励和督促士兵勇敢杀敌，建功立业。

[原文]

束伍之令曰：五人为伍，共一符①，收于将吏之所。亡伍而得伍，当之；得伍而不亡，有赏；亡伍不得伍，身死家残。亡长②得长，当之；得长不亡，有赏；亡长不得长，身死家残。复战得首长③，除之。亡将④得将，当之；得将不亡，有赏；亡将不得将，坐⑤离地遁逃之法。

[注释]

①符：指五人联保而共同具结的书状，也称“符信”。

②长：指什长、伯长。

③首：首级。长：疑为衍文。

④将：指万人之将和千人之帅。

⑤坐：定罪。

[译文]

约束军队的法令规定：五人为一伍，共同签署符信，存放在军中执法的官吏那里。同伍之人伤亡，同时又斩获了数量相当的敌军，则功过相抵；斩获敌军而同伍之人没有伤亡，可获得奖赏；同伍之人伤亡而没有斩获数量相当的敌军，就要将其处死，抄灭全家。自己的什长、伯长伤亡，同时又斩获了敌军的什长、伯长，则功过相抵；斩获敌军什长、伯长而自己的什长、伯长没有伤亡，就可获得奖赏；自己的什长、伯长伤亡，又没有斩获敌军的什长、伯长，就要将其处死，抄灭全家。如果再战斩获敌军什长、伯长的首级，则可以免除罪名。自己的将帅伤亡，同时又斩获了敌军的将帅，则功过相抵；斩获敌军将帅而自己的将帅没有伤亡，就可获得奖赏；自己的将帅伤亡，又没有斩获敌军的将帅，就要按照处理临阵脱逃的军法定罪。

［原文］

战诛之法曰：什长得诛十人，伯长得诛什长，千人之将得诛百人之长，万人之将得诛千人之将，左右将军得诛万人之将，大将军①无不得诛。

［注释］

①大将军：这里指全军最高统帅。

［译文］

战场惩处的法令规定：什长可以惩治自己管辖的十个人，伯长可以惩治自己管辖的什长，千人之将可以惩治自己管辖的百人之长，万人之将可以惩治自己管辖的千人之将，左将军和右将军可以惩治万人之将，大将军对军中所有人都有权惩治。

经卒令第十七

题解

经卒令，即有关部队组织管理、人员编列等方面的法令。本篇主要论述了部队的战斗编组以及使用军旗和佩戴徽章。作者认为应当将部队分为三军，“左军苍旗，卒戴苍羽；右军白旗，卒戴白羽；中军黄旗，卒戴黄羽”。士卒应佩戴苍、赤、黄、白、黑五种颜色的徽章，用来识别和约束部队，让军队的队形保持整齐，行动有秩序，便于指挥。

[原文]

经[1]卒者，以经令分之为三分焉：左军苍旗，卒戴苍羽；右军白旗，卒戴白羽；中军黄旗，卒戴黄羽。

卒有五章[2]：前一行苍章，次二行赤章，次三行黄章，次四行白章，次五行黑章。次以经卒，亡章者有诛。前一五行置章于首，次二五行置章于项[3]，次三五行置章于胸，次四五行置章于腹，次五五行置章于腰。

旗

中国从原始社会后期就开始以旗帜作为聚集族人的标志。传说中黄帝练兵摆阵法，设五旗五麾。

[注释]

①经：经营，管理。

②章：作为标识的图案。

③项：颈的后部，这里指脖子。

[译文]

对士卒进行管理，就是按照编队条令将他们分为三部分：左军使用青色旗帜，士卒佩戴青色羽毛；右军使用白色旗帜，士卒佩戴白色羽毛；中军使用黄色旗帜，士卒佩戴黄色羽毛。

士卒有五种颜色的标识：第一行用青色标识，第二行用红色标识，第三行用黄色标识，第四行用白色标识，第五行用黑色标识。按照这一次序对士卒进行编排，丢失标识者要予以惩治。第一个五行要把标识佩戴在头上，第二个五行要把标识佩戴在脖子上，第三个五行要把标识佩戴在胸前，第四个五行要把标识佩戴在腹部，第五个五行要把标识佩戴在腰部。

[原文]

如此，卒无非其吏，吏无非其卒。见非而不诘①，见乱而不禁，其罪如之。

鼓行交斗②，则前行进为犯难，后行退为辱众。逾五行而前者有赏，逾五行而后者有诛。所以知进退先后，吏卒之功也。故曰：鼓之前如雷霆，动如风雨，莫敢当其前，莫敢蹑③其后。言有经也。

[注释]

①诘：追究，盘问。

②鼓行交斗：擂鼓进军，与敌人交战。

③蹑：跟踪。

[译文]

按照这一原则编队，士卒就不会混淆自己的将官，将官也不会混淆自己的士卒。见到错误而不加以追究，见到混乱而不加以禁止，那么他的罪过就与犯禁者相同。

击鼓进军，与敌军交锋，超越同一行列而前进迎敌就是不惧危难，落后于同一行列而畏缩退却就是贪生怕死，有辱众人。冲锋时超越前面五行的应予以奖赏，落后于身后五行的要予以惩治。这样，就可以知道部队的进退情况，从而为将士评定战功。所以说：战鼓敲响，将士们前进就如同雷霆一样迅捷，行动就如暴风雨般猛烈，敌军无人敢在前面阻挡，也无人赶在后面追踪。这就是说有合理的管理制度啊。

勒卒令第十八

题解

勒卒，即约束管理士兵的法令。本篇主要论述的是金、鼓、铃、旗等用来指挥作战的工具应当如何使用；军队应当按照什么样的步骤和方法进行训练；还有就是在指挥军队时，应该具有高度的坚定性、计划性与灵活性。

[原文]

金、鼓、铃、旗，四者各有法：鼓之则进，重①鼓则击。金之则止，重金则退。铃，传令也。旗，麾之左则左，麾之右则右。奇兵则反是。一鼓一击而左，一鼓一击而右。一步一鼓，步鼓也；十步一鼓，趋②鼓也。音不绝，骛③鼓也。商④，将⑤鼓也；角，帅⑥鼓也；小鼓，伯鼓也。三鼓同，则将、帅、伯其心一也。奇兵则反是。鼓失次⑦者有诛，喧哗者有诛，不听金、鼓、铃、旗而动者有诛。

[注释]

①重：再次。

②趋：疾走。

③骛：快速奔跑。

④商：与下文的“角”都是古代“五音”之一。五音即宫、商、角、徵、羽五个音阶。

⑤将：指万人之将。

⑥帅：指千人之帅。

⑦次：次序，规矩。

[译文]

金、鼓、铃、旗这四样东西各有其使用方法：击鼓就要前进，再次击鼓就要出击。鸣金就要停止，再次鸣金就要撤退。铃，是用来传达命令的。旗，向左挥舞，军队就要向左移动；向右挥舞，军队就要向右移动。奇兵的指

挥信号则与此相反。有时击鼓一下出击一次而向左转，有时击鼓一下出击一次而向右转。前进一步击一下鼓，这是使军队步伐整齐的鼓声。每前进十步击一下鼓，这是命令军队快步前进的鼓声。鼓声不断，这是命令军队快速奔跑的鼓声。发出商音的鼓，是万人之将使用的；发出角音的鼓，是千人之帅使用的；声音细小的鼓，是伯长使用的。这三种鼓的声音同时响起，表明将、帅、伯长意图一致。奇兵的指挥信号则与此相反。不按照规矩击鼓的，要受惩处；在军中喧哗吵闹的，要受惩处；不按照金、鼓、铃、旗的指挥而擅自行动的，要受惩处。

［原文］

百人而教战，教成合之千人；千人教成，合之万人；万人教成，会之于三军。三军之众，有分有合，为大战之法，教成，试之以阅①。方亦胜，圆亦胜；错邪②亦胜，临险亦胜。敌在山，缘而从之；敌在渊，没而从之。求敌若求亡子，从之无疑，故能败敌而制其命。

［注释］

①试：试验，演练。阅：检阅，考核。

②错邪：交错复杂的地形。

［译文］

以百人为单位进行军事训练，训练完成后，再集合上千人的单位进行训练；千人训练完成后，再集合上万人的单位进行训练；万人训练完成后，再集合全军进行训练。三军将士进行训练时，有分散也有集中，这是大规模作战的训练方式。训练完成后，要以演习的形式进行考核。方阵可以取胜，圆阵也可以取胜；身处交错复杂的地形可以取胜，身处险要的环境也可以取胜。敌人在高山之上，就要攀上山峰予以攻击；敌人在深潭之下，就要潜入水中进行追踪。寻找敌人决战就如同寻找丢失的孩子那样志在必得，追击敌军毫不迟疑，所以能够击败敌人并将其杀死。

［原文］

夫蚤①决先定。若计不先定，虑不蚤决，则进退不定，疑生必败。故正兵贵先，奇兵贵后。或先或后，制敌者也。世将不知法者，专命②而行，先击而勇，无不败者也。其举

有疑而不疑，其往有信而不信，其致③有迟疾而不迟疾。是三者，战之累也。

［注释］

①蚤：通“早”。

②专命：没有接到命令而专断独行。

③致：达到。

［译文］

用兵应该尽早决断，事先制订计划。如果计划没有事先制订，策略没有及早决断，那么军队就会进退不定，产生疑惑，这样势必会导致失败。所以，正兵贵在先发制人，奇兵贵在后发制人。或是先发制人，或是后发制人，都是出于克敌制胜的需要。一些平庸的将领不懂得这种奇正变化的用兵之法，不听命令而独断专行，抢先出击为了彰显其勇武，最终没有不失败的。起兵之时明明有可疑之处，却不加怀疑；进军之时形势有利，却犹疑不信；到达目的地进行战斗时，当慢不慢，当快不快。这三点，都是作战的危害。

将令第十九

题解

将令，即国君任命将帅的有关仪式和条令。作者指出：国家遇到战事，国君应召集群臣商议对策，挑选将帅，然后举行隆重的受命仪式，宣布将帅的职权，确立将帅的权威。将帅接受任命后，要向君主表示效忠，同时向部队申明军纪，确保部队服从命令，听从指挥。

[原文]

将军受命，君必先谋于庙，行令于廷。君身以斧钺(yuè)授将①，曰："左、右、中军，皆有分职②。若逾分而上请者死。军无二令，二令者诛，留令者诛，失令者诛。"将军告曰："出国门③之外，期日中④，设营表⑤，置辕门⑥，期之。如过时则坐法。"将军入营，即闭门清道。有敢行者诛，有敢高言⑦者诛，有敢不从令者诛。

[注释]

①身：亲身，亲自。斧钺：原为两种兵器，因常作为军中执法的刑具，所以后来成为军权的象征。

②分职：职责。

③国门：指国都的城门。

④期：约定时间。日中：正午时分。

⑤营表：古代军中用来测时的标杆。表，古代测时的标杆，直立于地上，通过观察日影长度可判断时间。

⑥辕门：古代军队外出宿营，常以车辆围绕营地。营地入口处两车车辕向内，故称辕门。后泛指军门。

⑦高言：高声喧哗。

[译文]

将军接受任命，君主一定要在宗庙进行谋划，然后在朝廷上发号施令。君主亲自将斧钺授予将帅，说："左军、右军、中军，都有各自的职责。如果有越级向上请示的人，将其处以死刑。军中不允许主将以外的人发号施令，如果有人擅自发号施令，扣压命令的处死，延误命令的处死。”将军受命以后告诉部众：“出国都城门之外，以正午作为军队集合期限，在那里设置营表和辕门，在规定时间内等待将士报到。如果超时未到，就要依法治罪。”将军进入军营，立即关闭营门，清道戒严。有胆敢随意走动者要予以严惩，有胆敢高声喧哗者要予以严惩，有胆敢不服从命令者要予以严惩。

踵军令第二十

题解

踵军令，即部队开向战场时关于序列及其他相关规定的法令。作者指出：一旦遇到战事，部队应迅速集中。在开赴战场的时候，应将部队分为踵军、大军、兴军、分卒四个部分，其先后顺序是分卒在前担任搜索、警戒任务，其次是兴军，再次是踵军，最后是大军。

[原文]

所谓踵军[1]者，去大军[2]百里，期于会地，为三日熟食，前军而行。为战合之表[3]，合表乃起。踵军飨[4]士，使为之战势，是谓趋战[5]者也。

[注释]

①踵军：先头部队中靠后的部分。

②大军：指主力部队。

③表：表记，符节之类的信物。

④飨：用酒肉招待宾客。

⑤趋战：奔赴战斗。

[译文]

所谓的踵军，要距离主力部队百里远，按照规定时间到达指定的会合地点，并且要准备好三天的干粮，在大部队之前出发。到了战斗的时候，应该验合信物，信物相合就可以开始行动。踵军行动之前，应该用酒肉犒劳将士，使部队进入战斗状态，这就是所谓的趋战。

[原文]

兴军[1]者，前踵军而行，合表乃起。去大军一倍其道，去踵军百里，期于会地。为六日熟食，使为战备。分卒[2]据要害，战利则追北，按兵而趋之。踵军遇有还者，诛之。所谓诸将之兵，在四奇[3]之内者胜也。

［注释］

①兴军：先头部队中处于前面的部分。

②分卒：指零散部队。

③四奇：指大军、踵军、兴军、分卒等形成犄角之势的四个部分。

［译文］

兴军，要在踵军之前出发，信物符合就可开始行动。兴军距离主力部队要比踵军远一倍的路程，距离踵军百里远，按照规定时间抵达会合地点。要准备六天的干粮，并做好战斗准备。零散部队应拒守各个要塞。作战有利就追击败逃的敌军，平时则要约束好部队，随时准备投入战斗。踵军遇到从前方逃回的士卒，要对其加以严惩。众将所率领的士卒如果都能在大军、踵军、兴军、分卒这四部之内忠于职守，胜利就有了保障。

［原文］

兵有什伍，有分有合，豫为之职，守要塞关梁①而分居之。战合表起，即皆会也。大军为计日之食，起，战具无不及也。令行而起，不如令者有诛。

［注释］

①关梁：泛指水陆交通要道。关，关口，多设在陆地交通要道。梁，桥梁，多设在水路要道。

［译文］

士卒有什伍的编制，有分散也有集中，应预先使其明确各自的职责，分兵把守军事要塞、水陆要道。战争打响以后，验合信物就可以行动，都要立即按照规定集结。主力部队准备好每天所需的粮食，开始行动以后，作战器具应全部齐备。命令下达就开始行动，不按照命令行事的应予以严惩。

［原文］

凡称分塞者①，四境之内，当兴军、踵军既行，则四境之民，无得行者。奉王之命，授持符节，名为顺职之吏。非顺职之吏而行者，诛之。战合表起，顺职之吏乃行，用以相参②。故欲战，先安内也。

[注释]

①称：担任。分塞：分兵驻守要塞。

②参：参验。

[译文]

凡是担任分兵驻守要塞的部队，在四周边境范围之内，当兴军、踵军开始行动以后，边境范围内的百姓就不得通行。尊奉君王之命、被授予符节的官员，就做顺职之吏。不是顺职之吏而随便通行的，都要予以惩处。战争打响，验合信物之后就可以行动。顺职之吏才能出发，借以相互检查参验。所以，要想对外作战，首先要安定内部。

兵教上第二十一

题 解

兵教，即军队的训练原则与方法。本篇详细论述了军事训练的方法、步骤和内容。要确保训练的效果和质量必须严格训练并遵守纪律，从难从严要求部队，即所谓“明刑罚，正劝赏”，“习战以成其节，乃为之赏法”。作者还指出训练士卒的目的就在于“开封疆，守社稷，除患害，成武德”。

[原文]

兵之教令，分营居陈，有非令而进退者，加犯教之罪。前行者，前行教之；后行者，后行教之；左行者，左行教之；右行者，右行教之。教举[1]五人，其甲首[2]有赏；弗教，如犯教之罪。罗地[3]者，自揭其伍。伍内互揭之，免其罪。

[注释]

①举：全，皆。

②甲首：伍长。

③罗地：疑“罗”为“离”，指擅自离开训练场地。

将帅之臣

李牧驻守雁门，匈奴多次来犯，李牧都坚守不出。赵王于是将李牧贬为庶民，另派军队抗击匈奴，却屡战屡败，最后重新任用李牧。李牧仍然坚守不出，但是却加紧训练士兵，积极备战。时机成熟后，李牧设计引匈奴军队前来，布下奇阵大破匈奴。

[译文]

军队的训练条令规定，应划分营区，各自据守阵地，有违抗命令擅自前进或后退的，应判处违反训练条令之罪。前行的士兵，由前行军官负责训练；后行的士兵，由后行军官负责训练；左行的士兵，由左行军官负责训练；右行的士兵，由右行军官负责训练。训练好全部五人，负责训练的甲首就可以得到奖赏；如果没有组织训练，则要按照违反训练条令的罪名加以惩治。擅自离开训练场地的，应该由同伍之人揭发。同伍之中有相互揭发的，可以免罪。

［原文］

凡伍临陈，若一人有不进死于敌，则教者如犯法者之罪。凡什保什，若亡一人而九人不尽死于敌，则教者如犯法者之罪。自什已上至于裨将①，有不若②法者，则教者如犯法者之罪。凡明刑罚，正劝赏，必在③乎兵教之法。将异其旗，卒异其章。左军章左肩，右军章右肩，中军章胸前，书其章曰“某甲④某士”。前后章各五行，尊⑤章置首上，其次差降之⑥。

［注释］

①裨将：偏将，副将。

②若：如，遵照。

③在：审察。

④甲：指一乘战车以及所辖甲士、步兵所组成的编制单位。

⑤尊：指第一行。

⑥其次差降之：以下各行的标识位置按照顺序依次下移。

［译文］

凡是同伍之人临阵作战，如果其中有一个人不冲向前方与敌人拼死搏斗，那么负责训练的军官就与违反军法的人同罪。同什之人互相担保，如果其中有一人伤亡而其余九人不拼死与敌人作战，那么负责训练的军官就与违反军法的人同罪。从什长以上直至裨将，有不遵守军法的，负责训练的军官就与违反军法的人同罪。但凡要使刑罚严明，奖励公正，就一定要明察军队训练的法令。将领要使用不同的旗帜，士卒要佩戴不同的标识。左军的标识要戴在左肩，右军的标识要戴在右肩，中军的标识要戴在胸前，上面要写上“某甲某人”。每支队伍佩戴标识的士卒分为前后五行，第一行要将标识置于头上，其余各行依次降低标识的佩戴位置。

［原文］

伍长教其四人，以板为鼓，以瓦①为金，以竿为旗。击鼓而进，低旗则趋，击金而退。麾而左之，麾而右之，金鼓俱击而坐②。伍长教成，合之什长；什长教成，合之卒长③；卒长教成，合之伯长；伯长教成，合之兵尉④；兵尉教成，合之裨将；裨将教成，合之大将。大将教之，陈于中野⑤。置大表三，百步而一。既陈，去表百步而决⑥，百步而趋，百步而骛。习战以成其节，乃为之赏法。自尉吏而下尽有旗。战胜得旗者，各视其所得之⑦爵，以明赏劝之心。战胜在乎立威，立威在乎戮力⑧，戮力在乎正罚。正罚者，所以明赏也。

［注释］

①瓦：瓦器，用陶土烧成的器物。

②坐：古代指双膝跪地，臀部压在脚跟上。这里指坐阵。

③卒长：这里指二十五人之长。

④兵尉：千人之将。

⑤中野：原野之中。

⑥决：出发，起步。这里指开始齐步走。

⑦之：这里犹“以”。

⑧戮力：尽力。

［译文］

伍长负责训练同伍的其他四人，以木板代替鼓，以瓦器代替金，以竹竿代替旗帜。击鼓就要前进，旗帜放低就要快走，鸣金就要后退。旗帜向左挥舞就向左移动，向右挥舞就向右移动，金鼓齐鸣，就要摆好坐阵。伍长完成训练任务，就集合队伍由什长训练；什长完成训练任务，就集合队伍由卒长训练；卒长完成训练任务，就集合队伍由伯长训练；伯长完成训练任务，就集合队伍由兵尉训练；兵尉完成训练任务，就集合队伍由裨将训练；裨将完成训练任务，就集合队伍由大将训练。大将负责训练全军，在原野之中排兵布阵。设置三根大标竿，每隔百步设一根。军阵布置完毕以后，距离第一个标竿的一百步要齐步走，第二个一百步要快步走，第三个一百步要跑步前进。通过反复演习来确立军队的作战原则，并制定相应的奖赏制度。自兵尉以下各级军官也都有旗帜，战胜敌军并夺取敌军旗帜的，分别按照各自缴获的旗帜来赏赐爵位，以此来彰明君主施行有功必赏的意愿。战胜敌人在于树立军威，树立军威在于人人尽力，人人尽力在于刑罚严正。刑罚严正，也是用来彰明奖赏的一种手段。

[原文]

令民背国门之限①，决死生之分，教之死而不疑者，有以②也。令守者必固，战者必斗；奸谋不作，奸民不语；令行无变，兵行无猜；轻者若霆，奋敌若惊；举功别德，明如白黑。令民从上令，如四支应心也。前军绝③行乱陈，破坚如溃者，有以也。此之谓兵教，所以开封疆④，守社稷⑤，除患害，成武德也。

[注释]

①背：离开。限：门槛，界限。这里指国境线。

②有以：有缘由。

③绝：断绝，击破。

④开封疆：开拓疆土。

⑤社稷：原指君主所供奉的土地之神和谷神，后代指国家。

[译文]

要让士卒离开国门，在生死关头作出勇敢的抉择，让他们拼死作战而不犹豫，这是有原因的。要让防守部队务必坚固，进攻部队务必敢于战斗；阴谋不能兴起，奸人不敢言语；命令一旦施行就不轻易变更，军队行动没有猜疑；行动轻捷犹如闪电，奋勇杀敌如同惊马；评论功德，要黑白分明。这样，就可以使士卒服从上级命令，如同四肢受心志支配那样运用自如。前锋部队冲破敌阵，攻破坚固的城池，使敌人如同溃堤般败退，这是有原因的。这就叫作军队训练，是用来开拓疆土、保卫国家、消除祸患、成就武道的重要手段。

兵教下第二十二

题解

本篇是对前一篇的进一步论述，主要论述的是国君应该掌握的十二条必胜的法则。作者指出，一定要选拔得力的将领，衡量敌我双方的利弊，保持严格的战场纪律，才能"威加天下"。

［原文］

臣闻人君有必胜之道，故能并兼广大，以一其制度，则威加天下。有十二焉：一曰连刑①，谓同罪保伍也；二曰地禁②，谓禁止行道，以网③外奸也；三曰全车④，谓甲首相附，三五⑤相同，以结其联也；四曰开塞⑥，谓分地以限，各死其职而坚守也；五曰分限，谓左右相禁，前后相待，垣车⑦为固，以逆以止也；六曰号别⑧，谓前列务进，以别其后者，不得争先登不次也；七曰五章，谓彰明行列，始卒⑨不乱也；八曰全曲⑩，谓曲折相从，皆有分部也；九曰金鼓，谓兴有功，致有德⑪也；十曰陈车⑫，谓接连前矛⑬，马冒其目⑭也；十一曰死士，谓众军之中有材力者，乘于战车，前后纵横，出奇制敌也；十二曰力卒，谓经⑮旗全

国殇将士铠甲战车

商周时期，战车的数量是衡量一个国家军事实力的标准之一。一般一辆战车驾两匹或四匹马或羊，上边载有三名战士。

曲，不麾不动也。

［注释］

①连刑：指“连坐”。

②地禁：军队分地驻扎，不同营地互为禁区。

③网：捕获。

④全车：配齐战车的编制。

⑤三五：亦作“参伍”，指战车所辖的步兵行列。

⑥开塞：设置要塞。

⑦垣车：将战车连接起来作为军营的围栏。

⑧号别：标记有别。号，标记。

⑨始卒：始终。

⑩全曲：配齐军队各部的人员。

⑪德：武德，武道。

⑫陈车：布设车阵。

⑬前矛：指前锋部队。

⑭马冒其目：罩住战马的眼睛，以防马匹受惊。冒，蒙住，罩住。

⑮经：经营，掌管。

［译文］

臣下听说国君掌握了必胜之道，就能兼并敌国，扩张疆域，统一原本不同的制度，从而威震天下。必胜之道有以下十二个方面：一是连刑，就是说士卒有罪同当，同伍相保；二是地禁，就是说在军营中禁止随便往来行走，以便捕获外来的奸细；三是全车，就是说每辆战车上的甲士都要相互依附，战车所辖步兵的行列要协调有序，形成紧密的联系；四是开塞，就是说划分地域设防，各部队都甘愿以身殉职以坚守阵地；五是分限，就是说左右军队相互警戒，前后军队相互照应，将战车排列起来加固营垒，用以迎击敌军、安营扎寨；六是号别，就是说前面的行列要努力前进从而有别于后面的行列，后面的行列不得争先抢功而破坏队列次序；七是五章，就是说要用五种颜色的标识来明确军阵行列，保持队列始终不乱；八是全曲，就是说军队各部曲折相从，都有自己的辖区；九是金鼓，就是说要指挥得当，这样兴兵作战才能立功，从而建立武德；十是陈车，就是说战车与前锋部队连结，罩住战马的眼睛以免受惊；十一是死士，就是说要从全军各部之中挑选武艺高强的勇士，让他们乘着战车，前后左右纵横冲杀，出奇制胜，制服敌军；十二是力卒，就是说让得力的勇士掌管旗帜，协调各部，使各部未见挥旗就不得擅自行动。

［原文］

此十二者教成，犯令不舍①。兵弱能强之，主卑能尊之，令弊能起之，民流能亲之，人众能治之，地大能守之。国车不出于阃(kǔn)②，组甲不出于橐③，而威服天下矣。

［注释］

①舍：通“赦”，赦免。

②阃：门槛，这里指国都郭门。

③组甲：用绳子连缀金属片或皮革而制成的铠甲。橐：口袋，套子。

［译文］

这十二个方面训练完成以后，如果有人违反法令，决不宽赦。这样，军队原本弱小而会变得强大，君主原本卑怯而会变得尊贵，法令废弛而能重新启用，百姓流离失所而能够归附，人口众多而能够治理好，土地广阔而能够守得住。国都之中的战车不必驶出郭门，收藏起来的铠甲不必从袋子里取出来，便可以威慑天下了。

［原文］

兵有五致①：为将忘家，逾垠忘亲②，指敌忘身，必死则生，急胜为下③。百人被刃④，陷行乱陈；千人被刃，擒敌杀将；万人被刃，横行天下。

武王问太公望曰：“吾欲少间而极用人之要⑤。”望对曰：“赏如山，罚如溪⑥。太上无过，其次补过，使人无得私语。诸⑦罚而请不罚者死，诸赏而请不赏者死。”

［注释］

①致：达到，做到。

②亲：指父母双亲。

③为下：指调动部下的积极性。

④被刃：迎着锋刃拼死作战。被，遭受。

⑤少间：短时间。极：这里指洞彻，通晓。

⑥赏如山，罚如溪：奖赏、惩罚分别与山之高、溪之深对应，意在表明赏罚必重。

⑦诸：犹“凡是”。

［译文］

用兵要做到五点：担任将领，就要忘掉家室；越境作战，就要忘掉父母双亲；面对敌人，就要忘掉自身安危；抱着必死的决心，就能死里求生；急于求胜，就要调动部下的积极性。百人拼死作战，就可以冲破敌军阵列；千人拼死作战，就可以擒获敌军，杀死敌将；万人拼死作战，就可以横行天下，所向无敌。

周武王问太公望：“我想在短时间内了解用人的要领。”太公望回答道：“奖赏要像山一样高而重，惩罚要像深谷一样深而厚。实施赏罚，最好的状态是没有过失，次一点的状态是万一赏罚有误，尽快补救，使人们不在私下议论。凡是应当受罚的，如果请求不罚，就要处死；凡是应当奖赏的，如果请求不赏，也要处死。”

［原文］

伐国必因其变，示①之财以观其穷，示之弊以观其病，上乖②者下离。若此之类，是伐之因也。

凡兴师必审内外之权，以计其去③。兵有备阙④，粮食有余不足，校⑤所出入之路，然后兴师伐乱，必能入之。

［注释］

①示：通“视”，考察，审视。

②乖：违逆，无道。

③去：指进退。

④阙：通“缺”，缺少。

⑤校：勘察。

［译文］

讨伐敌国，一定要利用其内部的变故，考察敌国的财力，以此来了解它的贫穷程度；考察敌国的政治弊端，以此来了解它的危机；上层统治者暴虐无道，就会导致众叛亲离。诸如此类的情况，都是讨伐敌国的有利条件。

凡是兴兵作战，一定要审察内外形势的优劣，以此来决定进退。要了解兵力充足还是缺乏，粮食富余还是不足，勘察军队出入所要经过的道路，然后再兴兵讨伐暴乱，这样一定能够攻入敌国。

[原文]

地[1]大而城小者，必先收[2]其地；城大而地窄者，必先攻其城；地广而人寡者，则绝其阨[3]；地狭而人众者，则筑大堙[4]以临之。无丧其利，无夺其时，宽其政，夷[5]其业，救其弊，则足以施天下。

[注释]

①地：指城外的郊野，农耕用地多在此处。

②收：夺取。

③阨：狭窄、险要的地形。

④堙：土山。

⑤夷：平定。

[译文]

敌国郊野的土地面积大而城郭小的，一定要先夺取郊野的土地；城郭大而郊野土地狭小的，一定要先攻取城郭；郊野广阔而人口稀少的，要切断其险要道路；郊野狭小而人口众多的，要修筑土山以便攻城。攻克敌方城郭以后，不要损害敌国百姓利益，不要耽误农时；要放宽政策，安定百姓的家业，拯救种种弊病，这样就足以对天下发号施令了。

孟 子

《孟子·梁惠王上》中有“不违农时，谷不可胜食也”。意思是如果兵役、徭役等不妨碍农业生产的季节，粮食便会吃不完。我国古代封建社会以农为本，农业的良好发展，才是维护国家安定的根本。

[原文]

今战国[1]相攻，大伐有德。自伍而两[2]，自两而师[3]，不

一其令。率俾（bǐ）民心不定[4]，徒尚骄侈。谋患辩讼，吏究其事，累且败也。日暮路远，还有挫气，师老[5]将贪，争掠易败。

[注释]

①战国：征战之国。

②两：古代军队编制单位，二十五人为一两。

③师：古代军队编制单位，两千五百人为一师。

④率：通常。俾：使。

⑤老：疲惫，衰竭。

[译文]

如今，天下征战之国互相攻击，大举讨伐施行德政的国家。军队从伍到两，从两到师，不能统一号令。通常导致人心不定，只崇尚骄奢淫逸。军队内部图谋不轨，不断争讼，执法官吏忙于追究，不但消耗精力，而且会导致战败。天色已晚，道路遥远，罢兵回师，挫伤锐气。军队久战力衰，将领贪功心切，这时士兵大肆争夺掳掠，很容易失败。

[原文]

凡将轻、垒卑[1]、众动，可攻也；将重、垒高、众惧，可围也。凡围，必开其小利，使渐夷弱[2]，则节吝[3]有不食者矣。众夜击者，惊也；众避事者，离也；待人之救，期战而蹙[4]，皆心失而伤气也。伤气败军，曲[5]谋败国。

[注释]

①卑：低矮。

②夷弱：削弱。

③节吝：节约。

④蹙：局促不安。

⑤曲：不直，不正。这里意为谬误。

[译文]

凡是将领轻率、营垒低矮、人心浮动的军队，可以对其进攻；对于将领稳重、营垒高大、众人内心恐惧警觉的军队，可以将其包围。凡是围困，一定要留出缺口，用小利引诱敌军，使其力量逐渐消耗，即使饮食节省，最后也会无粮可食。敌军夜间敲击器物，是内心惊恐的表现;敌军躲避公事，是离心离德的表现；敌军等待救援，约定交战日期而又局促不安，这是斗志丧失、士气受挫的表现。士气受损就会使军队溃败，错误的谋划则会使国家败亡。

兵令上第二十三

题解

兵令，即军事法令。本篇主要论述战争的目的以及军事与政治的关系。作者认为："伐暴乱，本仁义焉，战国则以立威……"同时还指出了战争的实质："以武为植，以文为种。"除了以上二者之外，作者还谈到了临敌布阵的方法、纪律与要求。

[原文]

兵者，凶器也；争者，逆德也。事必有本，故王者伐暴乱，本仁义焉。战国则以立威、抗敌、相图，而不能废①兵也。

兵者，以武为植②，以文为种③；武为表，文为里。能审此二者，知胜败矣。文所以视利害，辨安危；武所以犯强敌，力攻守也。

[注释]

①废：废止，停息。

②植：柱子，骨干。这里指主体的意思。

③种：根本，根基。

[译文]

军队，是凶险之器；战争，是违逆道德的行为。凡事必有其根本，所以王者讨伐暴乱，必以仁义为本。征战之国却以树立威名、与敌人抗衡、相互图谋为目的，因而无法停止战争。

战争，是以武力作为主体，以文德作为根基；以武力作为外在表象，以文德作为内在本质。能够明察二者之间的关系，就可以预知战争的胜败了。文德是用来考察利害、辨别安危的；武力是用来打击强敌、致力于攻守的。

[原文]

专一则胜，离散则败。陈以密则固，锋①以疏则达。卒畏将甚于敌者胜，卒畏敌甚于将者败。所以知胜败者，称

将于敌也②。敌与将，犹权衡③焉。

安静则治，暴疾则乱。出卒陈兵有常令，行伍疏数有常法，先后之次有适宜。常令者，非追北袭邑攸④用也。前后不次则失也。乱先后斩之。

［注释］

①锋：指前锋部队。

②称：衡量。于：与。

③权衡：秤锤和秤杆。这里指天平。

④攸：所。

［译文］

团结一致就会取胜，分崩离析就会失败。军阵密集才会牢固，前锋疏散才能灵活通达。士卒畏惧将领超过畏惧敌军就会取胜，士卒畏惧敌军超过畏惧将领就会失败。所以，要想预知战争的胜败，就要衡量己方将领和敌军究竟谁对士卒的威慑力更强。敌军与己方将领，就好比天平的两端。

安稳冷静就会严整有序，暴躁轻率就会混乱不堪。出兵列阵要有固定的号令，队列的疏密要有一定的标准，前后次序要适度合理。固定的号令，并不是追击敌军、袭击城邑所使用的。前后次序错乱，就会导致失败。扰乱前后次序者应当处斩。

［原文］

常陈(zhèn)皆向敌，有内向①，有外向②；有立陈③，有坐陈④。夫内向所以顾⑤中也，外向所以备外也；立陈所以行也，坐陈所以止也。立坐之陈，相参⑥进止，将在其中。坐之兵剑斧，立之兵戟弩，将亦居中。

［注释］

①内向：指队伍向中心收缩。

②外向：指队伍向四周扩散。

③立陈：以站立姿势摆成的阵，是准备进攻的阵势。

④坐陈：以跪坐姿势摆成的阵，是一种用于防御的阵势。

⑤顾：环顾，保卫。

⑥相参：交替，轮换。

［译文］

常规的军阵都是面向敌军的，有的向内部收缩，有的向外部扩张；有的排列立阵，有的排列坐阵。军阵向内收缩，是为了保卫中央主将；军阵向外扩张，是为了防备敌军；排列立阵，是为了行军作战；排列坐阵，是为了驻兵防御。立阵和坐阵交替变化，军队有进有止，主将处于军阵中央。坐阵所使用的兵器是剑、斧，立阵所使用的兵器是戟、弩，主将也要处在军阵中央进行指挥。

［原文］

善御①敌者，正兵先合，而后扼②之，此必胜之术也。

陈之斧钺(yuè)③，饰④之旗章，有功必赏。犯令必死，存亡死生，在枹(fú)之端。虽天下有善兵者，莫能御此矣。

矢射未交⑤，兵刃未接，前噪者谓之虚，后噪者谓之实，不噪者谓之秘。虚、实、秘者，兵之体也。

试弓定力

自商周以来，弓就是我国战争中的重要兵器之一。古代以“石”作为测定弓的强度单位。一百二十斤为一石，三石是三百六十斤。

［注释］

①御：驾驭。

②扼：扼杀，歼灭。

③斧钺：这里泛指军中执法的刑具。

④饰：通“饬”，整治，配备。

⑤矢射未交：敌我双方的弓箭还没有对射。

［译文］

善于驾驭敌人的将领，会先派常规部队与之交战，而后出动奇兵将其歼灭，这是必胜的战术。

陈设执法的刑具，配备旗帜、标识。有功者一定要予以奖赏，违反法令者一定要处死。士卒的生死存亡完全在于将领的指挥。这样，即使天下有善于用兵

的人，也无法抵挡得了指挥正确的军队。

当敌我双方的弓箭还未对射，兵刃还未交接之时，前军鼓噪呼喊的属于虚张声势，后军鼓噪呼喊的表明力量充实，没有鼓噪呼喊的是因为有隐秘的行动；虚、实、秘这三种情况，是用兵的三种形态。

兵令下第二十四

题解

本篇是对上一篇的进一步论述，主要论述战场上的纪律在作战中的作用和地位。作者主张采取严刑峻法来管理士兵，诸如采取联保、连坐以及株连家族这样的手段，防止士兵逃亡，逼迫他们服从将领的命令，奋勇作战。

[原文]

诸去大军为前御之备者，边县列候[①]，各相去三五里。闻大军为前御之备，战则皆禁行，所以安内也。

[注释]

①县：古代地方行政区划。战国时期，县一般受郡管辖，下辖乡。候：通“堠”，边境上用于观望、警戒的土堡。

[译文]

离开主力部队担任前沿防御任务的各个守备部队，要在边境修建土堡，各个土堡之间相隔三五里。得到主力部队出发的消息以后，就要做好前沿防御准备；战争一旦开始，就要全部禁止通行，以此来确保内部安全。

[原文]

内卒[①]出戍，令将吏授旗鼓戈甲。发日，后将吏及出县封界者，以坐后戍法[②]。兵戍边一岁遂亡，不候代者，法比[③]亡军。父母妻子知之，与同罪；弗知，赦之。卒后将吏而至大将所一日，父母妻子尽同罪。卒逃归至家一日，父母妻子弗捕执及不言，亦同罪。

[注释]

①内卒：指国都以及中心城邑的士卒。

②后戍法：古时对于戍卒到达目的地的期限有明确规定，逾期不到者要依法处置。此项法令即“后戍法”。

③比：参照，对比。

［译文］

国内的士卒出外戍边，要让将吏向他们发放旗鼓、兵器和甲衣。到了出发之日，如果有戍卒在将吏之后才出县境，就要按照后戍法予以严惩。士卒戍边一年以后不等待接替者而擅自离开，要参照逃兵的罪名予以惩罚。父母、妻子、儿女如果知情，也与犯法者同罪；如果不知情，就可以宽赦。士卒比将吏晚一天到大将那里报到的，父母、妻子、儿女也都与他同罪。士卒逃跑回家哪怕只有一天，父母、妻子、儿女如果不将其拘捕又不告发，也同样有罪。

［原文］

诸战而亡其将吏者，及将吏弃卒独北者，尽斩之。前吏①弃其卒而北，后吏能斩之而夺其卒者赏。军无功者，戍②三岁。三军大战，若大将死，而从吏五百人③已上不能死敌者斩；大将左右近卒④在陈中者皆斩；余士卒有军功者⑤夺一级，无军功者戍三岁。战亡伍人，及伍人战死不得其尸⑥，同伍尽夺其功；得其尸，罪皆赦。

［注释］

①前吏：指处于军阵前列的将吏，与下文的“后吏”相对。

②戍：这里指谪戍，因罪戍边。

③从吏五百人：这里似指拥有卫兵五百人的将吏。

④左右近卒：指卫兵。

⑤有军功者：这里指因立有功勋而被授予爵位的人。

⑥得其尸：抢回同伍阵亡士卒的尸体。

［译文］

凡是士卒在战斗期间擅自离开将吏的，以及将吏离弃士卒而独自败逃的，都要处斩。军阵前列的将吏离弃士卒而独自败逃，后列的将吏若能将其斩杀并收编其下属士卒，应予以奖赏。在战斗中没有立过战功的，应谪戍三年。全军参战，如果大将阵亡，凡是拥有卫兵五百人以上的将吏不能与敌人拼死战斗的，都要处斩；大将身边的卫兵当时在军阵之中的，一律处斩；至于其他士卒，曾因功赐爵的一律降低一级爵位，没有立过军功的都要谪戍三年。作战时一伍之中有人逃亡，以及伍内有人战死而同

伍之人没能抢回其尸体，同伍其他人的战功都要被削去；如果抢回其尸体，罪责可全部赦免。

[原文]

军之利害，在国之名实[1]。今名在官[2]而实在家。官不得其实，家不得其名。聚卒为军，有空名而无实，外不足以御敌，内不足以守国，此军之所以不给，将之所以夺威也。臣以谓[3]卒逃归者，同舍伍人及吏罚入粮为饶[4]，名为军实[5]。是有一军之名，而有二实之出。国内空虚，自竭民岁[6]，曷[7]以免奔北之祸乎！

[注释]

①名实：指登记在册的名数与实际人员。

②官：这里指军队。

③以谓：以为。

④同舍伍人：同宿的伍人。入：缴纳。饶：多，丰富。

⑤军实：指军队实力，包括兵员、装备、粮草等方面。这里指军粮。

⑥民岁：指农民一年的收入。

⑦曷：何。

[译文]

军队的利害得失，在于国家登记在册的兵员名数与实际人员是否相符。如今很多人的名籍在军队而本人却在家中。军中没有他这个人，而家中又没有他的名籍。聚集士卒组成军队，只有空头名籍却没有实际兵员，对外不足以抵御敌人，对内不足以守卫国家。这就是军队兵员得不到补给，将领威信被削弱的原因所在。臣下认为，士卒逃回家中，与他同宿的伍人及其将吏应缴纳军粮，充实仓库，作为军需物资。这样，军队便有了一个空缺的名额，而百姓却有两份实际的支出。国内空虚，百姓收入枯竭，又凭借什么避免军队溃败的灾难呢！

[原文]

今以法止逃归，禁亡军，是兵之一胜也；什伍相联[1]，及战斗则卒吏相救，是兵之二胜也；将能立威，卒能节制[2]，

号令明信，攻守皆得，是兵之三胜也。

［注释］

①什伍相联：指同什同伍之人相互联保。

②节制：遵守制度。

［译文］

如今，以法令禁止士卒逃跑回家，杜绝士卒擅自脱离军队的现象，是用兵取胜的第一个条件；同什同伍相互联保，到了战斗的时候官兵就能相互救援，这是用兵取胜的第二个条件；将领树立威信，士卒遵守制度，号令明确有信，攻守都运用得当，这是用兵取胜的第三个条件。

仁言动众

楚庄王率军攻打萧国，当时正值冬季，击败萧国后，楚庄王冒着严寒巡视军队，抚慰战士："你们为国作战，多么辛苦啊！"军中将士深受鼓舞。将领在士兵中树立威信，士卒更能遵守制度。

［原文］

臣闻古之善用兵者，能杀①卒之半，其次杀其十三②，其下杀其十一。能杀其半者，威加海内③；杀十三者，力加诸侯；杀十一者，令行士卒。故曰：百万之众不用命，不如万人之斗也；万人之斗不用命，不如百人之奋也。赏如日月，信如四时，令如斧钺（yuè），利如干将④，士卒不用命者，未之有也。

［注释］

①杀：牺牲，消耗。这里引申为使士卒拼死作战。

②十三：十分之三。

③海内：古时谓中国疆土四面临海，故称"海内"。

④利：原作"制"，据《北堂书钞》引银雀山汉墓竹简本改。干将：传说中的宝剑名，与莫邪剑同为春秋时期吴人干将与妻子莫邪所铸。

[译文]

臣下听说，古代善于用兵的将领，能使半数士卒拼死作战；次一等的将领，能使十分之三的士卒拼死作战；最下一等的将领，能使十分之一的士卒拼死作战。能使半数士卒拼死作战的，其威势可以施加于天下；能使十分之三的士卒拼死作战的，其武力足以攻伐诸侯；能使十分之一的士卒拼死作战的，其命令可以通行军中。所以说：百万大军如果不听命效力，还不如万人搏斗；万人搏斗而不听命效力，还不如百人奋勇拼杀。奖赏像日月一样明亮，信用像四季交替那样明确，法令像斧钺那样严峻，兵器像干将剑一样锋利，而士卒还是不听命效力，这种情况从来就没有过。

图书在版编目(CIP)数据

图解鬼谷子 / 鬼谷子著,崇贤书院释译.—合肥:黄山书社,2015.11

(经典传家系列丛书)

ISBN 978-7-5461-5306-3

Ⅰ.①图… Ⅱ.①鬼… ②崇… Ⅲ.①纵横家②《鬼谷子》-通俗读物 Ⅳ.①B228-49

中国版本图书馆 CIP 数据核字(2015)第 286442 号

总 策 划　李　克
选题策划　汤吟菲　白剑峰
编辑统筹　刘　春
责任编辑　程　景
装帧设计　未　氓
责任印制　戚　帅
出版发行　时代出版传媒股份有限公司(http://www.press-mart.com)
　　　　　黄山书社(http://www.hspress.cn)
地址邮编　合肥市政务文化新区翡翠路 1118 号出版传媒广场 7 层　230071
印　　刷　安徽联众印刷有限公司
版　　次　2016 年 3 月第 1 版
印　　次　2018 年 1 月第 3 次印刷
开　　本　700mm×1000mm　1/16
字　　数　340 千
印　　张　22
书　　号　ISBN 978-7-5461-5306-3
定　　价　29.80 元

服务热线　0551-63533706

销售热线　0551-63533761

官方直营书店(http://hsssbook.taobao.com)